心輔叢書

團體心理輔導

張永紅 主 編

劉先強、劉箭、呂莉、徐遠超、吳強中 副主編

本書介紹團體心理諮詢與輔導的發展歷程、理論基礎、團體心理輔導技術操作原理與過程、團體心理訓練具體操作技術和對團體心理輔導與訓練過程中要解決的問題與解決方法。

崧燁文化

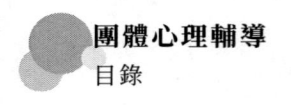

團體心理輔導
目錄

目錄

前言

第一章 緒論

第一節 什麼是團體心理輔導 13
一、團體心理輔導的概念 13
二、團體心理輔導的特點 16
三、團體心理輔導的功能 18
四、團體的類型 20

第二節 為什麼要進行團體心理輔導 25
一、團體心理輔導的價值 25
二、團體心理輔導的目標 26
三、團體心理輔導的原則 27

第三節 團體心理輔導的發展歷程 29
一、團體心理輔導在美國的發展情況 29
二、團體心理輔導在日本的發展情況 31
三、團體心理輔導在中國的發展情況 32

第二章 團體心理輔導的理論基礎

第一節 團體動力學理論 41
一、團體動力學的產生背景 41
二、團體動力學的含義 43
三、團體動力學的基本觀點 44
四、團體動力學的應用與發展 46

第二節 相互作用分析理論 48
一、相互作用分析理論 48
二、主要觀點 48

第三節 社會學習理論 55

一、社會學習理論 55
　　　二、主要理論觀點 56
　　第四節 人際溝通理論 63
　　　一、人際溝通的含義 63
　　　二、人際溝通的工具 64
　　　三、人際溝通的條件 65
　　　四、影響人際溝通的因素 66
　　　五、人際溝通的障礙 67

第三章 團體領導者

　　第一節 什麼是團體中的領導 75
　　　一、領導的定義 75
　　　二、領導者 76
　　　三、團體領導的特點 77
　　　四、領導行為 77
　　　五、領導風格 79
　　　六、協同領導的團體 83
　　第二節 團體領導的條件 85
　　　二、團體領導者的理論知識 88
　　　三、基本的領導才能與專業技巧 89
　　　四、豐富的經驗 90
　　　五、遵守職業道德 91
　　第三節 團體領導的角色與功能 92
　　　一、團體領導者的角色 92
　　　二、團體領導者的功能 95
　　第四節 團體領導者倫理 101
　　　一、團體倫理及其功能 101
　　　二、團體輔導專業倫理標準 103

三、團體心理輔導中的法律保障 109

第四章 團體過程及影響因素

第一節 團體心理輔導的過程 117
　　一、團體發展階段學說 117
　　二、團體心理輔導的過程及其特徵 124

第二節 團體過程的實質 135
　　一、相互作用模式的動力學 135
　　二、不同類型團體的團體動力學 138

第三節 影響團體過程的因素分析 144
　　一、團體發展過程視角 144
　　二、團體動力系統視角 145
　　三、團體特徵視角 145
　　四、溝通障礙視角 146
　　五、技術視角 149
　　六、團體過程中的治療性力量 149

第四節 團體凝聚力與團體氣氛 159
　　一、團體凝聚力 159
　　二、團體過程中的團體氣氛 164
　　三、團體過程中成員自我認識的變化 164

第五節 團體過程中特殊成員及其應對 166
　　一、團體成員的角色類型 166
　　二、應對特殊成員和特殊情況的方法 168

第五章 團體心理輔導的方法和常用技術

第一節 團體心理輔導的一般方法 181
　　一、團體討論 181
　　二、角色扮演 183
　　三、認知行為療法 188

團體心理輔導
目錄

　　第二節　團體心理輔導中常用的技術 ……………………………… 195
　　　　一、團體準備技術 …………………………………………… 195
　　　　二、團體啟動技術 …………………………………………… 197
　　　　三、團體過程技術 …………………………………………… 197
　　　　四、團體結束技術 …………………………………………… 203
　　　　五、追蹤技術 ………………………………………………… 205

第六章　結構式團體練習
　　第一節　結構式團體練習 …………………………………………… 209
　　　　一、結構式團體的含義 ……………………………………… 209
　　　　二、結構式團體練習 ………………………………………… 209
　　　　三、結構式團體練習的功能 ………………………………… 210
　　　　四、結構式團體練習應用原則 ……………………………… 212
　　第二節　結構式團體練習的類型 …………………………………… 214
　　　　一、結構式團體練習常見類型 ……………………………… 214
　　　　二、選擇和預備團體練習 …………………………………… 217
　　　　三、團體練習內容的安排程序 ……………………………… 219
　　第三節　結構式團體練習的應用舉例 ……………………………… 221
　　　　一、促進團體成員熟悉的練習 ……………………………… 221
　　　　二、建立相互信任與彼此接納的練習 ……………………… 224
　　　　三、加強團隊合作的練習 …………………………………… 227
　　　　四、促進成員自我探索的練習 ……………………………… 230
　　　　五、澄清價值觀的練習 ……………………………………… 233
　　　　六、集思廣益互助解難的練習 ……………………………… 235
　　　　七、結束團體的練習 ………………………………………… 239

第七章　團體心理輔導的設計與實施
　　第一節　團體心理輔導方案設計的原則與內容 …………………… 245
　　　　一、團體心理輔導方案設計的概念 ………………………… 245

二、團體心理輔導方案設計的原則⋯⋯⋯⋯⋯⋯⋯⋯⋯⋯⋯⋯⋯⋯⋯246

　　三、團體心理輔導方案設計內容與要素⋯⋯⋯⋯⋯⋯⋯⋯⋯⋯⋯249

第二節 團體心理輔導方案設計的步驟與各階段活動要點⋯⋯⋯⋯⋯257

　　一、團體心理輔導方案設計的步驟⋯⋯⋯⋯⋯⋯⋯⋯⋯⋯⋯⋯⋯257

　　二、團體心理輔導各階段設計的重點及注意事項⋯⋯⋯⋯⋯⋯⋯260

第三節 團體心理輔導方案的組織與實施⋯⋯⋯⋯⋯⋯⋯⋯⋯⋯⋯⋯265

　　一、確定團體心理輔導的主題⋯⋯⋯⋯⋯⋯⋯⋯⋯⋯⋯⋯⋯⋯⋯265

　　二、甄選團體成員⋯⋯⋯⋯⋯⋯⋯⋯⋯⋯⋯⋯⋯⋯⋯⋯⋯⋯⋯⋯266

　　三、開展團體心理輔導活動⋯⋯⋯⋯⋯⋯⋯⋯⋯⋯⋯⋯⋯⋯⋯⋯268

　　四、注意事項⋯⋯⋯⋯⋯⋯⋯⋯⋯⋯⋯⋯⋯⋯⋯⋯⋯⋯⋯⋯⋯⋯271

第八章 團體心理輔導的評估

第一節 團體心理輔導評估的基本內容⋯⋯⋯⋯⋯⋯⋯⋯⋯⋯⋯⋯⋯277

　　一、評估的含義⋯⋯⋯⋯⋯⋯⋯⋯⋯⋯⋯⋯⋯⋯⋯⋯⋯⋯⋯⋯⋯277

　　二、評估的目的及作用⋯⋯⋯⋯⋯⋯⋯⋯⋯⋯⋯⋯⋯⋯⋯⋯⋯⋯278

　　三、評估的類型⋯⋯⋯⋯⋯⋯⋯⋯⋯⋯⋯⋯⋯⋯⋯⋯⋯⋯⋯⋯⋯279

　　四、團體效果評估的不同層面⋯⋯⋯⋯⋯⋯⋯⋯⋯⋯⋯⋯⋯⋯⋯285

第二節 團體心理輔導評估的理論模式⋯⋯⋯⋯⋯⋯⋯⋯⋯⋯⋯⋯⋯289

　　一、陸弗的評估模式⋯⋯⋯⋯⋯⋯⋯⋯⋯⋯⋯⋯⋯⋯⋯⋯⋯⋯⋯289

　　二、戴伊的評估模式⋯⋯⋯⋯⋯⋯⋯⋯⋯⋯⋯⋯⋯⋯⋯⋯⋯⋯⋯291

　　三、卡爾卡的評估模式⋯⋯⋯⋯⋯⋯⋯⋯⋯⋯⋯⋯⋯⋯⋯⋯⋯⋯293

　　四、斯塔夫萊比姆的評估模式⋯⋯⋯⋯⋯⋯⋯⋯⋯⋯⋯⋯⋯⋯⋯294

　　五、綜合評估設計模式⋯⋯⋯⋯⋯⋯⋯⋯⋯⋯⋯⋯⋯⋯⋯⋯⋯⋯296

第三節 團體心理輔導的評估方法⋯⋯⋯⋯⋯⋯⋯⋯⋯⋯⋯⋯⋯⋯⋯300

　　一、評估前需要考慮的問題⋯⋯⋯⋯⋯⋯⋯⋯⋯⋯⋯⋯⋯⋯⋯⋯300

　　二、評估方式的選擇⋯⋯⋯⋯⋯⋯⋯⋯⋯⋯⋯⋯⋯⋯⋯⋯⋯⋯⋯301

　　三、團體心理輔導的評估方法⋯⋯⋯⋯⋯⋯⋯⋯⋯⋯⋯⋯⋯⋯⋯303

　　四、選擇評估方法的原則⋯⋯⋯⋯⋯⋯⋯⋯⋯⋯⋯⋯⋯⋯⋯⋯⋯305

團體心理輔導
目錄

　　五、團體過程的記錄方法 ……………………………………… 306
　　六、評估應注意的事項 ………………………………………… 307
　　七、評估報告的撰寫 …………………………………………… 308

第九章　團體心理輔導的應用領域
第一節　兒童團體心理輔導 ……………………………………… 315
　　一、兒童團體心理輔導的概念 ………………………………… 315
　　二、兒童團體心理輔導的工作取向 …………………………… 316
　　三、兒童團體心理輔導的方法及注意事項 …………………… 318
　　四、兒童團體心理輔導中遊戲的技巧 ………………………… 320
第二節　老年團體心理輔導 ……………………………………… 325
　　一、老年團體心理輔導的概念 ………………………………… 325
　　二、老年團體心理輔導的特殊性 ……………………………… 326
　　三、老年團體心理輔導的工作內容 …………………………… 328
　　四、老年團體心理輔導的發展階段及工作技巧 ……………… 330
第三節　學校團體心理輔導 ……………………………………… 335
　　一、學校團體心理輔導的概念 ………………………………… 335
　　二、學校團體心理輔導的工作取向 …………………………… 335
　　三、學校團體心理輔導的方法 ………………………………… 336
第四節　家庭團體心理輔導 ……………………………………… 340
　　一、家庭團體心理輔導的概念 ………………………………… 340
　　二、家庭團體心理輔導的工作取向 …………………………… 340

附錄 1　團體諮詢師職業道德指南

附錄 2　「我的心情我做主」――中學生情緒管理團體心理輔導方案

附錄 3　認識你自己――大學生自我探索團體

附錄 4　「明明很愛你明明想靠近」――夫妻關係問題協調團體心理輔導方案

附錄 5 參考答案

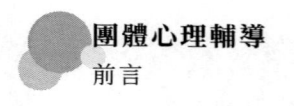

團體心理輔導
前言

前言

　　隨著心理學在社會各個領域中應用得越來越多，除傳統的心理學、教育學類科系將心理學作為必修課程外，大量其他的應用類科系也囊括了一些心理學的相關課程。可以說，只要是涉及與人打交道的學科，都會開設相應的心理學課程。這也對應用型專業心理學類教材的編寫提出了新的要求，團體心理輔導教材的編寫也不例外。相對於個體心理諮詢而言，團體心理輔導是將有共同需求的一部分人聚集到一起，在專業團體領導者的帶領下，透過科學設計的團體聚會，幫助團體成員克服成長中的困難與障礙，消除症狀，改善認知，調節情緒，改變行為，以維護成員心理健康，培養其健全人格。團體內的人際交互作用，促使個體在交往中透過觀察、學習、體驗，從而認識自我，探索自我，接納自我，並學會面對其在學習、職業和個人發展等方面可能遇到的成長課題。團體心理輔導以團體為核心，重視小組動力，透過關係的衝突與抗拒、團體的凝聚、希望的重塑、主動的轉變、嘗試新行為等過程協助來訪者深度、持久地成長。團體心理輔導具有應用性廣、經濟、有效等特點。目前，它被廣泛應用於大學、中小學心理健康教育、危機心理援助、婚姻家庭諮詢、企事業單位團隊建設等領域，對培養健康的個體、營造美滿的家庭、形成良好的人際關係、構建和諧的社會，以及心理疾病的預防、治療和康復等起著積極且重要的作用。所以，團體心理輔導對社會發展進步具有重要的現實意義。

　　本書共九章，包括團體心理輔導的基礎知識、發展歷程、理論基礎、團體過程、影響因素、常用技術、結構練習、方案設計、團體評估及應用舉例。本書是作者十多年來在心理學領域學習研究以及培訓經驗的累積與總結，有三大特點：

　　第一，理論與實踐相結合。用簡潔清晰的文字介紹了團體心理輔導的理論知識，強調與生活經驗相配合，每章都有「生活中的心理學」和「擴展閱讀」板塊，能夠讓學生更好地將理論知識運用到實際生活當中，了解最新的研究動態。

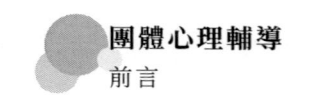

第二，學術性與實用性並重。書中涉及多門學科、多個學派的理論知識，帶有較強的學術性。另外，團體心理輔導本身就是諮詢的一種應用方式，其實用性很強，本書在內容陳述上，力求學術性與實用性並重；在內容取捨上，強調實用性，注重作為應用型專業學生所必需的一般的、較定論的基本理論知識，讓學生獲得基本的團體心理輔導基礎知識。

第三，創新性和操作性並重。本書結構上突破了傳統教材模式，書中許多生活實際案例增加了可讀性，在不失專業的基準上賦予了本書更多的趣味性，這是一大創新，同時也增加了本書內容的可操作性。

本書的大綱由張永紅、劉先強、劉箭、呂莉、徐遠超、吳強中共同編制。各章撰寫人員如下：第一章，張永紅；第二章，梁英豪、曹嬌；第三章，曹嬌、劉先強；第四章，劉箭、張京玉；第五章，梁英豪、張京玉；第六章，呂莉、龔澤玲；第七章，徐遠超、龔澤玲；第八章，曹嬌、吳強中；第九章，徐遠超。全書由張永紅、劉先強、劉箭、呂莉、徐遠超、吳強中進行統稿，曹嬌、張京玉、龔澤玲協助進行了部分工作，最後由張永紅定稿。在此感謝各位編寫人員的辛勤勞動，感謝出版社對本書的大力支持。

本書適合大學心理學專業以及其他心理學應用類專業作為教材使用，同時也適合作為企業單位團體心理輔導的培訓教材。

由於主客觀原因，本書不可避免存在一些缺點甚至錯誤，我們真誠地歡迎廣大讀者批評、指正。

編者

第一章 緒論

　　科諾普卡（Konopka）認為：「無論什麼樣的人，只要能慢慢地融入團體的情境中，自然能和他人發生相互作用，也就能在其中慢慢地改變自己。」團體是人們生活的基本單位，人們在團體中完成社會化，習得價值觀念與社會規範，形成自己獨特的人格品質，獲得社會認同與情感滿足，團體在人們日常生活中的作用非常重要。而團體心理輔導為參加者提供了一種良好的微型、具體的社會活動場所，創造了一種信任、溫暖、支持的團體範圍，使成員能夠以他人為鏡，反省自己，深化認識，同時成為他人的社會支持力量。本章著重學習團體心理輔導的基本概念、特點、功能、類型；了解為什麼要進行團體心理輔導，團體心理輔導有哪些目標，以及進行團體心理輔導必須堅持的原則等。

第一節 什麼是團體心理輔導

一、團體心理輔導的概念

　　團體是一個常見的概念，經常出現於我們的學習、工作和生活中，但對於一個標準團體是如何構成的，有什麼特徵，在不同的領域，理解可能有些差異。因此，我們有必要先解釋清楚團體的概念和特徵。團體（group），也稱小組、群體，是具有相同目標的兩個或兩個以上的人以某種方式結合在一起的集合體。具體而言，團體由兩個或多個個體組成，他們知道彼此並相互依賴，因為他們在為共同的目標努力；在這個團體中，他們相互影響，知道誰是團體的一員，誰不是，有特定的角色或者作用，但團體只在一定時間內具有團體成員的關係。

　　不同學者對團體的理解也不盡相同。美國社會學家伯吉斯（Burgess）在《人格和社會群體》中將團體定義為「若干互動的具有特定人格的個人集合」。拓樸心理學的創始人勒溫（Lewin）則認為：「不管團體大小、結構及活動如何，所有稱為團體的都需要建立在其成員彼此互動上。」哈默斯（Hamas）指出：「團體就是指一群人彼此互相溝通一段時間，以使每個人

不需要透過他人,能與其他人面對面地溝通。」貝斯(Bass)認為:「團體是指一群人的集合,團體的存在對於他們有報償價值。」貝克(Beck)在《社會心理學》一書中概括了團體的不同界定:「團體的概念,關鍵是它的所有成員彼此之間必須以一種可觀察到的和有意義的方式相聯繫;個體間的互動使他們成為一個群體。」蕭(Shaw)認為:「團體是兩個或兩個以上的人彼此互動並相互影響。」綜合以上各種看法,所有的團體都有一個共同點:團體成員間存在互動,即團體成員間的關係是平等的,會相互影響,相互促進。對於團體的構成,霍曼斯(Homans)認為,構成團體必須具備以下幾個要素:第一,任務活動,即人們為達到目標所從事的活動;第二,相互作用,是指人們在完成任務的活動中,團體成員在認知、情感、意志、行為等方面的相互影響;第三,情感,即個人之間以及個人與團體的情感反應,它雖然不容易被直接觀察到,但是透過人們的活動和相互作用一般可以表現出每個人的態度、感受、意見和觀點。

心理輔導(psychological counseling/guidance),也稱諮商、諮詢,是由受過專門訓練的輔導者,運用心理學的理論、方法與技術,透過語言和非語言的交流,給被輔導者以幫助、啟發和教育,使被輔導者改變其認識、情感、行為和態度,解決其在學習、工作、生活等方面出現的問題,促進被輔導者認知、情緒、人格和社會適應能力的改善。心理輔導有廣義和狹義之分,廣義的心理輔導包括心理諮詢、心理治療、教育和心理測驗,而狹義的心理輔導只限於雙方透過面談、書信、電話和網路等手段由輔導者向被輔導者提供心理援助的過程。

團體心理輔導(group psychology counseling/guidance),也稱團體輔導、小組輔導、團體心理諮詢,是團體成員在團體的情境下,借助團體的力量和各種心理輔導技術,透過團體內的人際互動,使團體成員自知並自助,進行觀察、學習、體驗、討論,從而達到消除症狀、改善認知、調節情緒、改變行為、培養健全人格的目的。對團體心理輔導的界定也有很多不同認識,這裡不一一列舉。但普遍認為,團體心理輔導至少應該包含以下內容:團體心理輔導對象為具有相同問題或在某方面有共同成長意願的人組成的有共同目標和凝聚力的有序組織;透過活動的形式給予輔導;團體心理輔導以人的

成長、發展為中心，強調助人發展的功能，相信被輔導者的潛能，相信人有能力幫助自己，輔導者所起的作用為助人自助；團體心理輔導強調團體動力，團體活動中人際交往與互動對人的影響。吳武典提出團體心理輔導必須具備以下四項要素：第一，溫暖、真誠、支持、信任、同感的助人性的團體情境；第二，持續、有動力、有目標的團體歷程；第三，有效、負責，經專業訓練的領導者；第四，能促使成員「順勢而為」並遵守團體規範的團體壓力。

通常情況，團體心理輔導、團體心理諮詢與團體心理治療沒有進行嚴格的區分，是同一個意思。卡文（Carvin，1997）認為，團體心理輔導、團體心理諮詢和團體心理治療在目的、知識與理論應用、問題解決、介入方式與技術等方面有很多共同之處。（詳細情況見表1-1）。但也有學者認為這幾個概念是不同的，李郁文在《團體動力學：群體動力的理論、實務與研究》中指出了三者的區別。（見表1-2）。本書統一使用團體心理輔導這個概念，在以後的章節中不再進行具體的區分。

表1-1 團體心理輔導、團體心理諮詢、團體心理治療的共同點

目的	雖然各種團體工作所強調的重點有所不同，但是所有團體工作的目的均在於預防個人社會功能的缺失，提供個人需要的資源，協助個人善用其長處，充分發揮其個人功能，也協助功能受損者康復
知識與理論應用	雖然不同的團體工作所依據的理論重點和應用有所不同，但是所有團體工作都應用小團體的理論作為發展團體、領導、問題解決等的依據
問題解決	雖然不同的團體工作的問題不同，面對團體的角度也可能有些不同，但是所有團體工作者均有以一個問題為焦點的共同特徵
介入方式與技術	不同團體工作者常運用許多相似的介入處理方式和技術。比如，都使用催化團體過程、增進成員情感表達的策略、角色扮演、行為預演等技術

表1-2　團體心理輔導、團體心理諮詢、團體心理治療的區別

	團體心理輔導	團體心理諮詢	團體心理治療
對象	正常人	正常人	患者
目標	知識、資訊的獲得	促進想法、情緒、態度行為的改變	人格重建、人格改變和治療
功能	預防性、發展性	預防性、發展性、矯治性	矯治性、臨床性
領導者	教師或諮詢員	諮詢員	心理治療師
行為層面	意識的認知活動	意識、情緒問題和行為	意識及潛意識的心理、思想、情緒問題和行為
動力過程	不太重視團體動力	非常重視團體過程與動力	重視團體過程與動力
方法	一般教學活動技術，傳授知識、提供資料	諮詢技術、引導探索、自我覺察	治療技術以分析、解釋行為
人數	以班級人數為原則	6~12人	以人數少為原則
實施地點	學校、機構	學校心理健康教育機構、社區等	醫療診所、醫院心理科
實施時間	定期	短期	長期

二、團體心理輔導的特點

相對於個體心理輔導，團體心理輔導具有實踐性、高效性、趣味性、普及性、易遷移性等特點。因此，在心理健康教育、人際關係問題解決中具有更強的適用性和更明顯的成效。具體體現在以下幾個方面：首先，對於每一個具有眾多社會聯繫的團體成員而言，心理與行為的影響因素眾多。參加心理輔導團體的益處是，團體提供了一種共同的身分，無論是彼此交換資訊、解決問題、探索個人價值觀念，還是發現共同情感，同一團體的人都可以提供更多的觀點與資源。團體成員不僅自己接受他人的幫助，同時還能學習模仿多個團體成員的適應行為，從多個角度洞察自己，也可以成為幫助其他成員的力量。當多個成員聚集在一起時，他們會發現自己的困擾並不是獨一無二的，許多人擁有類似的擔憂、想法、情感和體驗，這種體驗對克服困擾非常有幫助。在團體情境下，成員之間的互相支持、集思廣益及共同探尋解決問題的辦法等，客觀上減少了對領導者的依賴。

其次，多個為共同目標而來的成員聚在一起進行團體活動，可以節省大量的時間和精力，也可以滿足人們對心理輔導日益增加的需要。與團體輔導相比，個別輔導是輔導者與來訪者一對一進行的幫助指導，每次輔導面談需要花 50 分鐘到 1 小時的時間；而團體輔導是一個領導者同時與多個成員的互動，不僅節省輔導的時間與人力，符合經濟的原則，提高了輔導的效率，還可以緩解心理輔導人員不足的矛盾。而且，人在團體中接受輔導還有間接學習的價值。成員們既有機會聽到和自己類似的憂慮，也可以透過觀察他人怎樣解決個人的問題而受到啟發，可以學到更多的知識和解決問題的辦法。

再次，團體輔導效果較為持久，容易遷移。團體輔導創造了一個類似真實社會生活的情境，為參加者提供了社交的機會。團體是社會的縮影，成員在團體中的言行往往是他們日常生活行為的複製品。在充滿安全、支持、信任的良好團體氣氛中，透過示範、模仿、訓練等方法，參加者可以嘗試某些新技巧和行為，如應徵、交友、溝通、自我表達等。練習這些技巧將促進成員更有效地生活。如果在團體中能有所改變，這種改變會遷移到團體之外的現實生活中。

最後，團體心理輔導特別適合用來改善人際關係。相對而言，青少年的社會化程度不高，社會經驗相對較少，在學校或社會裡發生人際關係衝突後就會躲避與人接觸，這些問題在團體心理輔導的過程中可以得到改變。那些常年與同學、同事不能相處的人，也可由團體心理輔導來改善人際關係的適應性。如果個體因為缺乏客觀的自我評價、缺乏對他人的信任、過分依賴或過分武斷而難以與他人建立和保持良好的、協調的人際關係，也可以透過團體心理輔導來矯正。

當前，在學校教育特別是心理健康教育中，團體心理輔導發揮著重要作用。學校團體心理輔導讓學生透過觀察、體驗來認識自我，接納自我，解決他們在學業、人際關係、價值觀等方面頗感困惑的問題。道寧（Downing）指出了學校團體心理輔導有以下優點：學生了解、體驗到自己是被其他學生支持的，以獲得公德心和增強自信心；讓每個學生能夠從與別人的相互關係中找到自己的利益，學生將可以得到單獨與諮詢員接觸所不能得到的利益；

鑑別需要特別予以援助的學生;增進個別的諮詢,團體的經驗可以提高輔導的需求,達到更好的成熟;有利於發展社會性,團體中所獲得的社會化經驗可以促進學習與改進行為;可以提高矯治效果,更好地洞察組員;使諮詢員可以與更多的組員接觸,這種接觸可以幫助學生克服羞怯,減輕壓迫感和改善自己的態度;學生獲得安全感,增強自信心;為組員提供接近諮詢員的機會和增強學生的求助動機;綜合各種教育經驗以獲得最大的利益,經過團體討論使方法明確化後,將有助於學生對學校的各項活動感到有意義,能夠認識更和諧的關係;鬆弛學生的緊張和不安,使輔導者和教師的工作將更加有效。

雖然團體心理輔導的應用很廣泛,大多數情況下效果良好,但也會存在一些負面影響。例如,由於團體成員的數量過多,容易產生衝突和競爭,進而造成傷害;如果團體成員的自我暴露過多,其他成員沒有保密,容易傷害到自己;有些成員迫於團體的壓力,容易從眾;有些團體成員會過度依賴團體來完成工作,在團體中解決問題可能會花費更長的時間。雅各布斯(Jacobs)等列舉了團體成員在團體中容易出現的一些問題:在話題間跳來跳去;試圖控制討論;談話像是閒聊而不具有私人性,也沒有中心內容;注意力散漫;羞怯和退縮;對領導者發怒;對其他成員憤怒;試圖強迫他人說話;試圖向團體成員宣講道義和宗教;因為是被迫參加而懷有牴觸情緒;不喜歡其他成員;不再參加這個團體。

三、團體心理輔導的功能

為什麼需要用團體的形式來進行心理輔導?理由很多。例如,為了滿足成員歸屬感的需要,為了製造一種平等的氛圍,為了提供更多的訊息,為了實現共同的目標等,這使得團體心理輔導的應用十分廣泛。究其原因,團體心理輔導這種形式能夠在以下幾個方面產生作用:

(一)教育功能

團體心理輔導的過程是一個借助成員之間的互動而獲得自我發展的學習過程。為了適應社會生活,每一個人都需要培養人際關係技巧,提高人際交

往能力，建立和諧的人際關係。在團體中，成員可以相互學習如何有效地交往，如何解決問題、進行決策、表達意見、進行有效的溝通等。透過團體成員間的相互作用，學習對自己、對他人、對團體的理解洞察，並掌握如何處理這些人際關係的技能。在團體中，參加者可以彼此交流資訊，互相模仿，檢驗現實，嘗試與創造性地學習人際關係的技巧，承擔社會責任等。

（二）發展功能

人的心理發展是受人類社會環境制約，在社會生活條件下及人際交往過程中實現的。維果茨基（Lev Vygotsky）指出，人的高級心理機能的發展由社會文化所決定，是透過語言符號的中介作用而不斷內化的結果。團體是一種微型的社會環境，能促進團隊成員良好的心理發展和成熟，培養健全的人格。每個人在成長的過程中都會不斷地遇到困難和挫折，如果能在人生成長的相應時期克服一些不可避免的困難，人便能獲得心智成長。參加團體心理輔導的主要是健康的正常人或在一定時期有某些煩惱的正常人；參加的動機多與自我探索有關，透過培養和增加自尊和責任感，對自己、對他人、對環境、對未來充滿希望，從而可以達到促進個人發展的目的。

（三）預防功能

團體心理輔導是預防心理問題發生的最佳途徑。在團體心理輔導的過程中，成員在團體中可以更好地了解他人，接納他人和滿足歸屬、互諒、互助、互愛的需求。成員之間透過彼此交換意見，互訴心聲，探討目前的問題和今後可能遇到的難題，以及研究可行的解決方法，可以增進對問題處理能力的培養，可以預防和減少心理問題的發生，促進個體心理健康。此外，在團體中透過幫助他人改變也有助於自身成長和防患於未然，達到預防心理障礙產生的效果。

（四）矯正和治療功能

團體活動的情境比較接近日常生活與現實狀況，以此處理情緒困擾與心理偏差行為，容易取得比較好的效果。對有特殊心理問題的人，透過團體特有的療效因子，如團體中所提供的支持、關心、感情宣洩等，可以協助其改

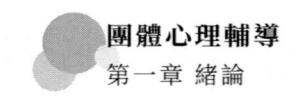

變人格結構，增強自覺，達到康復的功能。例如，在團體中，個人的問題或困擾可以透過一般化作用而勇於面對，透過澄清與回饋獲得了解，透過淨化作用與洞察獲得疏解。

四、團體的類型

因分類標準不同，團體具有多種類型。

根據團體目標的不同，雅各布斯等將團體劃分為七種類型：教育團體、討論團體、任務團體、成長和體驗團體、諮詢與治療團體、支持團體、自助團體。教育團體中，領導者為成員提供不同的主題訊息，有時作為教育者，有時作為討論的推動者，對於會期的次數和每次會期的長短，沒有固定模式。例如，學生學會學習技巧的團體、學習減肥方法的團體等。討論團體是圍繞有關主題進行討論，目標是為參與者提供分享觀點、交流訊息的機會，領導者主要充當推動者的角色，對於討論的主題他並不需要比團體成員擁有更多的知識。例如，讀書俱樂部、時事討論團體、生活風格團體等。任務團體是需要完成特定任務的團體。例如，會議、決策討論、談判等。成長和體驗團體由希望體驗置身於團體中的感覺或者希望對自我進行探索的成員組成。例如，敏感團體、領悟團體以及會心團體等。諮詢與治療團體由諮詢師和因為生活中的某些問題而來到團體的成員組成，諮詢師將焦點集中在不同的個人及其問題上，然後成員在諮詢師的指導下試著彼此幫助。支持團體由一些帶有相同問題的成員組成，團體的會面很有規律，成員相互間交流思想和情感，並透過相互幫助來解決問題和焦慮。例如，康復中心的老人、殘障人士、未婚媽媽等。自助團體現在非常流行，是由一群具有共同興趣或面對相同困難的人組建的一個群體支持系統，一般由非專業人士領導，領導者和成員有類似的問題。最著名的自助團體是1935年6月10日創建於美國的匿名戒酒協會（Alcoholic Anonymous，簡稱AA）。從它誕生至今的70多年裡，協會的戒酒方案已經使兩百多萬名嗜酒中毒者受益，從嗜酒的泥潭中走出來，得到了全面康復。有資料表明，近年來協會在亞洲、歐洲和拉丁美洲有較大發展。2000年，大約150個國家有協會的活動，分會超過99000個，會員總數在全世界已經超過一百萬人。

根據團體的功能，可分為成長性團體、訓練性團體和治療性團體。成長性團體是透過成員間的相互作用，協助成員自我認識，自我探索，從而自我接納和自我肯定，促進個人成長的團體。訓練性團體是注重成員生活技能的提升與正向行為建立的團體，如人際關係訓練團體、身心鬆弛工作坊等。治療性團體是注重經驗的解析、人格的重塑與行為的重組的團體。

　　根據團體成員的背景和問題性質可分為同質性團體和異質性團體。同質性團體是指團體成員的年齡、學歷、生活經歷、心理困擾、需要解決的問題相似，如未婚青年團體、減肥團體、壓力適應團體、學習困難兒童團體、情緒調控訓練團體等。其特點是成員間容易溝通、理解，凝聚力強，支持性較高。異質性團體是指團體成員的某些背景或個人特質不大相同。其特點是成員間能取長補短，相互學習，有利於新的行為的形成。

　　根據團體活動有無設計和目標可分為結構性團體和非結構性團體。結構性團體是為了幫助成員學習，根據團體所要達到的目標，設計活動，引導成員參與學習。其特點是目標明確、角色分明、活動內容安排有序，但成員自主性和自發性行為減少。非結構性團體強調團體成員的自主性，領導者配合成員的需要、團體動力的發展與成員彼此的互動關係來決定團體的目標、過程和運作程序。領導者的主要任務是促進成員的互動，對團體的目標與方向很少介入。

　　此外，根據人數來分，有大團體（35人以上）、中團體和小團體（20人以下）；根據成員參與來分，有開放性團體和封閉性團體；根據時間來分，有密集型團體與常態型團體等。

生活中的心理學

　　團體心理輔導在生涯決定中的應用

　　以下的生涯決定的團體心理輔導是依照克倫伯茲（Krumboltz）等人（1974）關於以團體輔導方式進行生涯決定的設計而實施的。克倫伯茲等人將生涯決定的實施分成五個階段，每個階段內又有一至二個重要的步驟，循序漸進。案例中將五個階段分為五次聚會，在具體實施中，可以依照情況將

團體心理輔導
第一章 緒論

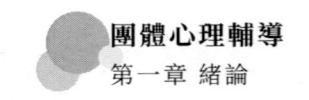

每一聚會分成一次、兩次或多次的團體活動。設計這套計劃的目的，不僅希望個人能將它應用到生涯問題的解決上，還能夠透過學習遷移廣泛地應用在一生的各種問題的解決上。計劃也可以個別實施，但以團體方式實施優點較多，可以透過團體成員的互動而達到較佳的學習效果。

聚會一：建立個人目標及時間表

1. 單元目標：

（1）每一位成員能建立至少一個生涯目標；

（2）每一位成員能承諾參加 6 小時的團體討論以及 4～6 小時的個人研究。

2. 諮詢過程：

（1）團體成員彼此介紹；

（2）透過腦力激盪，建立團體常規；

（3）諮詢員界定行為目標的範圍，介紹目標發展的實際過程；

（4）團體每兩人一組，彼此協助建立個人的目標；

（5）宣布每一個人的目標，與團體成員共同討論；諮詢員適時給予指導強化；

（6）諮詢員介紹時間表的建立對團體成員的重要性；

（7）綜合整理。

聚會二：行動階段

1. 單元目標：

（1）使成員熟悉生涯資料系統以及可能要用到的測量工具；

（2）解釋應用評量工具及職業資料系統的目的。

2. 諮詢過程：

（1）團體成員回憶上次聚會時各人所建立的目標；

（2）說明本次聚會的目標；

（3）實施以及解釋職業興趣測驗；

（4）職業興趣測驗的討論（諮詢員也參與），每一個人選定二至三種預備探索的職業或專業。

聚會三：資料蒐集

1. 單元目標：

（1）介紹生涯資料的資源，說明其用意及使用方法；

（2）介紹生涯探索所需要的職業資料。

2. 諮詢過程：

（1）討論生涯資料在生涯探索及決定過程中的地位；

（2）說明各種印刷媒體的形式，確定將要訪問的地點；

（3）諮詢員提出體驗職業經驗的模擬表演方式；

（4）討論各種體驗職業經驗的做法；

（5）每一團體成員均提出自己在生涯資料蒐集方面的目標；

（6）透過團體內的互動，每位成員承諾在以後兩週內預先看完所有職業資料；

（7）決定下次聚會時間時，檢討一下各人的成果以及承諾。

聚會四：分享資料和預估結果

1. 單元目標：

（1）每一個成員能分享整理後的資料；

（2）每一個成員能選擇一個暫時的生涯方向作為進一步探索的準備。

2. 諮詢過程：

（1）先行界定討論的方式以及內容格式；

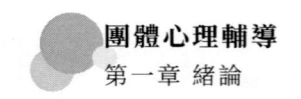

（2）在口頭報告時，每一團體成員與其他人分享整理後的職業資料；

（3）每一位團體成員均報告暫時的選擇結果，說明選擇的原因，以及下一步探索的想法；

（4）諮詢員綜合每個人的報告，介紹評估某一職業或事業方面取得成就所需的資料；

（5）諮詢員隨時協助團體成員估計選擇某項職業成功的機會，或者看看是否需要再回到前面的步驟。

聚會五：重新評價、暫做決定或循環

1. 單元目標：

（1）分享在不同職業中成功的機率；

（2）提供必要的刺激，以確認對某項事業前程的決定，或改變方向回到做決定過程的前一階段；

（3）檢討所做的決定。

2. 諮詢過程：

（1）每一位成員扼要介紹其所選擇的職業，並說明其預估成功把握的可能性；

（2）團體成員預先設定下一步的做法；

（3）準備追蹤輔導。

複習鞏固

1. 與個體心理輔導相比較，團體心理輔導有哪些特徵？
2. 團體心理輔導有哪些功能？
3. 雅各布斯將團體劃分為哪幾種類型？

第二節 為什麼要進行團體心理輔導

一、團體心理輔導的價值

團體心理輔導在很多領域都有應用，可以滿足人類的多種需求。團體心理輔導之所以受到歡迎，其原因是對於個體心理輔導而言，團體心理輔導有獨特的價值。美國心理學家卡普其（Capuzzi）和柯瑞（Corey）在《20世紀 90 年代心理諮詢展望》一書中，詳細列舉了團體心理輔導的重要性：在團體中發展信任的氣氛以促使彼此態度和情感的分享，並能將這種信任應用到日常生活中；增進自我接納和自我尊重；澄清生命的價值並探索人生哲學；能容忍他人並能接受和尊重不同的個體；學會問題解決和正確決策的技巧，並坦然接受這些決定的後果；能敏銳地感知他人的需要；能增加關心他人的能力；學會將團體中學習到的經驗運用到自己的日常生活之中。團體成員既可以在團體活動過程中學習技能，也可以在團體之外掌握新技能。更重要的是，在團體的人際互動中，個體可以透過團體的領導者和成員的回饋以及自我的不斷領悟，從而逐步成長。同時，個體透過觀察和模仿他人也可以將其透過團體培養的能力遷移到解決日常生活的類似問題中。除此之外，團體心理輔導還在以下幾個方面有獨特價值：第一，團體心理輔導不同於一般的團體活動。我們都很熟悉團體，在日常生活中，我們常常歸屬於不同的團體，如家庭、班級、朋輩團體、戶外運動小組等，經常花時間參與團體活動。所以，有人就會認為沒有必要去加入團體進行專門的心理輔導，認為要花專門的時間、精力甚至是經費沒必要，還怕被別人說成是有心理疾病。其實，這種說法有失偏頗。

團體心理輔導具有專業性。正規的團體心理輔導都是由受過專門的心理輔導訓練的人來組織的，掌握了專業的心理學理論和方法，在輔導前進行過周密的準備。準備包括兩個方面：一是心理準備，包括對特定問題的理論學習，對於類似問題、案例的間接體驗，並且主動實踐過團體心理輔導的方法，這對團體輔導的效果是有保證的；二是對於團體輔導的環境準備，包括專業固定的團體輔導室，對每次團體輔導時間的控制等。以上兩個方面是一般的團體活動沒有辦法做到的。

第二，一般團體活動的負面效應不好控制。比如消極型非正式團體，安全性得不到保障，成員間的相互聯繫也不緊密。這種非正式團體內部沒有一個得到全部成員認可的領袖，經常分為好幾個小團體，每一個團體都有一個領袖。同時，某些領袖並不認同組織，存在個人利益高於組織利益的思想。又如，破壞型非正式團體，這種非正式組織形成一股足以和組織抗衡的力量，而且抗衡的目的是出於自身利益，為謀求非正式團體的利益而不惜損害正式團體的利益。同時，團體內部成員不接受正式組織的領導，而聽從非正式團體內領袖的命令。

第三，團體心理輔導可以更快導致積極改變的發生。參加團體心理輔導的成員都遵循自願原則，自願是一種內在動機，能促使團隊成員在團隊的積極表現。美國心理學家德西（Deci）和瑞安（Ryan）提出的自我決定論認為，社會環境可以透過支持自主、勝任和關係這三種基本心理需要的滿足來增強人類的內部動機，促使外部動機的內化。團體心理輔導能造成這種作用。此外，在團體氛圍下，心理輔導的目標不僅僅只促進積極的思維，而且還會推動積極的體驗、互動和改變，從而激發他們對團體的喜歡和投入，對團隊成員的欣賞和感激，也因而能激發他們更高水平的心理健康、快樂和幸福。例如，團體心理輔導已經成為學校心理健康教育的主要形式。促使個體在交往中透過觀察、學習、體驗，已經在以下方面實現了積極的改變：認識自我，探討自我，接納自我，發展個體獨特的身分感；學會信任自己和他人，學會用新的視角來看待自己和別人；尋求一般發展性問題和特定矛盾衝突的解決之道；學會更多有效的社會溝通技巧；對他人的需要和感受更加敏感；學會如何透過關心、呵護、誠實和坦率來促進他人成長；澄清自己的價值觀，並且決定是否以及如何對其加以改善。

二、團體心理輔導的目標

團體心理輔導的目標可分為一般目標、特定目標以及過程目標。為什麼要為團體心理輔導設置這麼多的目標呢？清晰地了解團體輔導的目標對於團體領導者具有「地圖」作用，它不僅直接影響著團體的規模、成員的構成、聚會的次數等團體輔導過程的設計，而且影響著領導者選擇相關活動以及帶

領團體的方式和信心。團體輔導的目標一般具有四個作用：導向作用、維持作用、聚焦作用與評估作用，即為團體輔導指明方向，使團體成員堅持不懈地投身到團體中，幫助團體成員將注意力集中到團體過程以及檢驗團體輔導是否達到預期效果上。

一般目標是指所有團體輔導和治療都具有的，且最終要達到的目標，即增進心理健康，達成自我實現。特定目標是指每個團體輔導與治療將要達到的具體目標。例如，針對青年人際交往方面的困擾而組織的「輕輕鬆鬆交朋友」，針對住院患者擔憂焦慮情緒處理的「住院生活指導團體」，針對喪親人士的「走出情緒的低谷團體」，針對酗酒人士的「戒酒團體」等。隨著團體的發展，團體成員人際關係的變化，不同階段出現了不同的目標。例如，從彼此相識到增加信任，進行自我探索，提供資訊，最終解決問題等。

在團體輔導的不同階段，具體的目標也有所不同。團體初期的目標是使成員盡快相識，建立信任感；訂立團體契約，建立與強化團體規範，重申保密的重要；鼓勵成員投入團體，積極互動；處理焦慮及防衛或抗拒等情緒；及時討論和處理團體中出現的問題。團體輔導中期的目標是增強團體凝聚力；激發成員思考，促進團體成員互動；引發團體成員討論；透過團體合作，尋找解決對策；鼓勵成員從團體中學習並獲得最大收益；評估成員對團體的興趣與投入的程度。團體輔導結束階段的目標是回顧與總結團體經驗；評價成員的成長與變化，提出希望；協助成員對團體經歷做出個人的評估；鼓勵成員表達對團體結束的個人感受；讓全體成員共同商議如何面對及處理已建立的關係；對團體輔導與治療的效果做出評估；檢查團體中未解決的問題；幫助成員把團體中的轉變應用到生活中；規劃團體結束後的追蹤調查。

三、團體心理輔導的原則

在團體輔導的過程中，能否遵循團體心理輔導的基本原則，關係到能否有效發揮團體輔導的最大作用，以及能否完成團體輔導的既定目標，決定著輔導工作的成敗。團體心理輔導的基本原則可以概括為以下幾個方面：

（一）保密原則

無論是個體還是團體諮詢與輔導，保密原則都是第一位的。尊重每一位團體成員的權利及隱私既是團體的領導者和團體成員確立信賴關係的前提，又是輔導得以順利開展的基礎。保密原則要求領導者在團體開始時向全體成員說明保密的重要，並制訂保密規則，要求大家遵守，不在任何場合透露成員的個人隱私。離開團體要承諾對團體中發生的人和事不傳，不議，保護成員個人的隱私。如果需要研究、發表或者作為教學案例，必須徵得本人同意，並隱去真實姓名，確保當事人的權益不受到損害。但也有例外，當團體成員的情況顯示他或其他人確實處在危險邊緣時，應採取合理措施，通知有關人員或組織，或向其他專業諮詢人員求助。但從根本上講，仍是為了保護當事人的權益。

（二）專業原則

團體心理輔導是有組織、有計劃的活動，應由接受過心理學專業訓練的人員負責，事先應制訂周詳的實施計劃。團體領導者應具有豐富的能力與經驗來引導團體發展。此外，對團體的過程和效果要有客觀的評鑑與記錄。

（三）民主原則

民主的原則有助於促使團體保持輕鬆的氣氛而有秩序，增強團體的凝聚力。為此，團體領導者應以團體普通一員的身分，尊重每一位參加者，並參與團體活動，鼓勵成員發揮自己的創見，與他人平等溝通，共同關心團體的發展。

（四）共同原則

團體是一段時間內的共同體。團體輔導是針對團體成員共有的各種問題而組織的。因此，團體輔導進展過程中始終要注意成員共同的興趣和共同的問題，使個人與團體相互關注，保持共同的信念、共同的利益和共同的目的。

（五）啟發引導原則

團體輔導的任務是助人自助。因此，在實施過程中，應本著鼓勵、啟發、引導的原則，尊重每個團體成員的個性特徵，鼓勵各抒己見，重視團體內的

平等交流與各種細節反應，適時地提出問題，激發成員思考，培養成員分析與解決問題的能力。

(六) 發展原則

在團體輔導過程中，領導者要從發展變化的觀點看待團體成員的問題，用發展變化的觀點把握團體的過程。不僅要在問題的分析和本質的把握上善於用發展的眼光做動態考察，而且在對問題的解決和諮詢結果的預測上應具有發展的觀點。

(七) 綜合原則

團體輔導的理論、方法、技術多種多樣。只局限於某種理論和方法往往難以使團體輔導取得滿意的效果。因此，團體的組織和領導者應該了解各種理論和方法，根據團體輔導的任務和性質，綜合選取有效的技術，以達成團體輔導的目標。

第三節 團體心理輔導的發展歷程

一、團體心理輔導在美國的發展情況

團體心理輔導最早是從歐美發展起來的，目前在全世界得到了廣泛的應用。美國人本主義心理學家卡爾·羅傑斯（Carl Rogers）曾經說過，20世紀人類社會最偉大的發明之一是「小團體運動」。透過團體活動，人們可以重新探索自我，發展潛能，團體提供了人格重塑的機會。因此，團體經驗無論是對個人，還是對社會都有重要影響。隨著世界政治、經濟、社會、文化的急劇變化，團體心理輔導已經越來越廣泛地應用在教育、輔導、治療活動中。

最早嘗試團體形式用於心理治療的是美國的內科醫生普拉特（Pratt）。1905年，他將20多位住院的肺病患者組成一個團體，採用講課、討論和現身說法等形式開展治療，結果非常理想。因此，普拉特被認為是團體輔導的先驅，他的實踐和嘗試具有開創性意義。班級團體輔導的最早嘗試源於美國密西根的一所中學，該校校長戴維斯（Davis）利用英文作文課，安排了每週一節的「職業與道德輔導」課。20世紀30年代初，斯拉夫森（Slavson）在

紐約運用團體治療的方式為有行為問題的青少年進行了開創性的工作。他將團體治療分成兩種類型，一是活動型團體治療，二是分析型團體治療。20世紀40年代，交往分析治療體系的鼻祖伯恩（Berne）在部隊服役期間開始在軍人中嘗試團體心理治療，後來提出的相互作用分析理論已成為交流分析團體輔導的主要理論依據。1947年，在勒溫（Lewin）的指導下成立團體人際關係技術訓練實驗室，即著名的 NTL（National Training Laboratory），這是一種借助於較自由的團體活動與討論，使團體對人際關係問題變得更加敏感的訓練，因此也稱敏感性訓練。1949年，正式命名為「T小組」。NTL的建立對團體心理輔導的發展有重要意義，因為從那以後，團體心理輔導的對象得到了進一步的擴大，不僅僅是針對有心理或行為問題的人進行矯治，而且可以為正常人提供一種促進其發展的學習機會。與此同時，集體心理治療也得到了發展，沃爾夫（Wolf）首先將佛洛伊德的經典精神分析理論應用於集體心理治療。在集體心理治療中採用自由聯想、夢的解析、移情、談心和遊戲等方法，將小組成員被壓抑的情緒、內心的衝突挖掘、暴露、宣洩出來，然後加以疏導，使他們對症狀逐漸獲得領悟。20世紀60年代，人本主義興起，羅傑斯等大力提倡的會心團體（Encounter Group）受到社會各界廣泛歡迎，會心團體也稱「交朋友小組」，具體形式有多種，如「訓練小組」「個人成長小組」「潛能發展小組」「團隊建設小組」「基礎交友小組」「感知小組」等形式。這些團體都強調團體中的人際交往經驗，其目的不是治療，而是促進個人的成長。

20世紀60年代末，全美建成了75個訓練中心，可以開展各種類型的團體心理輔導活動。會心團體吸引超過500萬美國人自願參加。另外，還有數百萬人參加其他類型的團體，如自助小組和集體心理治療。到20世紀90年代，發展性團體心理輔導進一步受到重視，並在醫療諮詢、學校教育、個體自我發展等日常生活中得到廣泛應用。團體心理輔導發展到21世紀，地位越來越高，美國麻省理工大學的教授比默克（Bemok）認為：「我們人與人之間的聯繫更加緊密了，而且有了科學技術上的支持，而這恰恰需要有更多的著眼於培養健康人際關係的團體活動……人際關係技巧與人際關係意識變得尤為重要……我想說的是團體諮詢是通向未來的大門……」2000年，美國

團體工作專業人員協會全國會議召開時，當時的會長比默克（Bemok）做了題為《有效的團體輔導：全球化的觀點》的主題發言，他認為：「這個社會、這個世界存在著太多的問題———吸毒、酗酒、貧困、虐待、暴力、種族歧視、性別歧視、排斥、未成年懷孕、犯罪、輟學以及學業失敗、自殺、仇恨、戰爭等，這還只是列舉了一少部分。而我們現在的心理輔導工作就是要儘量更好、更有效地處理這些問題。」他認為，要想使心理輔導工作做得更好，團體輔導、家庭活動和社會調節將是更有效的方法。他說：「在美國和其他國家進行輔導時，每當處理上述問題時，我總會得出同一個結論和關於這個結論的各種各樣的反應。這個結論就是———我不再認為個體心理治療可以有效地解決這類問題。但是，我贊成團體輔導、家庭活動和社會調節。這個結論強烈而又一直沒有發生改變，它是基於我在6個國家的工作經驗得出來的。」

二、團體心理輔導在日本的發展情況

日本是近代心理學發展較早的國家之一。19世紀80年代至20世紀初，是日本心理學的奠基時期。日本心理學是在西方心理學，主要是德國心理學的影響下發展起來的，但日本的心理諮詢卻是在第二次世界大戰結束後受美國的影響而興起和發展起來的。20世紀50年代，產業界首先引入了敏感性訓練團體輔導。1969年，留學美國的羅傑斯的學生瀨稔將會心團體介紹到日本，成為日本大學院校從美國引進團體輔導的開始。自此，團體輔導在日本高校中得到迅速發展。在推進團體輔導的發展過程中，立教大學基督教研究所、九州島大學、產業能率大學等曾發揮過重要作用。70年代團體輔導發展非常活躍，諮詢界、教育界、護理界、產業界十分流行，僅人際關係研究會的參加者就超過1萬人。到20世紀70年代後期，團體輔導已經成為日本高校學生服務工作中心理諮詢活動的重要組成部分。80年代以來，主辦團體輔導的機構和個人為數不少，如日本諮詢員協會、日本諮詢中心、東京諮詢學校等，還出版了《會心團體》（圓分康專著）、《團體精神療法入門》（山口隆主編）等一批著作。日本的團體心理諮詢主要以羅傑斯的理論為基礎，目的是提高參加者的交往能力，改善適應能力，提高自我認識，增進身心健

康。在日本的大學裡，各種類型的團體心理諮詢活動十分活躍。1978 年以來，團體心理諮詢已經成為心理諮詢活動的重要組成部分。80 年代以後是日本團體心理諮詢與治療發展的活躍期，陸續出版了一些團體心理諮詢與治療的譯著和專著。森田正馬創立的森田療法在日本團體心理輔導中也得到了廣泛應用，「生活發現會」就是一種代表形式。目前，全日本有 137 個「生活發現會」。「生活發現會」透過多種形式活動，如集體座談會、學習會、讀書會、懇談會、親睦會、合宿會、郊遊、聯歡等形式，交流學習和實踐森田療法的感受和體會、經驗與教訓。成員之間不是醫患關係，只有新會員和老會員之分，參加者互相啟發，互相支持，互相鼓勵，互相幫助。新會員在集體學習過程中向老會員述說自己的苦惱，老會員根據自身戰勝神經質症的體驗給予新會員指導和幫助。新會員以老會員的經驗及幫助為行動指導，努力克服精神官能症。而那些透過學習及團體活動，已經從精神官能症的苦惱中解放出來的老會員在幫助新會員的同時，也進一步加深對自我的洞察，發揮自己的個性，繼續完善自己。

三、團體心理輔導在中國的發展情況

臺灣的團體輔導與心理治療研究、實踐已有 40 多年的歷史，是團體心理輔導發展較早的地區。1987 年，陳若璋、李瑞玲發表了《團體諮詢與治療研究的回顧評論》的文章，綜合分析了臺灣 15 年來有關團體輔導與治療研究文獻 59 篇，其中最早的一篇發表於 1972 年。他們發現團體心理輔導在學校應用最多，高達 88%。團體輔導和治療的類型比較多，其中 85% 是結構式團體，具體有人際關係訓練，自我肯定訓練，朋輩輔導訓練，學習、會心、成長、價值澄清、克服焦慮、男女社交技巧訓練。團體輔導與治療所採用的理論流派包括：行為療法、認知療法、合理情緒療法、現實療法、溝通分析療法、阿德勒療法等。20 世紀 80 年代，臺灣的團體輔導發展較快，相繼出版了一系列介紹團體輔導理論與方法的書籍，如《團體技巧》《團體領導者實務》《如何進行團體諮詢》《團體諮詢與敏感度訓練》《讓我們更親近》《小團體領導者指南》《團體輔導手冊》等。這些書為推廣和指導團體輔導造成了積極的作用。臺灣各大學的團體心理輔導工作開展非常頻繁，以臺灣「清

華大學」為例，該校 1991 年以來每年的團體輔導活動就不下五次。團體輔導活動的形式有「自我肯定團體」「生涯探索團體」「心靈探索團體」「生活發展團體」「大一新生團體」「人際交往團體」「兩性溝通成長工作坊」「壓力舒解工作坊」等。臺灣政治大學 2002 年第一學期的各類團體輔導就有九個，分為三大方面：第一是心理成長方面的團體輔導，有「自我探索團體」「支持性團體」「自我表達團體」「愛情實驗工作坊」「聽身體說話工作坊」「生涯規劃工作坊」「身心放鬆輕度催眠工作坊」；第二是領導力訓練方面的團體輔導，如「義工自我成長課程」；第三是心理問題輔導方面的，如「身心障礙生團體諮詢」等。臺灣彰化師範大學學生心理諮商與輔導中心 2002～2003 學年僅秋季學期開展的各類服務的中小團體系列有「大一新生生活適應支持團體」「自我照顧團體」「幸福進行曲：親密關係成長團體」和「團體輔導系列」等內容。

20 世紀 70 年代，香港地區的心理輔導與治療開始受到重視，但作為以培養青少年健全人格為目的的團體活動的最早嘗試卻是在 1920 年 8 月。香港基督教青年會組織了「童子營」，27 位青年參加了為期 9 天的營地活動，團體目標是：學習自律及在團體中自我約束，增進友誼，身心愉快；加強個人的社會適應能力，養成良好的生活習慣；扶植領袖才幹，學習技能，培養品格。香港地區大學院校的心理輔導現已形成了完善的輔導體系。大學的學生事務處都有輔導中心，為大學生提供個別心理諮詢、團體諮詢（小組輔導）與職業諮詢。學校安排的輔導活動系統而全面，如新生輔導、擇業技巧、就業壓力疏導等。各高校學生輔導工作都包含團體心理輔導形式。輔導員安排有共同需要和共同目標的學生組成小組，透過一些體驗性的遊戲、活動，鼓勵同學互相交流，增進自我認識，建立自信，提高其解決問題的能力。有時，這類小組是治療性的，如焦慮處理、壓力處理等；但更多的是發展性的，如領袖訓練、個人成長、生活技巧、讀書技巧、人際溝通、自我認識、自我形象設計、演講、戀愛、性教育、朋輩輔導訓練，期望學生能在身體、智慧、情緒、社交、職業、精神諸方面得到均衡的發展。浸會大學以各種長、短期的成長小組、溝通小組、人際關係小組吸引著該校大學生。香港理工大學則根據大學生成長的需要，設計和安排了各種類型的增長見聞、開闊視野、投

身社會的團體實踐小組。香港大學的心理輔導中心成立於70年代初，宗旨是協助學生盡可能地發展智慧與個人潛在能力，消除不利因素，促進優良品質的發展。該校社會工作系的陳麗雲教授從素食、氣功和拜佛等中國傳統方式中得到啟發，提出並開創了「身心靈全人健康模式」。該模式將傳統醫學、養生學、哲學思想等融會貫通，把太極、瑜伽、冥想等多種方法融入團體輔導過程之中，讓團體成員借助各類身體活動和相關技巧，來達到自我的改變。「身心靈全人健康模式」已在很多不同的專業機構和對象群體中使用，如大學生、離婚女性、抑鬱症患者、癌症患者等，並取得了相當好的效果。

在香港地區從事團體諮詢的領導者多有臨床心理學、諮詢心理學以及社會工作訓練背景。林孟平著的《小組輔導與心理治療》、吳夢珍主編的《小組工作》、陳麗雲等編著的《身心靈互動健康模式：小組輔導理論與應用》等書籍對於推動團體輔導的開展造成了重要的作用。

雖然團體形式的工作早已存在，但專業的團體輔導在內地發展歷史並不長。20世紀90年代初，團體心理輔導被引進到中國大陸。1991年6月，中國心理衛生協會大學生心理諮詢專業委員會在國家教育行政學院舉辦了「全國第一期大學心理諮詢員培訓班」。日本築波大學心理系松原達哉教授介紹並帶領學員學習和體驗團體理論與操作技巧。1991年10月，清華大學教授樊富珉開始進行團體諮詢師培訓。進入21世紀，隨著中國社會經濟改革的步伐加快，心理諮詢與心理健康教育逐漸受到政府的重視，先後頒布了多個文件強調心理健康的重要性。為了培訓心理健康專業骨幹教師，從2001年開始，中國教育部在天津師範大學設立了全國培訓中心，在培訓課程中安排了8學時的團體心理輔導教學。2003年，北京大學心理系開設了研究生課程「團體心理諮詢與治療」。2004年，清華大學教育研究所在應用心理學碩士培養中開設了「團體心理輔導」。

在書籍出版方面，一方面是引進國外的教材，如《團體心理治療：理論與實踐》《團體諮詢方法：培訓師手冊》《團體諮詢：策略與技巧》等；另一方面是大陸心理學家自己的教材，如樊富珉教授的《團體諮詢的理論與實踐》《大學生心理健康研究》《團體心理諮詢》《團體心理輔導》等，楊眉

的《社交焦慮團體心理治療》，劉勇的《團體心理輔導與訓練》，羅京濱、曾崢的《大學生團體心理輔導實操指南》等。這一系列書籍的出版為大陸的團體輔導發展做出了較大貢獻。

在團體心理輔導應用研究方面，大陸團體心理輔導應用研究集中在團體效能、團體形式、團體規模等，多為結構式團體心理輔導。如，團體輔導對促進大學新生環境適應非常有效；團體輔導幫助矯治精神官能症傾向的學生；團體輔導有利於促進青少年的人格發展；團體輔導有利於改善學生抑鬱，能夠提高學生的自信心；團體輔導可以改善青少年人際交往障礙等。2001年以後，各類學術會議、報刊雜誌中有關團體心理輔導的論文明顯增加。

擴展閱讀

團體的療效因子

團體心理輔導有矯正和治療作用。雅洛姆（Yalom）認為，治療性的改變是一個非常複雜的過程，它是隨著人類各種體驗的複雜的相互作用而產生的，這種相互作用被稱之為「療效因子」（the rapeutic factors）。以往文獻對於治療因素的共同描述是：經由團體治療師、其他團體成員和本身的行為，所產生的一種團體治療對患者情形形成改善。實際情況的確如此，許多研究發現治療因素和結果之間有直接的關聯。

一般而言，心理輔導專家們將雅洛姆的11種治療因素列為促成團體改變的主要因素，分別是：

（1）希望重塑。相信諮詢師及團體的成效，也讓其他因子發生作用。

（2）普通性。「原來別人也會這樣」的感受讓個案不再孤獨。

（3）傳遞訊息。資訊的交流與傳達讓個案有更多的資源。

（4）利他主義。透過給予的過程及行為本身，提高自尊及有被需要之感。

（5）家庭重視。重視個案原生家庭帶來不滿意的經驗，提供大量且具矯正的可能性，讓固著的觀點不停地被探索及修正。

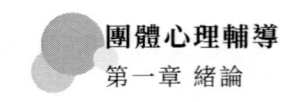

(6) 提高社交技巧。被鼓勵坦誠回饋、接納自己與別人，使個案對不良的社會行為獲得重要的訊息。

　　(7) 行為模仿。個案藉觀察相同困擾之個案，嘗試新行為而獲益———替代治療或觀察治療。

　　(8) 人際學習。透過他人的觀察及回饋，讓個案也能敏銳覺察自己行為的不適應，也因別人的接納及真誠的反應讓自己有願意改變的力量。

　　(9) 團體凝聚力。包含團體的氣氛及成員間的凝聚力，因而產生歸屬感和無條件被接納的感覺。

　　(10) 情感的宣洩。在被接納、被了解的環境下宣洩情緒，並學習如何表達負向的情緒。

　　(11) 存在的意識因子。沖淡存在因素中生老病死、悲歡離合、責任、基本孤獨等生命的悲劇性，放棄壓抑或忽視的茫然存在，負起生命情節發展的責任。

複習鞏固

　　1. 團體心理輔導的價值有哪些？

　　2. 團體心理輔導有哪些目標？

　　3. 團體心理輔導應遵循哪幾項原則？

本章要點小結

　　什麼是團體心理輔導

　　1. 團體心理輔導是團體成員在團體的情境下，借助團體的力量和各種心理輔導技術，透過團體內的人際互動，使團體成員自知並自助，進行觀察、學習、體驗、討論，從而達到消除症狀、改善認知、調節情緒、改變行為、培養健全人格的目的。

2. 相對於個體心理輔導，團體心理輔導的基本特徵是影響廣、效率高、效果持久。

3. 團體心理輔導的功能有教育功能、發展功能、預防功能、矯正和治療功能。

4. 根據目標不同，團體心理輔導可以分為多種類型。

為什麼要進行團體心理輔導

1. 團體心理輔導具有獨特的價值，它不同於一般的團體活動，可以更快導致積極改變的發生。

2. 團體輔導的目標可分為一般目標、特定目標以及過程目標。

3. 團體心理輔導的原則有：保密原則、民主原則、專業原則、共同原則、啟發引導原則、發展原則、綜合原則。

團體心理輔導的發展歷程

1. 團體心理輔導在美國的發展情況。

2. 團體心理輔導在日本的發展情況。

3. 團體心理輔導在中國的發展情況。

關鍵術語

團體 心理輔導 團體心理輔導 保密原則 民主原則 專業原則 共同原則 啟發引導原則 發展原則 綜合原則

複習思考題

一、判斷題

1. 每個參加團體心理輔導的成員必須堅持到底。（ ）

2. 參加團體心理輔導的成員必須經過認真甄選。（ ）

3. 團體心理輔導適合正常人的發展問題輔導。（ ）

4. 團體心理輔導和日常的班級團體活動沒有區別。（ ）

二、選擇題

1. 團體心理輔導最適合解決的問題是（ ）

A. 學生厭學問題

B. 人際關係問題

C. 兒童發展性問題

D. 個人情緒問題

2. 關於團體心理輔導，以下說法正確的是（ ）

A. 團體心理輔導和團體心理諮詢、團體心理治療之間有著清晰的界限，不可混淆。

B. 開放式團體由於人員流動較大，故不適合在團體心理輔導中使用。

C. 結構式團體比非結構式團體解決問題的程度要深。

D. 團體心理輔導提供了一種生活經驗，參加者能將之應用於日常與他人的互動中。

3. 下列哪項不屬於團體心理輔導的目標（ ）

A. 自我探索

B. 溝通交流

C. 人際競爭

D. 理解他人

4. 團體心理輔導的特點包括（ ）

A. 特別適合人際關係問題

B. 提供了生活經驗，效果容易鞏固

C. 經濟、有效

D. 體會自我價值感、成就感、重要性

5. 團體心理輔導的有效性因素包括（　）

A. 成員有機會得到他人的直接回饋，從而發現自己的非理性信念，重新樹立理性信念。

B. 團體中成員可以相互交流經驗，相互借鑑，形成適應性行為。

C. 團體中成員間可以相互看到並指出彼此存在的問題，督促對方的改變。

D. 成員間可以建立密切的情感聯結，體驗到親密感和歸屬感。

6. 團體心理輔導的功能有（　）

A. 發展功能

B. 矯正和治療功能

C. 預防功能

D. 教育功能

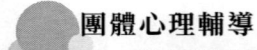

團體心理輔導
第二章 團體心理輔導的理論基礎

第二章 團體心理輔導的理論基礎

　　團體心理輔導技術的迅速發展得益於心理諮詢理論的發展，精神分析、行為主義、人本主義和認知心理學曾對心理諮詢的發展產生過重大影響。任何一種新的輔導技術的出現，都會受到其理論觀點的影響。團體心理輔導是心理諮詢的一種特殊形式，它和個體心理輔導既有共性，又有其特殊性，個體心理輔導的理論為團體心理輔導提供了理論基礎，也提供了方法依據。本章我們就來學習團體心理輔導的各種理論基礎。

第一節 團體動力學理論

一、團體動力學的產生背景

　　20世紀30年代前後，美國的工業生產得到迅速發展，眾多發明創造及其現實應用，使人們看到了科學、文化和教育的巨大力量，知識與技術被賦予了極高的價值。同時，由於世界大戰和與西方工業發展結伴而行的經濟蕭條，使美國的一些社會問題，如移民問題、黑人問題、青少年犯罪和兒童教育等問題變得日益尖銳。透過社會學家和心理學家們的努力，人們對心理測驗、科學管理和兒童福利等已產生普遍信任，科學研究可以促進「社會問題」的解決這一觀念已逐漸被人們所接受。

　　想要理解或改進人類的行為與生活，那麼必然要對團體及團體的本質有一個充分的了解。因為人生活在家庭、學校、工廠、機關以及各種正式與非正式的社會組織之內，無時不處於一種團體生活之中。團體曾一度被看作是調節工廠和集體衝突的關鍵，家庭和一些目的性社團則被認為是戰爭動亂之後復興社會生活的必要手段。同一時期興起的其他一些專業，如集體心理治療、社團福利工作，由杜威（Dewey）倡導的新教育，以及範圍更為廣泛的社會管理工作等，都要求對團體和團體生活有一種科學的根本性的認識和理解。

第二章 團體心理輔導的理論基礎

1939年,庫爾特·勒溫(Kurt Lewin)發表《社會空間實驗》一文,首次使用了「團體動力學」概念,藉以表明他要對團體中各種潛在動力的交互作用、團體對個體行為的影響,以及團體成員間的關係等去做一種本質性的探索。1945年,勒溫在麻省理工學院創辦了「團體動力學研究中心」,由此,團體動力學作為一門專業或學科得以確立。在其後的二十年間,團體動力學得到了迅速發展,其影響幾乎涉及社會生活的各個領域,成為了社會心理學中的一個重要領域。

勒溫首次提出了場論(field theory)。場論是借用物理學中「場」的概念來解釋心理活動的理論。從總體來看,勒溫的場論旨在預測個體的動機行為。他認為,人是一個場(field),人的心理活動是在一種心理場或生活空間裡發生的。生活空間(lifespace,簡稱 LSP)包括個人及其心理環境;一個人的行為(B)取決於個人(P)和他周圍的環境(E)的相互作用,也就是說,行為取決於個體的生活空間(LSP)。即 $B=f(P*E)=f(LSP)$。此外,利用拓撲學(拓撲學是研究「拓撲空間」在「連續變換」下保持不變的性質,簡單地講,就是研究連續性和連通性的一個數學分支)和向量分析(是數學的分支,關心擁有兩個維度或以上的向量的多元實分析)來解釋心理現象。他認為,拓撲學有助於了解個體在某個特定空間可能或不可能發生的事件;向量分析可以表明個體在某種情境裡可能做出的各種行為有哪些將會成為現實。

在勒溫的影響下,一批學者開展了一系列的團體實驗研究。例如,李皮特和懷特(Lippett &; White)在勒溫的指導下共同從事的有關專斷獨行和民主開放的團體氣氛的實驗,梅奧(Mayo)等人所進行的霍桑實驗對工廠中的非正式團體的研究,謝里夫(Sherif)關於學校團體中的團體衝突以及團體標準的發展研究,莫雷諾(Moreno)關於心容團體的社會測量研究,等等。這些為後續的團體研究提供了可能的方向和技術。卡特萊特和贊德(Cartwright &; Zander)將這些研究歸納為六個方面:團體及團體成員、從眾壓力、權力和影響、領導和業績、動機過程以及建構過程。此外,佛里德曼(Friedman)等將社會促進作用、競爭與合作、團體問題解決、風險轉移等也納入團體動力學的研究範圍。

二、團體動力學的含義

「團體動力學」的含義就是要把團體作為一種心理學的有機整體，並在這種整體水平上探求團體行為或人的社會行為的潛在動力。

在團體動力學中，研究者一般都傾向於把小團體作為研究對象，把它看作是一個基本的實體。從場論的觀點出發，可以把所研究的團體區分為結構和功能兩個層次。結構方面適用於拓撲學的描述，把團體作為研究對象時直觀獲得的一些印象，如團體內個體的位置，個體間的連接或依存情況，外界的影響以及團體的核心人物等；動力方面則主要涉及團體的潛在生活，常用移動、向量、緊張、目標和力場等概念。變化被認為是團體生活的根本特徵。

勒溫認為「團體動力學研究中心是應兩種需要產生的，一是科學研究，一是具體實踐」。心理學不能只對行動解釋，而且還要去發現如何改變人們的行為，如何使人們生活得更好。從歷史的角度來看團體動力學，有三個層次的意義：在意識形態層次上，指的是關於團體應如何組織和管理的方法與態度，強調民主領導的重要性，以及團體成員參與團體決策與團體內合作氣氛的意義；在學科層次上，指的是對於團體本質的研究，旨在探索團體發展的規律、團體的內在動力，以及團體與個體、社會之間的關係等；在操作層次上，指的是一種管理技術，如角色扮演、團體過程中的觀察和回饋等，被廣泛地應用於針對人際交往等主題，企業與事業單位等方面的管理人員的培訓實踐活動。勒溫與大部分團體動力學家一直贊同的定義是第二種。他們堅信，社會的健全有賴於其團體的作用，科學方法可用於改善團體的生活，因而第三個層面上的意義恰恰是團體動力學的基本目標。

團體動力學是「一種對團體本質的研究，旨在探索團體發展的規律，團體的內在動力，團體與個體、其他團體以及整個社會的關係等」。從研究範疇上來看，團體的形成、團體的氣氛、團體成員之間的關係、團體中的領導作用，包括團體中的決策過程以及亞團體的形成等都是團體動力學的研究範圍。其基本特徵是：第一，強調理論意義上的經驗研究。團體動力學主張以觀察、定量、測量和實驗為基礎來研究團體，就與側重思辨來研究團體區分開來，整體上遵循經驗主義的學術傳統。此外，團體動力學從一開始就十分

重視理論的意義和價值，在實踐中把理論建構和經驗研究完整地結合起來，擺脫了社會科學中極端的經驗主義藩籬。

第二，注重研究對象的動力關係和相互依存關係。團體動力學以群體的性質、團體發展的規律、群體和個人的關係等作為研究對象。主要研究團體的凝聚力、團體壓力、社會規範、團體目標、成員的動機作用和團體的結構特性等。動力性研究是團體動力學最基本的特徵，它不滿足於對團體性質的一般描述，或對團體類型與團體行為的一般歸類，而是要研究所觀察的對像是如何相互依存的，團體中各種力的交互作用以及影響團體行為的潛在動力、變化、對變化的抵制、社會壓力、影響、壓制、權力、內聚力、吸引、排斥、平衡和不穩定性等，都是團體動力學中動力性研究的基本術語。它們可以表示心理力以及社會力的操作，在團體動力學的理論中起著重要的作用。

第三，多學科的交叉研究。嚴格地說，團體動力學不屬於傳統社會科學中的任何一門學科，它與心理學、社會學、人類學和經濟學等都保持著較為密切的關係。團體動力學理論對社會心理學、組織管理心理學的形成和發展有很大影響，特別是對研究團體行為做出了很大貢獻。各學科的發展都有助於團體動力學的研究。實際上，團體動力學既是一種多學科的交叉性研究，也是社會科學中的一次新的綜合。對團體活動的廣泛研究，今後需要建立一個更加概括性的理論，以使團體動力學達到體系化階段。

第四，把研究成果應用於社會實踐的潛能。應用性是團體動力學的突出特徵，大部分團體動力學家的研究都是為了促進團體功能以及團體對個體和社會的作用。尤其是隨著「行動研究」和「敏感性訓練」的推廣，團體動力學的研究成果已被企業管理、教育、心理治療、政府與軍事等許多領域廣泛採用。

三、團體動力學的基本觀點

從整體動力觀出發，勒溫把團體看作是一個動力整體，其中任何一個部分的變化都必將引起另一部分的變化。團體的本質在於其所屬成員的相互依存，而不在於他們的相似性或差異性，團體行為被認為是團體成員與社會環

境相互作用的產物。也就是說，團體的結構特性是由成員之間的相互關係決定的，而不是由單個成員本身的性質決定的。

團體動力學認為，變化總是從「非變化」開始的，並歸結於一種「非變化」，增加團體行為的促動力與減少團體行為的對抗力，是引起這種變化與平衡的兩種方式。此外，團體本身還具有一種「內在的對變化的抵制」，勒溫稱之為「社會習慣」，它隱藏於個體與團體標準的關係中，維繫著團體生活的固有水平。因而，單有團體成員的變化動機尚不能引起團體行為的變化，還必須有一種足以打破社會習慣和解凍團體原有標準的力，勒溫認為團體決策可以造成這種力的作用。他把團體決策看作是聯繫動機與行為的中介，是團體促使個體變化的一種動力。

卡特萊特和贊德（D.Cartwright & A.Zander，1953）共同主編了《團體動力學：理論與研究》一書，團體動力學的體系框架大致形成。它主要包括五個方面的內容：團體內聚力、團體成員之間的相互影響力、領導方式與團體生產力、團體目標與團體成員動機、團體的結構性。

大陸學者申荷永將以往團體動力學的研究歸為五個方面：

（一）團體內聚力

團體內聚力是作用於所有成員並促使其參與團體活動的各種力的組合。提高團體的內聚力通常可以促進團體成員的責任行為、成員之間的相互影響、成員間價值取向的一致性、成員安全感的發展，以及團體生產力的提高。

（二）團體壓力與團體標準

團體動力學家認為，團體作為一個整體在很大程度上決定了個別成員的思想和行動，每個個體都傾向於像團體中其他成員一樣行事，以及求同壓力（不一致的內在壓力與來自團體標準的外在壓力），是促使和保證團體一致性的三種可能原因。

（三）個人動機和團體目標

被團體所選定的目標，在很大程度上決定該團體的行為、團體作用的發揮、成員對團體的依賴性，以及成員對團體的態度，等等。研究表明，團體目標與成員的個人動機密切相關。

（四）領導與團體性能

團體成員之間的關係穩定下來時，就具有了結構的特徵。團體的工作效率、個體的動機和能力，以及團體環境三種因素，可能與團體結構的形成有關。

四、團體動力學的應用與發展

團體動力學在其理論及研究發展之初，並未與某些特定的團體直接聯繫起來，如家庭、社區、協會等，但研究的現實性使得它在團體訓練本身和個人在團體環境中健康成長這兩方面展開了卓有成效的應用研究。第二次世界大戰期間，勒溫及其同事、弟子進行了一系列有關軍事及工業方面的社會心理學研究。在軍事方面採取改變和調整團體結構的方法，用以增強戰鬥力，提高戰士的士氣。同樣的方法也被運用於工業生產方面，如安排某種情境，由工廠女工透過小組討論的方式，提出建議，共同決定生產指標，從而提高工作效率，更好地保證任務的完成。此外，勒溫等人還就社會風氣的改革、領導者的培養以及由種族、宗教或其他社會隔閡所引起的緊張（如種族歧視、勞資糾紛、婚姻糾紛）等一系列現實問題展開了團體動力學的研究，由此，團體訓練日益流行。

團體訓練的目的在於使參加者學習和培養團體作業能力，包括運用團體動力學的原理發揮影響力，學會分派角色以及樹立團體目標等。所有這些目的都要透過對團體的敏感性訓練才能達到。40年代末期，美國的康乃狄克州首次成立了這方面的訓練機構，嘗試進行團體訓練，即後來的敏感性訓練。該訓練主要包括以下內容：廣泛從小組參與者的背景及其當前的相互作用中選取樣本；觀察團體行為過程及回饋（即團體領導者或代理者、參與者對行動的口頭描述）；同時使用積極的和消極的情感創造一種緊張的情緒氣氛，

強調個人和組織變化的價值。此後，團體敏感性訓練深入到許多專門領域中，包括教育、軍事、管理、經營、服務等。

從 60 年代開始，團體動力學的發展進入了一種「高原期」。團體心理學的研究在某種程度上被人類潛能運動所取代，社會的注意力轉到了個體行為和個體生長上。社會對團體動力學的關注大大減少，團體動力學內部也發生了很大的變化，許多早期的團體動力學家都先後改行或退休，勒溫的理論和思想也不像原來那樣富有吸引力和影響力。正如赫爾姆萊希（R.Helmreich）所說：「此時許多團體動力學家似乎都在追隨『壞研究可以得出好結果』的格雷沙姆法則（Gresham Law），而忘卻了勒溫的『好理論最實際』的教誨。」從 1960 至 1980 年的這二十年間，團體動力學基本上處於一種停滯狀態，而勒溫的心理學也幾乎被人淡忘，或至少是受到了很大的忽視。

但是，從 80 年代開始，已有許多跡象表明團體動力學開始擺脫它的「高原」狀態，開始進入一個新的發展時期。1980 年，脫離團體動力學研究已近二十年之久的費斯汀格（Festinger）領銜主編了一部頗具影響的專著《社會心理學的回顧》。該書的基調是重新發現勒溫的潛力，振興團體動力學的研究。

總而言之，團體動力被認為是團體效能發揮的基礎和條件，團體目標、團體氣氛、團體規範等基本的團體動力學範疇都具有動力的因素，都對團體效能的發揮產生潛在的影響。團體動力學的研究，為如何有效發揮團體的效能，使成員在這個動力場中取得實質性收穫提供了理論框架。某些研究的應用，如敏感性訓練等，直接成為團體心理輔導的方法、技術，被廣泛應用於教育、管理、醫療等領域。

複習鞏固

1. 什麼是團體動力學？
2. 團體動力學研究範疇的基本特徵有哪些？
3. 團體動力學的分類有哪幾個方面？

第二節 相互作用分析理論

一、相互作用分析理論

交往是社會生活中無處不在的活動。當兩個以上的人相互交往時,總會有一方對另一方說些什麼或做些什麼,即發出刺激;另一方也會以某種方式做出回應。於是,人格的多重性就在這種相互作用的過程中表現出來了。相互作用分析就是透過活動考察人們的表現,以發現每個人所具有的人格特點。

相互作用分析(transactional analysis,簡稱 TA,又譯作交互作用或溝通分析),是柏恩(Berne,1964)在《大眾的遊戲》一書中提出的一種提高人際交往能力和促進訊息溝通的方法。相互作用分析,就是透過分析人們相互之間刺激與反應的表現去觀察並了解他們,以發現不同的人格狀態。其目的是幫助人們了解自身與他人相互交往的本質,改變自己的生活態度,在人際交往中獲得深刻的領悟力,建立自尊、自信、成熟的人際關係。相互作用分析理論反對遺傳和環境決定論,認為人有戰勝早期或現實經驗和環境的能力,基本假設是人可以改變對過去不幸事件的怨恨,認為任何人都能夠學會真誠地對待自己、思考自己,做出自己的決策,表達自己的情感。

二、主要觀點

相互作用分析理論的主要觀點有:人格的三我說、生活態度說、交往分析說和生活原稿說等,以下是詳細闡述:

(一)人格的三我說

柏恩的相互作用分析理論認為,個體的個性是由三種自我狀態構成的,即父母自我狀態(parents ego state)、成人自我狀態(adult ego state)和兒童自我狀態(child ego state),分別用 P、A 和 C 表示,因而該觀點也被稱為 PAC 理論。「父母」「成人」「兒童」這三種狀態在每個人身上都交互存在,時刻處於動態平衡的過程之中,唯一不同的是,三者在整個自我中所占的比重大小。

第二節 相互作用分析理論

個體的自我狀態是直接與行為模式、情感模式相一致的。柏恩非常強調人的早期經驗，認為這些早期經驗為個體奠定了人格基礎，成為行為的動力。

1. 父母自我狀態

父母自我狀態是指一個人的感覺模式、行為模式、思維模式與其他父母權威的態度、行為方式相符，它仿效了父母的一些價值觀和態度。以權威和優越感為標誌，通常表現為統治、訓斥、責罵等家長作風。從內在表現看，體現為父母的意圖仍不斷地影響內在自我狀態；從外在表現看，表現出感知偏見，總是感知對方的消極方面，加以否定、批評、命令或訓斥，擺出權威的無所不知、高高在上的姿態，使對方難以忍受，有時也表現出對別人的關照和幫助。

父母自我狀態的症狀將貫穿人的一生，包括兩個亞狀態：一個是「教養的父母」，另一個是「批評的父母」。前者代表人格中安慰、幫助的部分；後者代表人格中防止自我感覺良好、侵犯行為、不恰當行為的部分。

當一個人的人格結構中 P 成分占優勢時，這種人的行為表現為憑主觀印象辦事，專斷獨行，濫用權威，他們說起話來總用否定或命令的語句。例如，「你應該……」「你必須……」或「你要……」。

2. 成人自我狀態

成人自我狀態是一種客觀的、有思想的人格部分，它與人的年齡沒有關係，該部分結構與佛洛伊德的自我相似，具有現實性、理性和有組織性的特點，表現為首先把所有的外部資訊加以整合、評價，然後做出最佳的、令人滿意的決策行為。

這種人能從過去貯存的經驗中，估計各種可能性，然後做出決策。當一個人的人格結構中 A 成分占優勢時，表現出待人接物冷靜、慎思明斷與尊重別人等行為特點。這種人講起話來總是「我個人的想法是……」「我們是否……」。

3. 兒童自我狀態

兒童自我狀態形成於兒童期，由童年的行為和情感構成，具有情緒化、自我中心、好奇、頑皮、好動等特徵。該狀態又可劃分為「自然的兒童」與「適應的兒童」兩個亞狀態。前者代表著人格中本能的、衝動的、情緒化的部分，常常是以獲得快樂和愛為目的。後者則代表人格中的服從部分，它與父母的期望相符，這種適應性是由現實生活中對各種訓練、挫折的體驗所構成的。當一個人的人格結構中 C 成分占優勢時，其行為表現為遇事畏縮、感情用事、喜怒無常、不加考慮。這種人講起話來總是「我猜想……」「我不知道……」。

根據 PAC 分析，人與人相互作用時的心理狀態有時是平行的，如父母-父母，成人-成人，兒童-兒童。在這種情況下，對話會無限制地繼續下去。如果遇到相互交叉作用，出現父母-成人，父母-兒童，成人-兒童狀態，人際交流就會受到影響，訊息溝通就會出現中斷，理想的相互作用是成人刺激-成人反應。

不同的自我狀態可以在同一個時刻共同作用。交互作用分析的一個主要目標就是確定來訪者當前的自我狀態，它強調在必要的時候保持三種自我狀態的平衡相當重要。因此，它最常用「自我描述」法來評價自我狀態，協助諮詢人員有效開展諮詢、治療工作。

目前 PAC 的應用主要有四個方面：心理治療、教育、諮詢與企業管理。了解 PAC 分析理論，有助於我們在交往中有意識地覺察自己和對方的心理狀態，做出互補性或平行性反應，使訊息保持暢通。倘能在交往中把自己的情感、思想、舉止控制在成人狀態，以成人的語調、姿態對待別人，給對方以成人刺激，同時引導對方也進入成人狀態，做出成人反應，那就有利於建立互信、互助的關係，保持交往關係的持續進行。

（二）生活態度說

一個人的「三我」在發展的過程中，在外界刺激等外力作用下，會產生不同的態度。

1. 我不好—你好

這是憂鬱者的態度。持這種態度的人依賴他人的施惠，極需要撫愛或承認。這種態度源於幼年時的認知。由於小孩子身體弱小，不能自助，所以不可避免地會覺得自己不如周圍的人，產生自卑感。如果這種態度沒有隨著成長而改變，固定下來，會帶來消極的影響，要麼放棄自我，要麼順從他人。這種態度一旦被認識清楚並得到改變，就能在成人意識指導下建立一種新的、自覺的生活。

2. 我不好—你也不好

這是嚴重精神紊亂或厭世者的態度。這種態度源於孩子開始走路時，以為「被人照看」的生活已告結束，撫愛到此為止，或他想探究一切而不願老實待著，可能滾下樓梯，受到懲罰，造成傷痛。如果這種身處逆境的狀態毫無緩解地繼續下去，孩子就會得出「我不好 - 你也不好」的結論。持有這種態度，兒童的成人意識便停止發育。長大後，持這種態度的人常會放棄自我，陷入絕境。最終可能在一種極端的退縮狀態下了結此生。

3. 我好—你不好

這是一種懷疑和獨斷的態度。長期被父母虐待、凌辱的孩子會轉向這種態度，隨著年齡的增大，他開始反抗。他拒絕認識自己的內心，無法客觀地看待發生的一切與自己的關係，總是一口咬定是「他們的錯」。他們確定，自己所做的一切都是無可指責的，不管做什麼都是好的。持這種態度的人極端的表現是傷害他人，也可能因為孤傲、仇視等原因而使自己極端孤立。

4. 我好—你也好

這是健康的態度，認可自己，也認可他人。這種態度與前三種態度截然不同。前三種態度過多依賴於情感，常常引發心理適應不良，第四種態度也會有情感表達，但更多的是依賴於思考、信仰以及轉化、昇華、利他的行動保證。因為我們對「好」的理解並不僅僅局限於我們自己的經歷，我們可以超越它們，將其抽象化而達到為所有人服務的終極目標。如果一個人一次又一次地被置於能夠證明自身的價值以及他人的價值的環境中，就容易形成「我好 - 你也好」的態度。但是，在現實生活中由於種種因素影響，有許多人沒

有形成一種健康的態度，但是一個依據成人意識做出決定的人可以充滿信心地說：「我知道它能奏效，但不能期望立竿見影，這需要耐心和信心。」一旦接受了「我好-你也好」的新態度後，馬上就能產生好的情感，這種新方式總有一天會給我們的生活帶來新的收穫與新的幸福。

（三）交往分析說

交互作用分析的是人際相互作用模式，與個體內部的結構分析不同。相互作用分析理論把人與人之間的交往剖析為人的三種不同自我狀態之間的交往。交互作用的類型有三種：互補模式、交叉模式和隱含模式。

1. 互補模式

當一個人以某種自我狀態向對方發送一個刺激時，接受的一方以發送的一方所期待的自我狀態做出反應，相互作用能夠繼續進行，這種相互作用叫做互補的相互作用。該模式中兩個人的交互作用反應來自於同一個自我狀態（C與C、A與A、P與P），或是來自一種互補的自我狀態（P與C、A與P）。主要特點表現為，人的反應是恰當的，可預知的。例如，甲：「今天氣溫如何？」乙：「38度，很高。」

2. 交叉模式

當發送刺激的一方或者接受刺激的一方，或者雙方都沒有得到期待的反應，就會引發不適當的自我狀態，相互作用的線路就會出現交錯，這種相互作用叫做交叉的相互作用。自我狀態活動方式不確定，產生了一種為他人所不希望的反應。這種模式作用具有傷害性，當它們發生時，會導致相互間的退縮反應，或導致相互影響的主題轉移。例如，當一個人從兒童式的自我狀態出發時，就希望能夠得到與之互補的父母式自我狀態的反應，而不是一種來自成人式自我狀態的反應。甲：「你能幫我畫一下這個人嗎？她肯定很難畫。」乙：「不就這麼幾筆嗎，你自己完全能夠畫的。」

3. 隱含模式

當一個人以某種自我狀態向對方發送一個刺激，而用另一種自我狀態間接地表達另一種含義，就會引發雙重的相互作用，這種相互作用叫做曖昧的

相互作用。兩種自我狀態同時出現，其中一種自我狀態掩飾了另一種自我狀態，使隱蔽的交互作用常顯得像是互補的或是社會可接納的。例如，在一次遊戲即將結束前，一兒童對另一兒童說，你想到我家看看我收集的郵票嗎？從表面上看，這是來自於成人式的自我狀態，而事實上，它隱含著一種兒童式的自我狀態：到我家來吧，讓我們再在一起多玩一會兒吧。

在促進人際關係方面，相互作用分析理論透過幫助人們了解自己與人交往時三我的比例及其對交往的影響，揭示當一個個體與人交往時哪個我引起了刺激和反應，並幫助人們學習一種有效的方式來擴大自己的成人我，以促進人際交往的積極發展。

（四）生活原稿說

生活原稿也叫人生腳本，是「潛意識裡的人生計劃」，是一個人持有的由父母等人給他刻下的早期記憶，以及他據此而為自己設計的人生計劃，其形成與早期價值觀的認定和童年的心理地位有關，發自於兒童自我狀態，透過兒童與父母的「互動溝通」編寫而成。人生腳本的形成最初是在嬰兒時期，由父母傳達的非語言訊息而產生。這種潛意識中的生活計劃，會規定一個人生活的主題，規定他在現實生活舞臺上所要扮演的角色，也規定了他周圍的人所要扮演的角色，人們的生活彷彿是一次又一次地按照預先寫好的腳本反覆上演的戲劇。例如，在一個很強調男主外、女主內的家庭中，將會導致此家庭中的兒子產生「男人是一家之主」的生活腳本。

人們的人生態度與其生活腳本有關，如果一個人的人生腳本是積極的，這樣的人在其成長中就會積極地追求；如果一個人的人生腳本是消極的，那麼他就會採取消極的處事態度。一個人要從根本上改變自己的生活，就必須深入地分析並改寫自己的生活腳本。相互作用分析理論提出生活原稿說，意在幫助人認識並改寫或者重新解釋自己的生活原稿，使人重新恢復到出生時的「我好」狀態。

總之，相互作用分析理論是一種用於心理治療的理論。就人格理論而言，相互作用分析理論有著一套極為通俗易懂、簡潔明瞭的分析語言，一套幾乎能讓任何人理解的便於操作的方法，非常適合於人們進行自我認識與自我教

團體心理輔導
第二章 團體心理輔導的理論基礎

育,尤其適用於團體諮詢與治療;可幫助當事人了解他們與別人互助的本質,對人際交往獲得深刻的領悟力;透過改進自己的溝通方式來促進自身成長,與他人建立起自尊的、成熟的「我好-你也好」的人際關係。此外,在教育、管理等諸多需要與人密切交往的工作環境中產生積極影響。

生活中的心理學

人際溝通技巧在生活中的運用

小蘇和小清是一對同桌。每次放學,小蘇都要叫小清等他一起回去,但是他們並不順路,出了校門口就走不同的方向回家。而且,小蘇一直拖拖拉拉,總讓小清等他很久。這天放學後,小蘇又要小清等他。

「我要去老師辦公室問些問題,你在教室等我一下哦。」

「我媽早上說了要我今天早點回家,所以不能等你了。」

「就一會兒嘛,不會浪費很多時間的。」

「我媽早上說了要我今天早點回家吃飯,恐怕真的不能等你了。」

「就等一下都不行嗎?」

「真的不行,我媽要我早點回家。」

「你以前都等我的,為什麼今天不行啊?」

「我媽今天說過的要我早點回家,我不想讓她擔心。」

「可是那我一個人了啊。」

「對不起,我真的不想讓我媽擔心。」

「那,好吧。我等下自己回家好了。」

「嗯,拜拜。」

分析:在這裡,小清運用的是強調同一個理由拒絕別人請求的技巧。雖然小清反覆強調一個理由會讓聽的人一開始感覺無奈,但是這是在拒絕別人請求的時候一種很有效的方法,事後小蘇也不會放在心上。這種拒絕方式比

較直接，不會侵犯別人的利益，同時維護了自己的利益。如果說了兩個或兩個以上的理由只會讓小蘇心裡不舒服，感覺小清不想等他還找一大堆理由搪塞自己，也會使他們的友誼向不好的方向轉變。

啟示：在拒絕別人請求的時候不要說太多理由，一個足矣，並且應強調這一個理由。這樣會使得請求者更好地了解到你真的不能幫他這個忙，也不會再無謂地糾纏你。

複習鞏固

1. 什麼是相互作用分析？
2. 相互作用分析理論的主要觀點有哪些？
3. 簡要說說交互作用的類型。

第三節 社會學習理論

一、社會學習理論

社會學習理論是 20 世紀 60 年代興起的一種理論，創始人是美國新行為主義心理學家班度拉（Bandura），著眼於觀察學習和自我調節在引發人的行為中的作用，重視人的行為和環境的相互作用。他於 1977 年出版的《社會學習心理學》（Social Learning Theory）一書，是社會學習理論及其研究成果的一本總結性的著作。

班度拉認為，行為主義專注於操作而忽視了認知功能對人的行為的決定性影響。認知心理學強調人的內部意識過程，相對忽視了對人的外顯行為的探討。按照班度拉的觀點，以往的學習理論家一般都忽視了社會變量對人類行為的制約作用，他們通常是用物理的方法對動物進行實驗，並以此來建構理論體系，這對於研究生活在社會之中的人的行為來說，顯得不夠自然，似乎不具有科學的說服力。由於人總是生活在一定的社會環境中，所以班度拉主張在自然的社會情境中而不是在實驗室裡研究人的行為。班度拉指出，行為主義的刺激-反應理論無法解釋人類的觀察學習現象。因為刺激-反應理

論不能解釋為什麼個體會表現出新的行為,以及為什麼個體在觀察榜樣行為後,這種已獲得的行為可能在數天、數週甚至數月之後才出現等現象。所以,如果社會學習完全是建立在獎勵和懲罰結果的基礎上的話,那麼大多數人都無法在社會化過程中生存下去。為了證明自己的觀點,班度拉進行了一系列實驗,並在科學的實驗基礎上建立起了他的社會學習理論。

二、主要理論觀點

(一) 觀察學習

班度拉認為,人的行為,特別是人的複雜行為主要是後天習得的。行為的習得既受遺傳因素和生物因素的制約,又受後天經驗環境的影響。生物因素的影響和後天經驗的影響在決定行為上微妙地交織在一起,很難將兩者分開。行為的習得有「透過反應的結果所進行的學習」(直接經驗學習)和「透過示範所進行的學習」(間接經驗學習)兩種方式。

觀察學習,又稱為無嘗試學習或替代性學習,學習者不必對刺激直接做出反應,也無需親身體驗強化,只要透過觀察他人在特定情境中的行為,並觀察他人接受一定的強化,便可完成學習。班度拉認為:「透過觀察來學習的能力使人們能夠獲得較複雜的,有內在統一性的、模式化的行為,而無需透過行為主義設想的那種沉悶的嘗試錯誤逐漸形成這些行為。」也就是說,人們可以透過觀察和模仿學習到新的行為方式,觀察學習是社會學習的最主要形式之一。社會學習理論所強調的是這種觀察學習或模仿學習。在觀察學習的過程中,人們獲得了示範活動的象徵性表象,並引導適當的操作。

1. 實驗研究

班度拉以兒童的外部行為作為研究的出發點,透過一系列實驗對兒童的社會學習行為做了大量的研究。下面介紹班度拉關於觀察學習的兩個經典實驗。

(1) 模仿學習實驗

將被試兒童分為甲、乙兩組，在實驗的第一階段讓兩組兒童分別看一段影像。甲組兒童看的影像是一個大孩子在打一個玩具娃娃，過一會兒，來了一個成人，給大孩子一些糖果作為獎勵。乙組兒童看的影像一開始也是一個大孩子在打一個玩具娃娃，過一會兒，來了一個成人，為了懲罰這個大孩子不好的行為，打了他一頓。看完影像後，班度拉把兩組兒童送進一間放著一些玩具娃娃的小屋裡。結果發現，甲組兒童都會學著影像裡大孩子的樣子打玩具娃娃，而乙組兒童卻很少有人敢去打一下玩具娃娃。這一階段的實驗說明，對榜樣的獎勵能使兒童表現出榜樣的行為，對榜樣的懲罰則使兒童避免榜樣行為。在實驗的第二階段，班度拉鼓勵兩組兒童學影像裡大孩子的樣子打玩具娃娃，誰學得像就給誰糖吃。結果，兩組兒童都爭先恐後地使勁打玩具娃娃。這說明透過看影像，兩組兒童都已經學會了攻擊行為。第一階段乙組兒童之所以沒有人敢打玩具娃娃，只不過是因為他們害怕打了以後會受到懲罰，從而暫時抑制了攻擊行為；而當條件許可，他們也像甲組兒童一樣把學習到的攻擊行為表現出來。

（2）口頭勸說和榜樣行為對兒童利他行為的影響

先讓小學三、四、五年級的兒童做一種滾木球遊戲。作為獎勵，他們在遊戲中都得到了一些現金兌換券。然後，把這些兒童分成四組，每組有一個實驗者的助手裝扮的榜樣參與。第一組兒童和一個自私自利的榜樣一起玩，這個榜樣向兒童宣傳要把好的東西留給自己，不必去救濟他人，同時也帶頭不把得到的現金兌換券捐獻出來。第二組兒童和一個好心腸的榜樣一起玩，這個榜樣向兒童宣傳自己得了好東西還要想到別人，並且帶頭把得到的兌換券捐獻出來。第三組兒童和一個言行不一的榜樣一起玩，這個榜樣口裡說人人都應該為自己考慮，實際上卻把兌換券放入了捐獻箱。第四組兒童的榜樣則是口裡說要把得到的兌換券捐獻出來，實際上卻只說不做。實驗結果是第二、三組捐獻兌換券的兒童比第一組和第四組均明顯得多。這清楚地表明，勸說只能影響兒童的口頭行為，對實際行為則無影響；而行為示範對兒童的外部行為有非常顯著的影響。

上述實驗研究為其社會學習理論的提出奠定了基礎。這裡需要說明，觀察學習並不只限於所觀察到的具體事物，還可以遷移到同一類或相似的事物上去。例如，學生看到一個同學因搗亂而受到懲罰，他在交作業方面就不敢遲交或不交。作業與搗亂並不是同一件事，但都屬於是否遵守紀律一類，因此發生了遷移。可見，觀察學習的過程是複雜的，已遠遠超過了簡單的模仿。此外，示範過程除了透過身體演示傳遞外，還可以透過語言符號的描述來傳遞。人們從「抽象的示範模式」中學到的思維和行為的一般規則，對行為有非常重要的意義。

2. 觀察學習的過程

觀察學習的全過程由四個階段（或四個子過程）構成。

（1）注意過程

注意過程是觀察學習的起始環節。在注意過程中，示範者行動本身的特徵、觀察者本人的認知特徵以及觀察者和示範者之間的關係等諸多因素影響著學習的效果。首先，觀察者與榜樣之間的關係在某些方面對注意的影響更重要，如果榜樣與觀察者經常在一起，或者二者相似，那麼觀察者就會經常或容易學會榜樣行為。比如，子女較多地模仿父母，學生較多地模仿教師，鬥毆分子則更易於模仿電視劇中的攻擊行為，其原因就在於此。其次，觀察者的特徵，如覺醒程度、價值觀念、態度定勢、強化的經驗等也會影響觀察學習的注意過程。例如，觀察者對榜樣行為價值的認識直接影響他是否集中注意觀察榜樣的行為，如果他認為榜樣行為非常重要，注意就會集中；反之，注意則容易分散。這顯然是心理因素對行為的影響，班度拉稱之為自我調節。第三，榜樣的活動特徵，如行為的效果和價值、榜樣人物具有的魅力、示範行為的複雜性和生動性等，也會影響注意過程。

（2）保持過程

學習者對榜樣行為的注意是觀察學習的第一步。要使榜樣行為對學習者的行為發生影響，學習者還必須記住榜樣的行為，即將其保存在頭腦中。班度拉認為，這種保持過程是先將榜樣行為轉換成記憶表象，然後記憶表象再

轉換為言語編碼（形成動作觀念），表象和言語編碼同時貯存在頭腦中，對學習者以後的行為起指導作用。在觀察學習的保持階段，示範者雖然不再出現，但他的行為仍影響著觀察者。要使示範行為在記憶中保持，需要把示範行為以符號的形式表象化。透過符號這一媒介，短暫的榜樣示範就能夠被保持在長時記憶中。

（3）動作再現過程

動作再現過程是將記憶中的動作觀念轉換為行為，這是觀察學習的中心環節。動作再現過程主要包括動作的認知組織、實際動作和動作監控三步。動作的認知組織就是將保持中的動作觀念選擇出來加以組織。實際動作就是將認知組織的動作表現出來。動作監控是對實際動作的觀察和糾正，它分為自我監控和他人監控兩種。觀念在第一次轉化為行為時很少是準確無誤的，所以僅僅透過觀察學習，技能是不會完善的，需要經過一個練習和糾正過程，動作觀念才能轉換為正確的動作。這一過程涉及運動再生的認知組織和根據訊息回饋對行為的調整等一系列認知和行為的操作。

（4）動機過程

動機是推動人行動的內部動力。動機過程貫穿於觀察學習的始終，它引起和維持著人的觀察學習活動。人的活動動機來自過去別人和自己在類似行為上受到的強化。能夠再現示範行為之後，觀察學習者（或模仿者）是否能夠經常表現出示範行為，要受到行為結果因素的影響，包括替代性強化、直接強化與自我強化。其中，前兩種屬於外部強化，第三種屬於內部強化。以下是三種強化產生作用的方式：

替代性強化是指透過觀察別人受強化，在觀察者身上間接引起的強化作用。例如，個體看到別人成功的行為得到肯定，就加強產生同樣行為的傾向；反之，看到別人的某種行為受到處罰，自己就會避免那樣的行為。這種榜樣可以擴大到電影、電視、小說中的人物。直接強化就是學習者行為本身受到強化，如教師對取得優秀學習成績的學生進行表揚。直接強化的作用是明顯的，教師常透過運用表揚、評分、升級等強化手段來強化學生的學習行為和控制學生的課堂行為。

自我強化指人依靠訊息回饋進行自我評價和調節並以自己確定的獎勵來加強和維持自己行為的過程。它是透過成人向兒童提供有價值行為的標準，對達到標準的行為給予表揚，對未達到標準的行為表示批評的態度，使兒童逐漸掌握這種標準，從而用自我肯定或否定的方法對自己的行為做出反應。以後，兒童就形成了自我評價的標準，並用它來發揮調節行為的作用。自我強化系統包括自我評價、調節和自己規定的獎勵。這裡，強調了學習的認知性和學習者的主觀能動性。

外部強化和內部強化協同作用，都對行為產生影響。外部強化與內部強化一致時能給行為以最大的激勵作用。

上述四個過程是緊密聯繫，不可分割的。在任何特定的情境中，一個觀察者不能重複一個示範原型的行為很可能是由於下列原因：沒有注意有關活動，記憶中無動作觀念，沒有能力去操作或沒有足夠的動力。

（二）三元交互理論

班度拉認為，心理學理論的價值在於它能否準確地預測行為，它必須能正確地說明影響人的行為的因素以及引起行為變化的中介機制。解釋行為的傳統理論有兩種。一種強調人的心理因素對行為的調節和控制作用，如本能論、驅力論、需要論、動機論等。班度拉認為這種理論能夠對行為進行較好的解釋，但在對行為的預測方面並不成功。另一種強調環境（外部）因素對行為的控制作用，如強化論。這種理論沒有研究人和環境的交互作用，因此，在對行為的預測上也不成功。他提出相互作用的三種模式：

1. 環境是決定行為的潛在因素

一是環境確實對行為有影響，甚至產生決定作用的影響。二是這種作用是潛在的，只有環境和人的因素相結合，並且被適當的行為刺激活化時，環境才能發揮這種作用。這種潛在因素包含在行為發生之前或行為發生之後，要具體分析。在行為發生之前，是因為發生在個體周圍包含在環境中的事物往往有一定的規律。人們可以根據他們和環境交往的經驗歸納出這些規律，並預期在什麼情況下會產生什麼結果，藉此來調節人們的行為。由於人類能

認識環境中事物的規律，不一定要直接和事物接觸就可以獲得經驗，所以可以觀察別人的行為結果來調節自己的行為。

2. 人和環境交互決定行為

班度拉指出：「人既不是完全受環境控制的被動反應者，也不是可以為所欲為的完全自由的實體，人與環境是交互決定的。」環境中各種外部因素是透過三種主要方式影響自我調節過程的。環境有利於建立自我調節功能，從而建立和發展自我反應的能力。

3. 行為是三者的交互作用

交互決定論從行為（behaviour）、心理（psychology）和環境（environment）三個因素的交互作用來進行解釋。環境決定論認為，行為（B）是由作用於有機體的環境刺激（E）所決定的，即 $B=f(E)$；個人決定論認為，環境取決於個體如何對其發生作用，即 $E=f(B)$；班度拉則認為，行為、環境與心理（P）之間的影響是相互的，但他同時反駁了「單向的相互作用」即行為是個體變量與環境變量的函數，即 $B=f(P, E)$，認為行為本身是個體認知與環境相互作用的一種副產品，即 $B:f(P \times E)$。班度拉指出：「行為、個體（主要指認知和其他個人的因素）和環境『你中有我，我中有你』，不能把某一個因素放在比其他因素重要的位置，儘管在有些情境中，某一個因素可能起支配作用。」

（三）自我調節理論

班度拉認為，自我調節是個人的內在強化過程，是個體透過將自己對行為的計劃和預期與行為的現實成果加以對比和評價，來調節自己行為的過程。人能依照自我確立的內部標準來調節自己的行為。按照班度拉的觀點，自我具備提供參照機制的認知框架和知覺、評價及調節行為等能力。他認為人的行為不僅要受外在因素的影響，也受透過自我生成的內在因素的調節。自我調節由自我觀察、自我判斷和自我反應三個過程組成，經過上述三個過程，個體完成內在因素對行為的調節。

（四）自我效能感理論

自我效能是指個體對自己能否在一定水平上完成某一活動所具有的能力的判斷、信念或主體自我把握與感受，也就是個體在面臨某一任務活動時的勝任感及其自信、自尊等方面的感受。自我效能也可稱作「自我效能感」「自我信念」「自我效能期待」等。

班度拉指出：「效能預期不只影響活動和場合的選擇，也對努力程度產生影響。被知覺到的效能預期是人們遇到緊迫情況時選擇什麼活動、花費多大力氣、支持多長時間的努力的主要決定者。」班度拉對自我效能的形成條件及其對行為的影響進行了大量的研究，指出自我效能的形成主要受五種因素的影響，包括行為的成敗經驗、替代性經驗、言語勸說、情緒的喚起以及情境條件。

行為的成敗經驗指經由操作所獲得的資訊或直接經驗。成功的經驗可以提高自我效能感，使個體對自己的能力充滿信心；反之，多次的失敗會降低對自己能力的評估，使人喪失信心。

替代性經驗指個體能夠透過觀察他人的行為獲得關於自我可能性的認識。

言語勸說包括他人的暗示、說服性告誡、建議、勸告以及自我規勸。

情緒和生理狀態也影響自我效能的形成。在充滿緊張、危險的場合或負荷較大的情況下，情緒易於被喚起，高度的情緒喚起和緊張的生理狀態會降低對成功的預期水準。

情境條件對自我效能的形成也有一定的影響，某些情境比其他情境更難以適應與控制。當個體進入一個陌生而易引起焦慮的情境中時，會降低自我效能的水平與強度。

根據社會學習理論的觀點，在團體輔導中，要為來訪者創設一種充滿理解、關愛、信任的情境，環境的變化必將引起個體行為的變化。在自我接納團體輔導中，一方面，成員之間透過處理一些共有困擾，可以從中汲取對自己有效的經驗，成員也透過觀察領導者對個別成員問題的處理學習到有效的做法；另一方面，團體營造出的真誠、支持、信任、接納的氛圍，使成員得

以更好地放下自我防禦,開放自己,這種開放會延伸到團體以外的日常生活中,幫助成員形成新的適應行為。

複習鞏固

1. 觀察學習有幾個過程,分別是什麼?

2. 什麼是自我強化?

3. 一個觀察者不能重複一個示範原型的行為有可能的原因是什麼?

第四節 人際溝通理論

一、人際溝通的含義

美國哲學家理查德·麥基翁(Richard McKeon)指出:「未來的歷史學家在記載我們這代人的言行的時候,恐怕難免會發現我們時代溝通的盛況,並將它置於歷史的顯著地位。其實溝通並不是當代新發現的問題,而是現在流行的一種思維方式和分析方法,我們時常用它來解釋一切問題。」這段話以非常精闢的視角展現了溝通在當代的狀況和地位。

人際溝通簡稱溝通,是社會中人與人之間的聯繫過程,即在社會生活中,人們運用語言符號系統或非語言符號系統兩大媒介傳遞訊息、溝通思想和交流情感的過程。從訊息論的角度來看,人際溝通的過程就是訊息交流的過程。在這個過程中,人們交流彼此的思想、觀點、情感、態度和動機,從而建立一定的人際關係。

人際關係是個體在社會生活實踐過程中所形成的對其他個體的一種心理傾向及其相應的行為,它體現的是心理上的距離。人際關係的變化與發展取決於關係中的雙方彼此社會需要滿足的程度。如果雙方在相互交往中都獲得了社會需要的滿足,相互之間就能發生並保持接近的心理關係,表現為友好的情感,反之就產生厭惡及彼此疏遠。人際關係受許多心理因素的制約,它既有認知成分,也有情緒和行為的成分。彼此間的吸引程度是人際關係的主

要特徵。影響人際吸引的因素主要有外貌、鄰近與熟識、相似與互補、個體的人格品質等。

人際溝通是動態的過程,是人際關係形成的前提與條件。人際關係則是在人際溝通基礎上形成的相對靜態的關係狀況,同時這種關係狀況又進一步成為人際溝通的基礎,兩者的關係是相輔相成的。

二、人際溝通的工具

作為資訊傳遞的過程,人際溝通必須借助於一定的符號系統才能實現。符號系統是人際溝通的工具。我們可以把符號系統劃分為兩類,即語言符號系統和非語言符號系統。

（一）語言符號系統

語言符號系統,是利用語言進行的言語溝通。語言是社會約定俗成的符號系統,而言語是人們運用語言符號進行溝通的過程。語言是人類最重要的溝通工具,也是訊息傳遞的最有力的手段。語言可以分為口頭語言和書面語言,即語音符號系統和文字符號系統。

在面對面的溝通中,口頭語言是最常用的,而且收效最快。例如,會談、討論、演講及當面對話都可以直接、及時地交流訊息,溝通意見。在間接溝通中,一般採用書面語言。它不受時間和空間的限制,可以長時間地保存,可以遠距離傳遞,發出訊息者可以充分地考慮語詞的恰當性。書面語言擴大了人們認識世界的範圍。

顯然,在交往中,面對複雜多變的情境,人們表達同一意圖的言語形式並不唯一。有大量的研究表明,人們對語言的運用,表現出明顯的策略性。我們說話時依賴不同的文化背景下的社會約定俗成的規則、交際禮儀和契約,我們還會根據特定的情境和交際對象,話語時而直接,時而委婉。最後,我們採用的言語表達形式也體現了語言的策略性。

（二）非語言符號系統

非語言符號系統，是指在人際知覺和溝通過程中，憑藉動作、表情、實物、環境等進行的訊息傳遞。人們常常認為非語言符號系統是不重要的，數量較少的，但是事實並非如此。美國傳播學家梅拉比安（Mehrabian）透過實驗把人的感情表達效果量化成了一個公式：訊息傳遞的 100%=7% 的語調 +38% 的聲音 +55% 的肢體語言。從以上公式可以看出，非語言符號系統在溝通中具有重要的功能，它能補充、調整、代替或強調語言訊息。絕大多數的非語言訊息具有特定的文化形態，在傳達時是習慣性的和無意識的，它可能與語言訊息相矛盾，以非常微妙的方式傳遞感情和態度。

非言語系統的形式包括：以手勢、面部表情和體態變化等為特徵的視-動符號系統；在人際空間距離方面表現人與人之間關係疏密的時空組織系統；以人際互動中視線交叉為表現形式的目光接觸系統；以音質、音幅、聲調、言語中的停頓、語速快慢等方式強化訊息的輔助語言系統。

三、人際溝通的條件

人際溝通是人與人之間訊息的傳遞、思想的溝通、情感的交流，服從於一般的訊息溝通規律。20 世紀六七十年代，美國的政治學家拉斯韋爾（Lasswell）在《傳播在社會中的結構與功能》一文中提出了溝通的「5W」模式，較明確地說明了人際溝通的過程：傳信者（誰：who）—訊息（說什麼：says what）—媒介（渠道：in which channel）—受信者（給誰：to whom）—效果（with what effects）。實現人際溝通的必要條件是：第一，要有發出訊息的人，即訊息源。沒有訊息源，就無法進行人際溝通。

第二，要有訊息。人們進行溝通，要是沒有內容，溝通的必要性就不存在了。

第三，要有訊息渠道。訊息渠道是訊息的載體，即訊息透過何種方式，用什麼工具從訊息源傳遞給接收者。訊息一定要透過一種或幾種訊息渠道，才能到達目的地———接收者。常用的訊息渠道有對話、動作、表情、廣播、電視、電影、報刊、電話、電報、信件等。

第四，要有接收者。如果沒有接收者，溝通也不能實現。

第五，回饋。是訊息發出者和接受者相互間的反應。訊息發送者發送一個訊息，接收者回應訊息，使其進一步調整溝通內容，因此溝通成為一個連續的相互過程。溝通中及時回饋是很重要的，回饋可以減少溝通中的誤會，讓溝通雙方知道思想和情感是否按他們各自的方式來分享。

第六，障礙。是溝通中阻止理解和準確解釋訊息的因素，比如環境中的噪音，溝通雙方的情緒、信念和偏見以及跨文化溝通中對不同符號的解釋等，都是溝通的障礙。

第七，環境。溝通發生的環境影響到溝通的效果。比如，在一個支持性小組中，圓形的座位排列方式能讓小組成員之間交流更順利。在團體輔導中，環境的布置也能直接影響來訪者的心情。

四、影響人際溝通的因素

了解什麼因素在影響溝通的進行，有利於我們提高溝通技巧，改進溝通的品質。訊息傳遞的各個環節常會受到某些因素的影響，從而影響到人際溝通的進行。影響人際溝通的因素主要有以下幾個方面：

（一）影響訊息來源的因素

訊息源所使用的傳播技術，包括訊息源的語言文字表達能力、思考能力以及手勢、表情等方面的表達優劣程度；訊息源的態度，包括自信、尊重對方、竭力使對方對溝通感興趣等；訊息源的知識程度，包括豐富的知識、社會經驗、人情世故等；訊息源的社會地位，人們獲得訊息的一個來源之一就是權威，當訊息源處於較高社會地位時，我們傾向於更相信對方的話。

（二）影響訊息的因素

語言和其他符號的排列與組合次序，訊息傳遞時有首因效應和近因效應，即先呈現的訊息和最近呈現的訊息容易被記住。訊息的內容直接影響溝通雙方，訊息傳遞者力圖透過訊息的內容傳達自己的信念、態度和知識，從而試圖影響或改變對方。訊息的處理情況，選擇合適的語言和非言語行為來表達訊息是非常重要的，同一個訊息用不同的語詞和語氣來表達會有不同的效果。

（三）影響訊息渠道的因素

同一訊息經過不同的訊息渠道傳遞，得到的效果會不一樣。因此，要注意選擇適當的訊息渠道，使之與傳播的訊息相配合，並符合接收者的需要。比如，教兒童數數時，借用實物，孩子更容易理解；演講時，使用投影儀或電腦展現的圖表、圖畫等訊息令人印象深刻。

（四）影響接收者的因素

接收者的心理選擇性。有些訊息接收者樂意接受，而另一些訊息接收者不喜歡接收。接收者當時的心理狀態。例如，處於喜悅情緒狀態的人容易接受他人所提出的要求。

在實際溝通過程中，上述四個方面的因素通常是聯合發生作用的。

五、人際溝通的障礙

日常生活中，某些影響人際溝通的因素會造成溝通的必要條件缺失，導致人際溝通受到阻礙，良好的溝通效果難以實現。

（一）地位障礙

社會中每個個體都承擔一定的社會角色，處在一定的社會位置上。由於社會分工不同，地位也各異。如果個體由於地位的不同導致不同的自我意識、價值觀念和道德標準，就會造成溝通的困難。在同一組織中，處於不同位置的成員，他們的認知、情緒反應、行為方式都會有所不同，對同一訊息會有不同的，甚至截然相反的認識，對同一社會事件往往持有不同的看法。同時，宗教差別也會成為溝通障礙。不同宗教信仰的人，其觀點和態度也可能不同。此外，職業上的差異有可能造成溝通的不暢。「秀才遇到兵，有理說不清」「隔行如隔山」就是表明的這種情況。

維索爾倫（Verschueren）的語言適應理論（Speech Accommodation Theory）認為，人們在人際互動過程中傾向於適應彼此的講話風格（雙方趨同）以改善溝通，並經過互惠和提高相似性來增強吸引。但是，具有較高威望講話風格的人就要強調他們的講話風格的表現———差異性。具有較低威

望講話風格的人就會顯示向高威望講話風格靠攏的傾向，除非他們認為其低地位是不穩定的和不合法的，在這種情況下，會堅持自己的講話風格，於是就會產生溝通障礙。

　　（二）組織結構障礙

　　有些組織龐大、層次重疊，訊息傳遞的中間環節太多，從而造成訊息的損耗和失真。也有一些組織結構不健全，溝通渠道堵塞，缺乏訊息回饋，也會導致訊息無法傳遞。另外，不同的組織氛圍會影響溝通，鼓勵表達不同意見的組織氛圍促進溝通。組織內訊息泛濫也會導致溝通不良。處於不同層次組織的成員，對溝通的積極性也不相同，也會造成溝通的障礙。

　　（三）文化障礙

　　文化背景的不同對溝通帶來的障礙是不言而喻的。比如，語言的不通帶來的困難，社會風俗、規範的差異引起的誤解，在社會生活中是屢見不鮮的。

　　（四）個性障礙

　　這主要指由於人們不同的個性傾向和個性心理特徵所造成的溝通障礙。氣質、性格、能力、興趣等不同，會造成人們對同一訊息的不同理解，給溝通帶來困難。個性的缺陷，也會對溝通產生不良影響。一個虛偽、卑劣、欺騙成性的人傳遞的訊息，往往難以讓人接受。

　　（五）社會心理障礙

　　人們隨時隨地都需要與他人溝通，對人際溝通的恐懼也相當程度地伴隨著人們，表現為個人在與他人或群體溝通時所產生的害怕與焦慮。如果溝通個體存在溝通恐懼的心理，溝通將無法進行。對溝通有恐懼心理的人，輕者為了保護自己而表露有礙進一步溝通的訊息，重者甚至無法與人交談。這種溝通上的心理障礙除直接對溝通產生影響外，其社會功能必然也要受到嚴重影響。比如，在生活習慣上比較孤獨封閉，在學習態度上會比較消極退縮，在人際接觸中會逃避，因此減少了被認識與被賞識的機會，反而增加了被誤解與被排斥的可能。溝通恐懼的長期經驗會降低個人的自尊心。在現代服務業發達的社會中，溝通恐懼感會造成個人喪失許多就業的機會等。

總的來說，人際溝通理論為團體輔導過程中人與人之間如何交往，怎樣增強溝通效果，建立良好的人際關係，避免減少交往障礙等提供了大量有價值參考，也為團體領導者選擇怎樣的團體溝通方式，如何觀察、指導團體成員的溝通等提供了具體方法和技巧。

在 本章中，我們詳細地介紹了團體心理輔導的理論基礎。當然，在團體心理輔導實踐中，我們所借鑑的理論遠不止上述所列出的內容。此外，羅傑斯的個人中心理論、佛洛伊德的心理分析治療理論、華生的行為治療理論、艾利斯（Ellis）的理性情緒治療理論等心理諮詢的經典理論，對團體心理輔導的發展做出了非常有價值的貢獻。

擴展閱讀

人際交往黃金定律

1. 首因效應———45秒產生第一印象

美國社會心理學家洛欽斯在1957年做了這樣一個實驗。他杜撰了兩段故事，描寫了同一個人的生活片段。故事一把這個人寫成一個熱情、外向的人。故事二則把他寫成一個冷淡、內向的人。隨後，他請兩組參與者分別閱讀這兩個故事，並評價這個人的性格。結果參與者的評價截然不同。他從而提出了「首因效應」這一定律。

心理學研究發現，初次會面45秒鐘就能產生第一印象，主要包括容貌、衣著、姿勢和面部表情等。第一印象會在後續交往中占據主導地位。「首因效應」提示我們，初次見面應給人留下好印象。人們都願意與衣著整齊、落落大方的人交往。注意言談舉止方面，最好能言辭幽默，侃侃而談，不卑不亢，舉止優雅。有了良好的開始也就成功了一半。

2. 誠信定律———不要輕易給承諾

秦末大將季布一向說話算數，信譽很高，很多人都與他結下了深厚的友情。當時流傳著這樣的諺語：「得黃金百斤，不如得季布一諾。」後來，他

被漢高祖劉邦懸賞捉拿，他舊日的朋友不被重金所惑，冒著滅九族的危險來保護他，使他免遭厄運。

「人無信不立」，誠信是人際交往的基礎，是做人的根本。一個人不講信用，說話不算數，容易讓人反感，長此以往，交不到朋友；一個企業沒有信譽也很難在市場上立足。

已經做出承諾，就要盡心盡力去做。自己力不能及的事情，從一開始就不要應承。正如華盛頓所說：「一定要信守諾言，一定不要去做力所不及的承諾。」

3. 面子定律──凡事為人留情面

「人要臉，樹要皮。」中國人尤其好面子，做什麼事都會考慮自己的面子。面子的本質是尊嚴，用美國心理學家馬斯洛的需要層次理論來講，就是受人尊重，得到認可的需求。誰都希望自己在別人面前有尊嚴。

與人交往，即使你再優秀，也別忘了給他人留點尊嚴。給別人留面子就是給自己留退路，在家庭關係中尤為重要。很多家庭的破裂都源於妻子在外人面前太不給丈夫留面子，傷害了對方的自尊心。家庭不是一比高下的戰場，而是舉案齊眉、互相尊重的港灣。

複習鞏固

1. 人際溝通的工具是什麼？

2. 人際溝通的條件有哪些？

3. 人際溝通的障礙有哪些？

本章要點小結

團體動力學理論

1.「團體動力學」就是要把團體作為一種心理學的有機整體，並在這種整體水平上探求團體行為或人的社會行為的潛在動力。

第四節 人際溝通理論

2.團體動力學研究範疇的基本特徵是：強調理論意義上的經驗研究，注重研究對象的動力關係和相互依存關係、多學科的交叉研究，把研究成果應用於社會實踐的潛能。

3.大陸學者申荷永將以往團體動力學的研究歸類為五個方面：團體內聚力、團體壓力與團體標準、個人動機和團體目標、領導與團體性能、團體的結構性。

人際交互作用分析理論

1.相互作用分析，就是透過分析人們相互之間刺激與反應的表現去觀察並了解人們，以發現不同的人格狀態。

2.相互作用分析理論的主要觀點有：人格的三我說、生活態度說、交往分析說、生活原稿說等。

社會學習理論

1.社會學習理論是20世紀60年代興起的一種理論，其創始人是美國新行為主義心理學家亞伯特·班度拉。

2.觀察學習，又稱為無嘗試學習或替代性學習，學習者不必對刺激直接做出反應，也無需親身體驗強化，只要透過觀察他人在特定情境中的行為，並觀察他人接受一定的強化，便可完成學習。

3.觀察學習有四個過程，分別是：注意過程、保持過程、動作再現過程、動機過程。

4.班度拉提出相互作用的三種模式：環境是決定行為的潛在因素、人和環境交互決定行為、行為是三者交互的相互作用。

5.自我調節由自我觀察、自我判斷和自我反應三個過程組成。

6.自我效能是指個體對自己能否在一定程度上完成某一活動所具有的能力判斷、信念或主體自我把握與感受。

人際溝通理論

1. 人際溝通是指人與人之間運用語言或非語言符號系統交換意見、傳達思想、表達感情和需要的交流過程，是人們交流的一種重要形式和前提條件。

2. 符號系統是人際溝通的工具。符號系統劃分為兩類，即語言符號系統和非語言符號系統。

3. 影響人際溝通的因素主要有：影響訊息來源的因素、影響訊息的因素、影響訊息渠道的因素、影響接收者的因素。

4. 人際溝通的障礙有：地位障礙、組織結構障礙、文化障礙、個性障礙、社會心理障礙。

關鍵術語

團體動力學 生活空間 相互作用分析 父母自我狀態 成人自我狀態 兒童自我狀態 PAC 分析理論 社會學習理論 觀察學習 三元交互理論 自我調節理論 ；自我效能理論 符號系統

複習思考題

一、判斷題

1. 勒溫在 1939 年發表的《社會空間實驗》一文中首次使用了團體動力學這個概念。（ ）

2.「我不好─你也不好」是一種不健康的態度。（ ）

3. 動機過程是觀察學習的中心環節。（ ）

4. 面部表情是一種語言符號系統。（ ）

二、選擇題

1. 個體的個性是由哪幾種自我狀態構成的（ ）

A. 父母自我狀態

B. 成人自我狀態

C. 兒童自我狀態

D 和青年自我狀態

2. 目前 PAC 的應用主要在哪幾個方面（　）

A. 心理治療

B. 教育

C. 諮詢

D. 企業管理

3.「我不好—你好」是什麼人的態度（　）

A. 精神紊亂者

B. 厭世者

C. 憂鬱者

D. 健康狀態

4. 人際溝通的工具有（　）

A. 語言符號系統

B. 非語言符號系統

C. 面部表情

D. 身體姿態

5. 在人格三我說中 A 是指（　）

A. 父母自我狀態

B. 成人自我狀態

C. 青年自我狀態

D. 兒童自我狀態

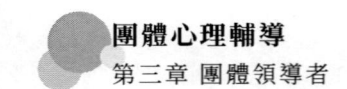

第三章 團體領導者

　　團體工作的好壞，團體領導者起著關鍵的作用。在團體運作中，一方面依靠團體成員的積極參與，另一方面取決於團體領導者正確而有效的領導活動。因此，認識什麼是團體中的領導；擔任團體領導者要具備哪些條件；團體領導者在團體中充當什麼角色，發揮怎樣的功能，要遵循什麼倫理等具有很現實的意義。透過本章的學習，我們需要掌握以上的知識點。這能幫助我們更好了解領導的角色，發揮領導的功能，促進團體活動的順利開展。

第一節 什麼是團體中的領導

一、領導的定義

　　也許，當我們看到「團體領導者」的第一眼時，通常會產生領導者是指從參加輔導的成員中選擇一個比較優秀的人來擔任的角色這一錯誤看法。所以，這裡我們需要明確的是，團體領導不是指從參加輔導的成員中選擇一個人來當領導，而是指心理輔導者參與到團體輔導中，來「操縱」整個團體。這裡的領導者是指輔導者，而不是指團體當中的某個成員。

　　「領導」是一種存在於團體之中的關於關係屬性，即領導者因追隨者而存在，追隨者因領導者而存在的關係概念。它所確認的是一種關係，其中一些人能夠說服他人接受新的價值、態度和目標，並為之而努力奮鬥。這種關係幾乎總是受到某一群體中各種因素的塑造，並在其中得到發展，無論是十幾人的小型群體，還是幾百上千的中型群體，抑或是像民族國家這樣的大型群體。領導者激發他人接受並遵從各種價值、態度和目標，他們界定並服務於該群體，也正因為這樣，領導者們才能夠將個體行動轉換為團體行動。

　　在心理學中，對於領導的研究主要集中在社會心理學和組織心理學領域。對於領導的研究，作為社會心理學中一個核心研究領域，尤其是在小群體動力學研究興盛的年代裡有這樣的觀點：具有特定行為風格的領導的有效性，取決於該種行為風格與情境的匹配程度。之後，在 1970 年和 1980 年之間，

團體心理輔導
第三章 團體領導者

社會心理學對於領導的研究出現了一個新的趨勢，即對歸因過程和其後的社會認知的重視。在組織心理學中，對於領導的研究條件無疑是得天獨厚的，企業的繁榮與衰落，在很大程度上取決於組織中的領導質量。也因此，領導研究在組織心理學研究的議程中占據著非常重要的地位。近年來，組織心理學家對變革型領導以及超凡魅力所扮演的角色給予了特別的關注。研究認為，有效的領導者應該積極主動，具有變革取向和創新精神，能夠激勵和鼓舞他人，同時，能夠將自己的某種願景或使命傳輸到團體當中去。他們還應該對他人懷有興趣，能夠創造出成員對群體的承諾感，能夠使得團體成員為願景付出特別的努力，並對這些成員進行授權。

相信對於一些相關領域裡「領導」含義的了解，能夠更好地幫助我們了解心理學上「領導」的定義。在心理學這個領域中，我們將領導看作是領導者為實現組織的目標而運用權力向其下屬施加影響力的一種行為過程。領導工作包括四個必不可少的要素：領導者、被領導者、團體環境、領導行為。

二、領導者

領導者是具有權力和地位的個人和集團，透過自身的作用，指導和影響他人或組織在一定的條件下實現某種目標的行為過程。所以，領導是一種能力，而這種能力是影響團體的能力。領導者充當領導過程中的關鍵一角，他透過權力和非權力的影響力來引導團體朝著既定的目標發展。一個有效能的領導必須要符合以下要求：了解團體的目標並且以團體目標為導向；了解團體成員的特性、能力和特長；激勵成員積極參與到活動中；增加團隊凝聚力。團體領導是一個相互、交換、轉變的過程。在這個過程中，有人被允許去影響、激勵其他人，以促使團體及個人目標的實現。

團體領導者則是指在團體發展過程中負責帶領和引導團體走向一定目標的人，是對於團體成員和團體具有影響力的人。雖然成員互動或團體運作不一定要靠一個好的領導者，但是在參加到團體當中，成員們有著不同的背景、不同的目的和動機，所處的社會地位也不一樣。因此，除非有人在團體中引導、整合成員的各種活動、行為，否則，有效的團體行動就很難產生，這就要求任何一個團體都要有一個能夠勝任的領導者。透過協調人與人之間的關

係，激發出團體內每個成員的熱情與活力，使各成員努力實現團體的目標。團體輔導過程中有效能的領導者必須具備特有的人格特質，應該是一個受過專業訓練的，有充分帶領團隊經驗的帶領者。

三、團體領導的特點

團體領導是一個相互的過程，在前面我們了解到團體中有四個必不可少的因素，即領導者、被領導者（成員）、團體環境和領導行為。其中，領導者、成員及團體環境作為三個主體，他們之間相互影響。領導者自身的人格特徵、習慣、愛好等會影響成員的參與積極性以及團體的氣氛。成員的行為、動機也會在一定程度上影響領導者的行為，而他們兩者的相互影響就形成了團體氛圍，長久以往就成為了團體環境。因此，領導是一個流動的過程，包含了領導者、成員和團體環境三個因素間的不斷調整與適應。

團體領導是一個交換過程：團體領導者與團體成員之間的關係是社會交換（social exchange）的形式。領導者和成員付出他們的時間、精力、智慧等，以獲得精神的或物質的報酬，即團體領導對他在團體輔導方面的知識和經驗的運用，花費一定時間、精力來帶領願意付出時間、精力、物質的成員，各自在這個過程中獲得物質方面、精神方面和社會方面的回報。

團體領導是一個轉變的過程：團體領導者在團體中採用一定手段或方法去激勵成員的動機、自信心，從而使得成員由缺乏信心和動機變得肯定自我、自動自發，並且在這個過程當中轉變成員的觀念、價值與想法等。

領導是目標追尋的過程。領導者組織、運作團體，激發成員的能力，努力地向個人及團體的目標前進。

四、領導行為

團體效能直接受領導者所採取的領導行為的影響。團體為了完成任務，達到既定目標，明顯的行為就是團體成員必須把自己投入到任務當中。另一個較不明顯但是卻很重要的因素是，團體為了更加有效地發揮其功能，不僅僅是為了完成任務，還需要「關心」自己。團體是由人組成的，而人是有需

求的。在團體當中，人們不是光來完成團體任務的，他們需要在完成任務的過程當中或者從達到目標的結果中來實現他們的需求。所以，要使得團體更具有效能，不但要鼓勵成員投入到團體中去，也必須得注意團體成員的內在需求。無法維持令人滿意的團體氛圍，就會使得任務無法完成。就像網路一樣，網路作為人類偉大發明的一種，就在於它能夠帶給你想要的資訊，但是如果不加以管理、維護與調整，就可能導致致命的傷害。團體亦是如此，也需要維護和調整。

美國密西根大學和俄亥俄大學的學者們提出了雙層面理論和雙類型理論，將領導行為分為工作導向和關係導向兩類。工作導向的領導行為是指引發任務、制定規範、督導溝通及減除目標模糊的行為。工作導向的領導行為關注的是工作任務的落實，重視工作目標的實現，對於生產單位的團體適合採取工作導向的領導行為。關係導向行為是指能夠在團體中維持正向的人際關係的行為，比如建立友誼，相互信任等。關係導向傾向於人際關係的正常維持，了解成員之間的差別以及他們自身的需要。重視成員自主參與到團體活動之中，領導者關注的是與參與者之間的關係的融洽，相互信任。和工作導向的領導行為方式相反的是，關係導向的領導行為適合非生產單位的團體。

在團體輔導中，團體領導者自身的特質直接影響他們在團體中的領導行為和領導功能的發揮。這些領導行為需要理論和實踐相結合，經過訓練以及在訓練過程中慢慢積累的經驗，才能使領導行為較好地運行。如果領導者沒有一定的領導能力，即使他的角色形象和專業地位再完美，也不能調動團體成員的積極性，也會同樣使得成員冷漠、抗拒，甚至憤怒而導致一些不合作的做法。下面是在團體心理輔導中，領導者常使用的領導行為類型：

（一）介入指導型行為

這種領導行為是指領導者透過對質、勸誡、解釋和詢問等方式，間接地要求成員做出反應，或者是領導者直接要求成員按照其所希望的方式來做出反應。以上兩種無論是間接還是直接的方式，都屬於介入指導型領導行為。

（二）契約管理型行為

領導者將團體看作是一個社會單位,在這個團體開始時制訂一些契約,團體成員就會按照訂立的原則、規範來行事。在團體中,領導者和成員之間的互動關係也就是依照這些契約來發展的。

(三)支持同理型行為

這類領導行為是指領導者採取關懷、鼓勵、接納、讚賞、尊重的態度和行為來運作團體,使團體成員在安全、開放、正面、積極的氛圍中,主動地投入到團體中,積極參與團體活動,與其他成員互動。此類領導行為一般是在團體輔導的開始階段得到採用,也是在團體輔導中使用得最多的領導行為。

(四)澄清引導型行為

在這類領導行為類型中,領導者只是扮演協助者的角色。在這一過程中,領導者會給予成員較大的自主空間,讓他們自行決定團體導向、個體的參與程度、團體的目標、活動的內容、諮詢的地點等,領導者在其中主要是澄清問題、引導成員討論等。這一領導行為類型需要領導者具備很好的客觀判斷,能夠精準地分析,能進行清晰的思考以及擁有敏捷的反應能力等特點,否則團體目標很難達成。

(五)認知教育型行為

此類型的領導方式是指領導者運用講解、說明等傳統的教育方法來指導團體成員。一般在專業性比較強的團體中會採用此種領導行為。這種類型的領導方式想要取得成功,需要具備兩個條件:一是團體中有較多的順從性格的成員;二是領導者具有一定的權威性。

五、領導風格

世界上沒有兩片完全相同的樹葉,團體也是一樣的,不會存在兩個完全一樣的團體。所以,不同的團體就會產生不同的領導者。不同的團體成員,團體成員的人格特質不同,團體輔導的理念以及團體目標都會不同,也正是因為這些才會出現不同的領導風格,也就是不同的領導類型。

團體心理輔導
第三章 團體領導者

對於領導類型的分類有不同的看法，目前也存在許多不同的分類方法，本書主要介紹兩種較常見且較實用的分類：

（一）領導參與論

勒溫等人在探討團體成員參與決定的課題中對領導風格進行了系統的研究。領導參與是指了解團體成員參與決定的程度對於團體結果、團體效能的影響的情況怎樣。將「參與決定」看作一條連續的線段，在線段上確定三個點，即兩端和中點，就可以將領導風格分為三種類型，即專制型、民主型和放任型。專制型是完全由領導決定的一端，放任型是完全由成員決定的一端，而民主型則是介於兩極之間的由領導者收集、了解成員的意見之後做出決定。勒溫認為，這三種不同的領導類型具有不同的人性觀、領導行為和溝通網絡。透過勒溫的研究結果，我們可以知道，從行為角度來看，專制的領導風格會導致成員之間的敵意行為發生的次數遠遠多於民主的領導風格。在專制領導下，成員的攻擊行為容易轉化到其他情境，當領導離開時，攻擊行為立即上升。在專制領導下，團體中的弱勢群體更弱，強勢群體更強；團體成員基本都討厭專制者，喜歡民主者。再就工作效率來看，在專制型的領導下，團體比較依賴領導者，成員之間相互中傷，對團體活動產生不滿，保量不保質。在民主型的領導下，團體對領導依賴不嚴重，成員之間的矛盾也少，喜歡提供意見，對團體活動也比較容易感到滿意，能夠保質保量。在放任型的領導下，成員很少依賴領導，但是會相互攻擊，意見紛紜，容易對團體產生不滿，不僅不能保證產量，質量也不能得到保證。所以，綜上所述，民主型的領導是最有效能的領導風格。

表3-1　團體中不同領導風格的影響與比較

項次	專制型(authoritarian)	民主型(democratic)	放任型(laisser faire)
意義與內涵	團體中所有的事都是由領導決定；所有的步驟方法完全由領導指揮；每人的任務即工作夥伴由領導決定，成員不知下一步該做什麼；成員的工作好壞由領導個人的觀點決定；在團體過程中對人冷淡	領導者鼓勵並協助所有事務的討論與決定；目標步驟已有共識；成員自由與任何人共事，工作分配由團體共同決定；對成員的工作領導者客觀地褒貶；領導者盡量像成員一樣不做過多介入	領導者避免參與決定，完全由成員決定；領導者在成員要求時提供資訊，但不參與討論；領導者不參與工作分配、人員配對；領導者對成員的活動與團體過程不評價，不調整

項次	專制型(authoritarian)	民主型(democratic)	放任型(laisser faire)
對人的假設	否認人的獨自判斷力；認為人沒有成熟的鑑別力，從事任何工作都必須由專家和權威決定	拒絕接受一個固定責任人來引導團體；認為團體的成長並不是領導者全然負責，而是應該由每個成員來負責	團體成員自己要負責這個團體的發展；領導者相信成員的角色與自己相同，拒絕接受任何的功能、責任、關係；認為人是無法加以約束的
方法	對成員的行為會做許多的分析、解釋，以幫助人解決困難；若是帶領小團體，傾向於去做精神分析、判斷和評價	希望能了解團體成員的能力、需要，適當地以團體關係來幫助成員發揮，用技巧協助成員消減其焦慮	對成員的一切不予引導，完全取決於大家的討論；將團體模糊不清的事務、狀況扔給成員自己去解決，不做指導
溝通類型	輻射型溝通：成員彼此互動較少，大多與領導者交流，此亦為一般團體初期發展的情況	網狀型溝通：溝通有系統，並不完全集中在領導者身上	混亂型溝通：團體溝通混亂，無目標沒有脈絡；成員私下互動，影響整個團體動力

（二）管理方格論

團體心理輔導
第三章 團體領導者

　　管理方格論是由珍·莫頓和羅伯特·布萊克（Jane Mouton & Robert Blake）提出的。他們認為，人們對於「團體的生產結果重要性如何」及「團體成員感覺重要性如何」這兩個問題的回答決定了他們的領導類型。一些領導者首要目標是達成團體生產的結果，但是一些領導更注重成員正面、積極的感受和加強團體精神及個人需求的滿足，還有一種領導者就是認為團體生產結果和團體成員感受同樣重要。

　　莫頓和布萊克用方格來說明其領導類型。表3-2中包含兩個層面，即關懷人和關懷結果，並從「低」關懷到「高」關懷分為九等。雖然每個人可能落在81個格子中的任何一個位置，但是布萊克等主要強調五個固定位置，即四個角落和正中間的位置。（1，1）位置的領導者對團體結果和團體成員感受均不關心，這種人幾乎不能稱之為領導者。（9，1）位置的領導者對生產結果高關注，對團體成員感受低關注，這類領導是工作至上，一切都是為了生產結果。（1，9）位置的領導者是對團體成員感受高關注，對生產結果低關注，這類領導和（9，1）位置的領導相反，他們一切努力都是為了使成員感到舒適、和諧。（5，5）位置的領導者對生產結果和成員感受均為中關懷，位於方格正中間，他們試著要平衡生產結果及成員士氣，當兩者發生衝突的時候，他們有可能會同時犧牲兩者。最後，（9，9）位置的領導者，對於生產結果和成員感受均是高關懷，他們透過和諧和凝聚的團隊關係，團體氛圍產生高效率的結果。

　　在方格理論中，莫頓和布萊克認為（9，9）位置的領導類型是最好的，在早期的研究中，他們發現採用（9，9）位置的領導類型的人比採用其他位置類型的人在管理上更成功。他們在教育界、工商界、醫藥界的研究也支持此觀點。布萊克等人的研究結果雖然做出了新的突破，但是仍然有很多專家對他們極力主張的（9，9）類型在所有情境中都能成功、有效提出質疑。

表 3-2　方格管理類型

9	(1,9)管理： 對人的需求高度注意，彼此關係良好，形成舒適、和諧的組織氣氛及工作環境					(9,9)管理： 工作的完成來自自願投入、承諾的成員、彼此相互依存，體悟共同感而造成信任、尊重的關係			
8									
7									
6									
5				(5,5)管理： 以平衡工作及所需的起碼士氣來完成團體					
4									
3									
2	(1,1)管理： 僅花最少的努力去做必要的工作及維持成員的關係					(9,1)管理 高效能的生產來自工作狀況的妥善安排，而人文關懷減至最低			
1									
低	1	2	3	4	5	6	7	8	9

　　上述結果通常會引導人們得出以下結論：人性化、參與型的民主型領導類型一定會帶來較大的滿足與更高的生產率。但是，這樣的結論只是片面的，不能作為普遍現象。有些研究結果顯示，沒有任何一種領導類型對所有的情境都有效。比如，一個優秀的國際連鎖超市的總經理，不能領導一個慈善機構組織；一位優秀的學生會主席，不能很好地帶領一次夏令營活動。

　　近來，有關領導類型效能的研究指出，領導類型的效能與很多因素有關，如文化、時間限制、團體和諧度、團體任務的性質等。所以，需要對團體及其有關環境等諸多因素加以了解，才能做出更適合團體的領導行為。

六、協同領導的團體

　　試想，當團體成員過多時，團體中只有一位領導者，就會出現領導者在注意、處理甲的問題時，無法關注到乙的情緒，也無暇去觀察或了解其他團體成員的反應。因此，協同領導者（co-leader）就應運而生了。除了上述的原因以外，協同領導還可以出現在以下情境：為了給團體更好的協助，當一位領導者投入於團體情境時，另一位就能夠以參與觀察的角度洞察團體動力；或在領導訓練的課程中，安排一位資質較淺、經驗不足的領導者，也稱為實習領導者，讓其跟隨一位資質較深、經驗豐富的領導者一起帶領團體，從協

同帶領的過程中學習鍛鍊。上述情境都是一個團體由兩位領導者協同帶領，稱為協同領導者。協同領導者是指協助領導者帶領團體的人，而「協同領導」是指兩人或兩人以上共同帶領團體。協同領導者不是單一的領導者，故不必完全擔負團體的設計、領導和評估等責任，其角色兼具輔助、催化團體及支持成員的功能。除了領導訓練課程中，兩位領導者有資深、資淺之外，其他協同領導團體的兩位領導者沒有誰大、誰小、誰正、誰副之說。

（一）協同領導的優點

有時，因為一個領導者需要帶領十幾個甚至更多的成員，難免會心有餘而力不足。因此，協同領導能夠使團體成員得到較好且較多的注意、了解與幫助。兩位領導者可以彼此互補，取長補短，成員將獲得綜合效益。當一位領導者是男性，另一位是女性，他們可以協助一些需要兩種性別來領導的成員。比如，那些與父母相處有困擾的成員，他們就可以從再次經驗家庭動力中去體悟、突破。協同領導可以給每位成員兩份回饋，一個人難免會有疏忽、遺漏的地方，而兩位領導者可以造成補充、加強的作用，不同的看法可以給團體帶來活力，幫助深層次的探討。再者，兩位領導者彼此之間如何相處，怎樣對待彼此關係及團體關係，都可以作為成員的良好示範；每位領導者都可以相互觀察，共同工作，從對方身上學習並成長。

（二）協同領導的缺點

協同領導的缺點有以下幾點：

第一，領導權力的競爭問題。當領導者由於某些原因不被成員所認同時，另一位領導者就會被「黃袍加身」，取而代之領導的地位，這樣就會引發領導權掌控的問題，危害團體動力。

第二，領帶責任的歸屬問題。當協同領導被領導安排更多的責任和工作任務，卻沒有相應的福利待遇時，就容易引發協同領導者的不滿情緒，影響領導者之間的關係，這種不和諧的關係也會給成員及團體帶來負面效果。

第三，不同個體差異帶來的意見分歧。兩位領導者必然在領導風格上有所差異，不可能總是相同的觀點與解釋，有時由於互相不認同，就會產生不

必要的意見分歧，成員該聽誰的就成為了問題，這樣使得團體活動無法進行下去。

(三) 協同領導應該注意的問題

協同領導的團體常出現問題，協同領導能不能創造並維持有效的工作關係，起決定作用的是能否「相互尊重」。由於不同的人格特徵導致在行為方式上的差異，出現觀點不一致是常有的，但是如果雙方彼此尊重，相互信任，都抱著開放的態度，就能合作共事，而不是相互競爭。領導者的選擇、配對對於領導者功能能否最大地發揮，團體任務能否較好地完成尤為重要。甘斯（Gans，1957）列出了兩位領導者一起合作時要注意的事項：每位領導者都必須了解自己的長處、短處、特性等，並在此限制之內工作；每位領導者都必須避免爭奪「誰是真正的領導者」；每位領導者都應該對團體過程具有經驗；每位領導者在其領導上都要有彈性。

簡單來說，協同領導者必須是能夠共處並相互容忍的兩個人，他們會運用自身的能力，並且不會在團體中爭權奪利。兩位領導者如果在團體裡彼此競爭，最終受害的就是整個團體。

複習鞏固

1. 什麼是團體領導者？

2. 領導行為分為哪兩類？分別指什麼？

3. 常用的領導行為類型有哪幾種？

第二節 團體領導的條件

一、團體領導者的人格特徵

「個體的人格特徵決定了他是否能夠擔任團體中的領導者。」也許當讀者看到這句話的時候會感到困惑，會問：「領導者，難道不是具有深厚的理論知識、豐富的實踐經驗、高超的諮詢方法和技術的人嗎？怎麼是人格特徵決定了他是否能夠成為領導者呢？」是的，大多數人都會有這樣的觀點，即

團體心理輔導
第三章 團體領導者

把團體輔導的成效歸結為輔導者的理論、知識和經驗。但是心理諮詢的先驅們都一致認為，決定團體成效癥結的是領導者的個人修養和素質。所以，想要提高團體成效，領導者的人格特徵是關鍵。帕德遜（Patterson，1985）曾指出：「治療的關鍵不是治療員做什麼，而是他是誰。諮詢的方法和技巧與其使用者及他的性格是無法分割的。」阿裴爾（Appell，1963）的觀點也提到：「在諮詢過程中，諮詢師能帶進諮詢關係中最有意義的資源就是他自己。」林孟平指出：「在整個輔導過程中，最重要的並不是一個人的學位、資歷、理論和技術的純熟，而是輔導者本身的修養。」

表3-3 領導者本身的人格特徵和修養對團體的類型產生影響

團體領導者的人格特質	團體類型關係
成就動機	正向影響
適應性	正向影響
敏捷性	正向影響
專業權威	正向影響
有吸引力	正向影響
外向	正向影響
自信心	正向影響
善與人相處	正向影響
情緒平衡	不確定
有朝氣	不確定
能照顧人	不確定
反應快	不確定
支配性	負向影響

（一）國外學者的觀點

柯瑞和克拉蘭（Corey & Callanan，1994）曾明確列出了高效能團體領導者的人格特徵：

(1) 有良好的意願，真誠對待他人，尊重他人，信任他人；

(2) 有能力並且能夠與人分憂、與人共樂，以開放的態度對待團體成員；

(3) 認識自己，接納自己。幫助成員發現個人的能力，學會自立；

第二節 團體領導的條件

（4）透過學習不同學派的理論知識，建立屬於自己的領導風格；

（5）具有冒險精神，樂於將自己的感受與體會分享給他人；

（6）自尊自愛，悅納自我，運用自己的長處和他人建立良好的關係；

（7）為成員做典範作用；

（8）勇於承認並承擔自己犯下的錯誤以及後果；

（9）有不斷成長的意願；

（10）幽默風趣；

（11）能夠忍受人生模糊性；

（12）能不占有地去同理他人的經驗；

（13）真誠關懷他人的利益；

（14）能夠在工作當中獲得人生的意義；

（15）以現在為導向；

（16）持續深入地覺察自己和他人；

（17）具有一顆真誠的心。

帕克（Parker，1962）提出，能夠增進團體輔導成效的團體領導者包括：廣泛的個體經驗、自覺、接納、善於表達感情、個人的安全感這五種人格特質。哈維爾和梅森（Harvill & Masson）等人認為，成功的團體領導者具有以下人格特質：開放、關懷、彈性、溫暖、客觀、可信任、誠實、有力量、忍耐、敏銳、自覺、喜歡人，不管是獨處還是在與人相處時都自如而安全，身處權威亦安然，相信自己的領導才能，能夠洞察別人的心理健康。雅各布斯等人指出，高效能的團體領導者的人格特徵包括：關心、坦白、靈活、溫暖、客觀、可信任、強壯、忍耐和敏感，以及悅納自己，與他人相處和睦，在權威的位置上面感到舒適，對他人有很好的同感。

（二）大陸學者的觀點

林孟平認為富有成效的團體領導者應該具備以下條件：

（1）正確地認識自我，接納自我；

（2）敏銳地自覺，把握環境；

（3）相信自己，自我肯定；

（4）參與並投入，身體力行，以身作則；

（5）表裡如一，心口一致；

（6）嚴於律己，做好典範；

（7）願意接觸和面對個人的需要；

（8）清楚地了解自己的價值觀；

（9）相信團體過程的功能；

（10）保證自己不斷更新成員；

（11）勇於創新。

樊富珉認為一個成功的團體領導者必須具有以下特質：

（1）自我形象健康；

（2）敏銳的自我知覺意識；

（3）具有與他人建立良好關係的能力；

（4）有不斷成長的意願。

二、團體領導者的理論知識

除了以上的人格特質作為前提之外，為當好團體領導者打下堅實的理論知識的基礎就顯得尤其重要。光具有上面所說的人格特質還不足以成為一個成功的團體領導者，還需要個人有一定的理論知識作為基礎。「巧婦難為無米之炊」。所以，有了先天以及後天所培養的一些個性，一個好的、成功的團體領導者必須對團體輔導的理論有充分的了解，對各個學派的觀點、理論

的獨特之處要非常熟悉；並且透過學習各種理論，然後結合自身實際，取其精華，去其糟粕，使其成為自己的東西；最終還要量變產生質變，達到質的躍升，也就是嘗試建構屬於自己的團體輔導理論。

(一) 對於輔導理論的良好理解

了解理論是理解自然環境和社會環境的關鍵，這樣我們才能更好地了解他人以及我們生活的這個世界。理論為團體領導者提供了各種各樣的方式來領悟人們的所說所作所為。比如，在治療理論當中，理性情緒行為療法、交往療法、現實療法、行為療法等可以幫助領導者理解人們在生活中以及團體中為什麼會有這樣那樣的行為。柯瑞（1992）指出：「團體領導者會發現，沒有任何理論支持的干預措施下的團體輔導永遠也不能達到理想的階段。」

(二) 關於主題的知識

在所有的團體類型當中，知識豐富的團體領導者比知識貧乏的領導者都領導得更加出色。擁有廣泛、豐富的主題知識，可以使領導者更好地去促進成員討論、澄清問題以及交流觀念。

一個成功的團體領導者還需要接受專業的訓練，善於運用支持、鼓勵、同理、指導、關心、接納、尊重、積極關注等技巧，參與和影響團體的發展，使每個階段達到理想的效果。除此之外，還要能夠妥善地處理團體輔導當中出現的各種問題，使團隊得以順利發展。

三、基本的領導才能與專業技巧

(一) 計劃與組織才能

成功的團體領導者都是很好的計劃制訂者。他們所制訂的計劃既能夠體現個人的價值，又能夠使團體成員感興趣。以這種方式所制訂的一次會面或者一系列的會面會讓團體得到意想不到的收穫。在討論各種團體時，高效能的領導會投入大量的時間精力來思考與團體活動相關的主題以及這些主題的有關練習等。他們在組織會面的時候能夠很好地引入事先設計的主題，並能夠以一種非常自然且自如的方式來轉換不同的主題。

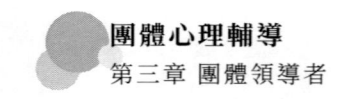

（二）解決基本的人性衝突和兩難困境的能力

團體領導者必須準備好處理大量的人性問題和多元文化等問題，在成長團體、諮詢團體和治療團體當中尤其如此。在這些團體當中，經常會面對罪惡感、對失敗的恐懼、自我價值、父母、憤怒、愛情關係和死亡之類的問題。有成效的領導者對這些問題有很好的理解並且知道一些可以幫助那些正在與這些問題搏鬥的人們方法。

四、豐富的經驗

這裡的經驗不僅指豐富的帶領團體的經驗，還指個人與人交往的經驗、個別心理諮詢的經驗等。

（一）與人交往的經驗

一個成功的團體領導者一定曾經花費大量的時間與各種各樣的人進行過交談，而不僅僅只是接觸身邊的人。領導者廣泛的生活閱歷能夠幫助他們更好地去理解各種類型的人。隨著世界的開放性、多元化的發展，構成團體的成員也向多元結構發展，領導者應該做好準備。

（二）個別心理諮詢的經驗

諮詢或治療團體的成功要求團體領導者不僅有與人交往的一般性經驗，而且具有大量的一對一諮詢經驗。這一點是必要的，因為在領導團體的過程當中會出現各種各樣的情境，領導者個人諮詢的經驗越多，他就越容易同時針對個人和團體實施輔導。

（三）和團體一起工作的經驗

在剛開始領導團體時，難免會遇到一些問題，犯下一些錯誤，這是個人成長必須經歷的一環，不必過於自責。在任何技巧運用的經歷當中，練習和經驗都有助於個人有效運用技巧的能力。一個成功的團體領導者要經歷以下幾個環節：

初期，主要是了解團體輔導各階段內容。可以先觀看一些團體輔導的視頻資料並做出評價；觀察團體輔導的過程；作為一名團體成員參加一個團體等。

中期，經過以上幾個步驟的學習，對團體輔導的各階段及相關的注意事項有了一定的了解。可以在督導下協同領導團體。建議先對一些教育團體、討論團體、支持團體等進行領導，將人員限制在 4～5 人左右。

中後期，感到能夠勝任之後，單獨領導一個團體，即得到督導者的指導回饋，也能對自己的表現進行評估與自我分析。

後期，在督導下作為一名團體領導者進行實務工作。可以逐漸增加團體成員的數目或者領導一個自己熟悉的成長團體，在一定的次數之後，覺得自己能夠自如地領導成長團體時，就可以嘗試著和別人共同領導一些諮詢或者治療團體，然後再開始自己獨立領導。

五、遵守職業道德

美國心理學會和美國團體治療協會已經特別指定了團體領導者的道德規範。在團體輔導過程當中，領導者要以團體成員的利益為重，尊重成員的隱私，保守祕密。關於領導者的專業倫理，我們將在後面章節進行詳細說明。

綜上所述，要成為一個合格、富有成效的團體領導者不僅包括個體人格特質方面的個人成長，還包括了對理論知識的學習，熟悉掌握團體輔導的技巧和方法，參加相關團體輔導的經驗，學習團體領導者的專業倫理。

複習鞏固

1. 一個成功的團體領導者必須具備哪幾個條件？
2. 說說柯瑞和克拉蘭認為的成功團體領導者都有哪些人格特質。
3. 成功團體領導者具有豐富的經驗，「豐富的經驗」指什麼？

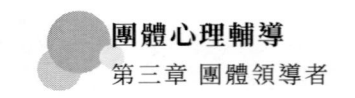

第三節 團體領導的角色與功能

一、團體領導者的角色

　　領導是一種影響力，在個體改變中起著牽引的作用。在這種影響、改變的過程中，領導者起著關鍵的樞紐作用。在團體輔導當中，領導可以被認為是團體動力，領導者就是這一動力的發起者。有效的團體輔導必須依賴於四個條件：首先是團體輔導的目標是被成員所認可的；其次是有一名稱職的團體領導者；再次是每個成員都能積極地參與到團體活動當中；最後就是在團體活動當中，主題以及相應的活動是適宜的。在這四個基本條件中，領導在團體輔導中始終起著組織與指導的作用，這也是團體輔導最終是否富有成效的關鍵。在帶領團體的全過程當中，團體領導扮演著不同的角色。當然，團體輔導的最終成功不能僅僅歸功於領導者，這取決於很多因素。但是無可否認的是，在團體活動中，團體領導者的引導、催化和整合功能起著決定性的作用。

　　（一）引導者

　　既是「團體領導者」，那麼引導者的角色是顯而易見的，這需要領導者利用自身已有的知識技巧來帶動成員發揮他們的個人能力，以實現他們的個體目標。所以，引導者的角色就體現在制訂活動計劃、提供適當的學習機會、控制情境、為參與者建立行為模式、促進成員表達思想情感之中。在整個過程當中，團體領導者就如一個導航者，掌握著團體前進的方向，引導團體輔導每個階段的運作，包括活動前的動員，活動中的啟發、激勵、引導，活動結束時的分享與總結以及結束後的效果追蹤、回饋等。

　　這個角色比較強調領導者的責任。其優點是可以使領導者在團體過程中肯定自己，也使成員免於在不明確、模糊的情境中掙扎；其缺點是太依賴領導者，使團體缺乏彈性，減少了成員在團體中肯定自己的機會。所以，使用這個角色時需要適合團體中的個人需求或能夠引起有利的團體互動。

　　（二）催化者

這個角色通常是配合團體成員活動的方向目標來協助團體過程的發展。這個角色比較強調成員的責任。敏茨（Mintz, 1976）認為，催化者的任務就是要能夠覺察到不同團體的性質和不同成員的需要，給成員提供一個安全的外在環境。這時團體領導者不需要為團體指引任何方向，而是必須能夠跟隨整個團體的情緒動向來處理相關事宜。其優點是，對於互動方向，成員有相當的自由權；其缺點就是，如果團體成員完全自由了，團體可能會產生一定的壓力以及有可能沒有方向所導致的挫折感，而且也不利於全面促進團體活動的進程。

因此，在領導者選擇充當催化者這個角色的時候，要視不同性質和目標的團體而定。例如，在目標為個人成長的團體當中，則以協助成員充分表達自己、建立坦誠關係、多覺察成員的情緒情感為主。如果是在治療團體當中，領導者要多了解成員的情緒障礙，如遇到過多的焦慮、壓抑和退縮等情緒障礙時，應予以介入，不要只隨團體的波動而行事。

（三）參與者

在團體當中，成員之間相互依賴非常重要，這種依賴感的產生就要靠領導者自身在團體中的表現。在這時，團體領導者不能把自己當作一個控制者、團體當中的主角或者動力來源。雖然團體領導者承擔著指導的任務，但是他們本身也是團體中的一員，應該與其他人一樣積極地參與互動。這時，團體領導者應該把自己當作團體內的一個普通成員。

這個角色的優點是成員可以感受到領導者和他們是同等的，可以與他們打成一片，對團體士氣和情緒有正向的影響。缺點是領導者本身不容易決定何時加入成為一名「成員」，怎麼去加入等。因為，有些成員不希望領導者也來團體中談自己。他們希望領導者在團體中就是扮演成員有需要就給予協助的角色。除此之外，有時候領導者自認為他以參與者姿態加入團體過程中，成員會認為他會壟斷團體。因此，在使用這個角色的時候，領導者要特別注意分享的形式和分享的程度與量。

（四）觀察者

這個角色常與其他角色一起合用，如引導觀察者、參與觀察者等。觀察者的角色就是團體領導者能夠保持客觀的態度，對團體所發出的訊息能夠有一定的敏感性，隨時了解團體和個人的情形，以便於處理團體中所產生的問題。觀察者要對團體內部的氣氛、流程、領導行為與成員反應加以觀察、記錄及分析，其目的在於能完全掌握團體各種發展的因素，務必使每位成員、每個過程都能有效地被關注到，例如成員的發言頻率與次數、發言內容、口語與非口語的行為等。朱拉德（Jourard）認為，團體領導者作為觀察者角色時，要能把握好分寸，表現自然地加入或者退出團體當中。當加入或者是退出時，不但自己要清楚地知道，還要使團體成員知道，要分清楚團體目前處於哪個階段、哪個點上面，以便以後再加入，來推動成長的目標。

觀察者角色有它的優點，即能夠發現團體中的問題，在問題嚴重之前及時給予解決。其缺點就是作為觀察者，團體領導者的舉動常常使成員感到有種被監視感和被人分析的感覺，會造成領導者和成員的不和或產生間隙。因此，領導者在充當觀察者的時候，要注意用觀察所得，給予個別成員或者團體積極而具有意義的評語，不要利用觀察資料來作為成員缺點或者出現問題的依據。這樣就可以在一定程度上減少成員由於被觀察所產生的不舒適感。

（五）專家

在領導者的各種角色之中，專家這個角色對成員和團體最有用，也最具危害。因為一般而言，凡是主動要求參加團體輔導的成員基本上都有兩個目的：一是希望能夠透過參加這次活動學到一些社交技巧和社會生活能力；二是透過學習，能夠找到自己的問題，改變自己的形象。總體來說，就是希望在以後的生活中，能夠更好地學習、工作、生活。所以，團體領導者在必要的時候，會以專家的角色來為成員講解一些新概念、理論及方法，提供新的訊息，介紹新的價值。領導者若能以其專業訓練的知識、能力來協助成員個人的問題，以及創造一個具有治療功能的團體氛圍，則對成員有利。尤其表現在成員在自我試探時，會遭遇疑惑，需要領導者指點。然而這個角色的最大危害就在於此。常言道，人之好為師。如果團體領導者在不了解行為改變的過程的情況下，急於給成員勸告、忠言、教導、開導，以為三言兩語的諄

諄教誨就能夠解決成員的問題，就可能給成員造成不可挽回的後果。唯有協助一個人去真正地了解自己及其問題，他才能在別人或領導者協助下找到解決的辦法。忠告、諫言依據的是個人對他人問題和環境的假象，而不是真知真覺。

因此，為了使領導者能夠適當運用這一角色，領導者必須在扮演專家角色之前先搞清楚自己的動機。如果有利於團體過程的發展和使成員更加了解自己，則可以去做。當然，這種有利於是有條件的，不是建立在自己的私慾之上，是處於完全為他人著想的情況下。有的團體領導者個人認為這是對團體有利的，但是事實上卻並非如此。區別就在於，領導者是對自己的「良言」十分重視，還是對成員本人比較重視。

綜上所述，每種角色都有優點和限制。如何恰當的去選擇這些角色，領導者一方面要根據團體的性質，重視團體成員的需要；另一方面要從經驗中不斷考驗自己在這些角色執行方面的效果，以便統整自己的角色與團體中的領導功能。

（六）應處理好的三對角色

有時，在團體心理輔導的過程中，團體領導者的角色是相互矛盾的。蔡坤榮和王淑卿認為，成長團體的領導者有三對角色必須處理好：

第一，團體領導者必須扮演專家的角色，也需要扮演成員的角色；

第二，團體領導者必須扮演「局外人」的角色，也必須扮演「局內人」的角色；

第三，團體領導者既是團體中的中心人物，又要做到以團體成員為中心。

這三對矛盾的角色說明在團體輔導的過程中，領導者的角色具有多樣性與矛盾性，他所處的情境是非常複雜的，要把握好並不是那麼容易的事。

二、團體領導者的功能

（一）團體領導者的基本職責

團體心理輔導

第三章 團體領導者

根據樊富珉的觀點，團體心理輔導中領導者的基本職責可以概括為四項：

1. 注意帶動團體成員的參與積極性

在團體輔導過程中，團體中的每一個成員都應該被團體領導者所積極關注，領導者應該認真觀察他們在情緒情感以及心態上的變化，激發成員大膽地表達自己的意見、看法，鼓勵成員相互交流，開放自我，積極討論，引起大家對團體活動的興趣。

2. 適度參與並引導

團體領導者應該根據團體的實際情況，把握自己的角色，發揮領導者的作用。在團體形成的初期，團體成員之間不了解，團體氛圍還未形成，領導者要以每個成員的身分參與活動，造成榜樣的作用。在引導成員開始討論共同關心的問題時，領導者應該注意談話的中心及方向，隨時適當引導。對不善於表達的成員給予支持與鼓勵，並適當制止過分活躍的成員，始終引導團體活動朝著團體心理輔導的目標方向發展。

3. 提供恰當的解釋

團體心理輔導中，當成員對某些現象難以把握或對某一個問題分歧過大而影響活動的順利開展時，領導者需要提供意見、解釋。解釋的時機和方式因團體活動形式不同而不同。比如，在以演講、討論、總結形式活動的團體中，領導者可以在開始時就成員的共同問題進行具體而系統的講解。在解釋時要做到表達簡潔、通俗易懂、聯繫實際、深入淺出，避免長篇大論，避免過分專業化。同時還要注意「點到即止」，以此避免影響成員的獨立思考。

4. 創造融洽的氣氛

在團體輔導過程中，領導者最主要的職責之一就是創造團體的氣氛，使團體成員能夠相互尊重，相互關心，使團體充滿理解、同情、溫暖、安全。在這種氛圍當中，團體成員可以真實、毫無顧忌地放開自己，在成員彼此相互接納的氣氛中獲得成長。

（二）團體領導者的基本態度

第三節 團體領導的角色與功能

羅傑斯（1959）提出了諮詢師的三個基本態度：共情、真誠、無條件積極關注。他認為，在諮詢過程當中，這三個基本態度不但必須具備，而且足以使諮詢產生效果，促使當事人改變和成長。羅傑斯認為，在團體輔導過程當中，團體領導者最重要的任務就是營造良好的氣氛；如果團體領導者能夠充分地發揮這三種基本態度，就能不斷地創造出一個被團體成員接納和信任的氣氛。在這種融洽的氛圍裡面，成員可以毫無顧忌地展示自己，能夠展現出更加真實的自己。

事實上，羅傑斯所提出的這三個基本態度已經超越了各學派和來訪者的類型，成為學者們普遍公認的諮詢成功的基本條件。

1. 共情

共情（empathy）也稱為神入、同理心、同感、投情等，是指體驗別人內心世界的能力。共情包括三個方面的含義：領導者借助成員的言行，深入對方內心去體驗他的情感、思維；領導者借助於知識和經驗，把握成員的體驗與他的經歷和人格之間的聯繫，更好地理解問題的實質；領導者運用輔導技巧，把自己的共情傳達給對方，以影響對方並取得回饋。

共情需要理性，而不能代替當事人做感性判斷。舉例來說，不能出於對於理解犯罪人的用意，而產生邊際情緒，那是十分不理智的。「共情」不代表亂用同情心，那只是為了幫助他人導入積極、樂觀、向上的情緒，進而獲得高 PCA（心理資本：指個體在成長和發展過程中表現出來的一種積極心理狀態，是超越人力資本和社會資本的一種核心心理要素，是促進個人成長的心理資源）。

在團體心理輔導中，領導者要做到共情，就要有能力從觀察聆聽過程中推斷出成員的感受、信念和態度，並有效地將這些感受傳達給對方，對方就會感受到領導者很了解他，從而產生一種溫暖、被接納的滿足感。這種感受可以誘發他及其他成員在彼此溝通中，充滿體諒、關心和愛護的氣氛。

2. 真誠

真誠是諮詢關係中最重要的，具有治療功能的因素，是指在諮詢過程中，諮詢師以「真正的我」出現，沒有防禦式偽裝，不把自己藏在專業角色後面，不帶假面具，不是在扮演角色或例行公事，而是表裡一致、真實可信地置身於與求助者的關係之中。

　　真誠不是什麼都可以說。如果領導者的所想所感不經分辨就說出來，有時不但不能產生治療效果，反而可能傷害他人，破壞雙方的關係。真誠也不是讓自己完全自由地表達，那些對當事人無利的就不用和成員分享了。

　　在團體輔導中，領導者對團體成員的真情流露的關愛和基於尊重和信任的坦誠，可以使成員逐漸地卸下偽裝，展現出最真實的自我。

3. 無條件積極關注

　　無條件積極關注是心理治療的前提，它主要表現為心理諮詢師對來訪者的態度，即無論來訪者的品質、情感和行為怎麼樣，諮詢師對其都不做任何評價和要求，並對來訪者表示無條件的溫暖和接納，使來訪者覺得他是一個有價值的人。無條件積極關注並不是對一切都無條件接納。行為可以不贊成，不接納，但作為一個人，他是有價值並且獨特存在的個體，必須接納他。無條件積極關注也不是諮詢者不能擁有自己的價值觀。諮詢師只要了解無條件積極關注的真正含義，完全可以在不放棄自己價值觀的情況下，仍然維持一種不審判的態度。

　　在團體輔導中，無條件積極關注是團體領導者透過對成員的關注、聆聽及適當的應答，包括對身體的關注和心理的關注，並設法向成員有效地傳遞那份共情，讓對方感受到自己被尊重，自己是一個有價值的人，因此產生一種滿足感，重新對自己產生信心，努力克服自己的不足。

（三）領導者在各階段的任務

　　團體領導者在團體過程中最重要的任務就是運用自身專業的知能催化整個團體，與成員互動，注重成員們此時此刻的表達與回饋，並引導團體建立最具建設性與治療性的氣氛。除此之外，還需要團體領導者熟悉團體心理輔

導發展的各個階段特徵,清楚自己在各個階段應該做什麼,以便能夠自如地引導團體向著最終目標發展。

1. 團體心理輔導開始前

在團體輔導開始之前,領導者的主要任務就是要制訂一份詳細的團體輔導計劃書,對團體輔導在進行的過程中可能遇到的問題有一定的心理準備,並慎重甄選團體成員,形成團體。

2. 團體心理輔導初期

在這個階段,團體已經形成,團體領導者要做的就是教導成員一些基本規則,並告知他們如何積極地參與到團體當中。同時,要讓成員了解團體的基本過程,幫助成員建立個人的目標。領導者要鼓勵團體成員表達內心的真實感受,做出適當的自我開放,營造團體中相互信任的氣氛。

3. 團體心理輔導過渡階段

在這一階段,領導者面臨的主要挑戰是如何以適時而敏感的態度對團體進行催化,主要任務是提供鼓勵與挑戰,使成員能面對並且解決他們內心以及相互之間的衝突以及消極情緒,增強團體的凝聚力,激發成員思考,促進團體成員互動,引導團體向成熟階段發展。因此,團體領導者要注意指導成員了解處理衝突的情境,了解自我防衛的行為方式,有效地克服各種形式的抗拒行為,鼓勵成員談論與此時此地有關的事情。領導者應該努力營造團體信任的氣氛。

4. 團體心理輔導的工作階段

在這一階段,領導者的主要任務是自我開放,分享成員的感受,為成員樹立榜樣;鼓勵和支持團體成員,使他們有信心有勇氣認識自我,嘗試新的行為方式;同時引出討論問題,發起成員的討論,引導成員透過合作,找到解決對策,鼓勵成員從團體中學習並獲得最大收益。在此階段,團體領導者還應該關注團體的每一個成員的表現與反應,評價成員對團體的興趣與投入程度。

團體心理輔導
第三章 團體領導者

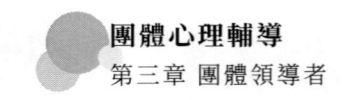

5. 團體心理輔導的結束階段

在這一階段，團體領導者的主要任務是回顧與總結團體經驗，評價成員的成長與變化，提出希望，協助成員對團體經歷做出個人的評估，幫助團體成員整理他們在團體輔導過程當中所學到的東西，並鼓勵他們將這些所學運用到實際生活當中。領導者還需要幫助成員檢查還未解決的問題，以及怎樣對待成員間已經建立的關係。在團體輔導結束後，團體領導者還要對團體輔導的治療效果進行評估，總結經驗，找出不足，找到改善的方法。如有必要，團體領導者還需要對輔導的效果進行追蹤調查。

總結以上的內容，可以清楚地顯示出領導者的功能：規範性功能、協調性功能、評價性功能與整合性功能。

生活中的心理學

卡士達、鄧肯、西森的研究的建議

1960 年秋季，卡士達、鄧肯、西森三人對美國人事輔導協會興趣團體成員 1000 人進行問卷調查，結果收回 164 份有效的問卷。問卷調查的主要目標在於定出小團體進行過程中有哪些行為是不道德的。

根據調查研究結果，在制訂專業道德標準時應該特別注意一些事項：

1. 團體中的當事人或成員常被當作副領導者、副訓練員、副協助者，但是他們均非專業人員，也沒有受過專業道德的指導。因此「信賴度」及「基本人權」的問題就產生了，所以這種做法需要再斟酌。

2. 對團體領導者設定專業道德標準須應團體工作層次的不同而有所分別。一位團體領導者除了應具備有關的輔導及團體知識外，至少還應有團體經驗、足夠的團體觀察訓練及團體領導者訓練經驗。團體領導者若由義務工作人員擔任，則尤其應考慮其專業資格與人格特質。

3. 在各種非語言活動之運用是否適當上缺少研究，但必須注意這些活動之運用不應該對成員造成潛在的傷害。

4. 組成團體時要考慮成員成分，如性別、年齡、教育程度、參加動機等，以免對成員造成潛在的妨害。

5. 團體結束之後，成員彼此再接觸或者團體再聚會之道德責任必須澄清。

6. 強制參加團體諮商、團體治療、會心團體或相關的團體經驗是否適宜，應該進一步查證。如強迫學生參加一個團體的做法值得懷疑。

7. 團體壓力會使成員或領導者服從團體常模。這點可能有利，也可能有害。領導者必須有能力拒絕團體壓力以保護某個成員個別性，以免讓成員受傷害。

8. 在團體內，由於個人坦誠開放許多屬於個人隱私的事情，常引起該成員事後的不安全感，擔心其他成員在團體外談論而受到傷害。因此，團體內事件的保密要求及責任不可等閒視之。

9. 機構應要求團體領導者對團體過程做記錄、接受督導及參與研討以保障成員福利，並維持機構的服務品質。

複習鞏固

1. 團體輔導中團體領導者的角色有哪幾個？優缺點分別是什麼？
2. 團體輔導中，團體領導者的基本態度有哪些？
3. 團體領導者的職責包括哪些？

第四節 團體領導者倫理

一、團體倫理及其功能

輔導應該重視輔導者和被輔導者在輔導過程中的相互作用與影響。而團體方式的輔導，人數已經不止兩個，至少是 6～15 人。這樣的團體，輔導過程中的互動會非常多，情況也相當複雜，會產生多種影響。為了使團體發揮正面作用，身為團體的領導者，在團體過程中發揮著設計、執行、引導以及催化等功能，對團體的影響力是不可估量的。如果團體領導者對團體動力

團體心理輔導
第三章 團體領導者

缺乏足夠恰當的理解，片面地只看到了團體積極的一面，而忽視了隱形的傷害因素，就可能對團體造成不可挽回的傷害，使團體扭曲，不僅不能發揮正面作用，反而給團體成員帶來傷害。所以，領導者就需要知道並且遵守什麼該做什麼不該做的原則，以保障當事人的權益，保障社會的權益，並規範輔導人員的行為，以獲得社會大眾的信任，將團體輔導的真正目的展示出來。

在團體輔導當中，專業倫理是領導者的行事準則，是在專業價值基礎之上的一套行為標準。一位優秀的團體領導者除了應具備輔導的專業技能、良好的人格特質外，更需要有正確的倫理道德觀念。在帶領團體的過程中，遵守適當的專業原則與標準是領導者必須做到的，以此來增進團體的成長和維護成員的利益。

團體倫理的重要性主要包括兩個方面：第一，團體心理輔導是一種助人的專業工作，團體成員能否得到幫助，是否會受到傷害，與團體領導者的能力水平有直接的關係，所以為了保證專業服務的質量，對團體領導者要有一定的規範要求；第二，團體輔導過程中涉及多人之間的互動，不單單是輔導者和單個成員的關係，還有成員之間互動的複雜關係，要想成員透過互動關係而從中受益，必須共同遵守一些行為準則。

從團體領導者自身所具備的能力和現有倫理規範兩個方面來說明適當的團體倫理可能產生的幾種重要功能：有足夠的專業能力與資格的團體領導者能夠有效地帶領團體，使成員獲得協助；在團體活動的過程當中，有了團體倫理規範的保證實施，團體活動能夠順利進行的可能大大提高；團體倫理規範有助於理清團體活動中領導與各成員之間和各個成員之間的權利與義務，能負起各自應盡的責任，並且享有各自的權利；團體倫理規範有助於協助領導者與成員在團體活動過程中面對問題做出決定，特別是用來解決可能面臨的道德兩難情景；團體倫理規範可以督促領導者隨時隨地審視自己的倫理水準和自身能力，從而保證團體領導者的專業性，讓他們能夠更謹慎地運用輔導技術。

二、團體輔導專業倫理標準

（一）美國團體領導者倫理標準

在國外，許多國家為了適應輔導和諮詢專業的發展趨勢，維護當事人、輔導員、團體領導者的權益，進而建立輔導諮詢的專業形象與專業地位，輔導機構、相關組織和協會都制訂頒布了倫理守則條文，用來規範成員的行為。在國外，以美國為代表，非常重視心理諮詢工作的倫理，制訂了心理諮詢與治療專業倫理標準和倫理指導綱領的學術組織很多，包括美國團體工作專業人員學會、美國團體心理治療學會、美國諮詢發展學會、美國心理學會、國家社會工作者學會、美國婚姻與家庭治療學會、美國臨床社會工作學會國家聯盟、美國精神醫學學會、國家諮詢師證照委員會、國家康復諮詢學會、國家訓練實驗所等。

美國團體工作專業協會（ASGW）制訂了團體領導者倫理準則。ASGW設有專業的倫理委員會，1980年制定了《團體領導者倫理準則》（Ethical Guidelines for Group Leaders），1989年進行了修訂。以下是全部內容：

（1）經常反省自己的個人身分

他們要反省自己的需要和行事風格，以及這些因素對成員的影響。此外，他們也需要清楚了解並幫助成員了解領導者在團體過程中的角色和功能。

（2）對自己所設計的團體要十分了解

領導者應該清楚地了解自己設計的是什麼樣的團體，他們必須能夠說出團體的目標及參加者的資格。

（3）發展出甄選團體成員的有效方法

領導者必須發展出一套方法，以致可以甄選符合資格的成員，並排除不符合資格者。領導者有責任去要求未正式進入團體而正在接受深切心理治療的準成員，要先徵得他的治療師同意，才可正式加入團體。

（4）讓成員預先知道他們的責任

準成員可以預先知道他們作為成員的責任，而且領導者可以鼓勵他們預先訂立契約，並要求他們儘量完成這些責任。換言之，領導者應該讓成員知道，作為一個團體成員，就應建立一些可行的個人目標，適當地開放自己，嘗試新的人際交往方法；從自己對別人的影響這一面，小心檢查自己的人際交往方式，表達個人的思想和感情；主動地聆聽，從他人的角度去看事物；尊重他人，給予別人真誠的支持；面對他人，並與他人建立真誠的關係，並且願意在團體以外也嘗試新的行為模式。

（5）團體將要採用的技巧需讓成員知道

準備參加團體的人，必須清楚地了解團體將會採用什麼技巧及他們將參與什麼練習。他們應該明白，團體的活動需根據哪些規則進行。

（6）使成員對領導者和協同領導者有一定了解

團體領導者應避免在團體內嘗試採用自己未曾試過的設計。同時，他們應該在自己帶領的團體內，向成員說出自己的資格。當團體是由一位資深的治療者和一個受訓學員共同領導時，領導者應該讓成員知道與明白這個組合。因為這種不同的領袖經驗，倘若不故意隱瞞時，無論對於團體和實習學生，都有一定的價值。當然，領導者與助手必須定期討論，來處理在團體過程中不斷出現的問題。

（7）將團體的著重點事先對成員說明

領導者應該在團體開始之前說明團體的焦點。比如，教育性團體會採用教誨形式；治療性團體比較著重感情的經驗；發展性團體會協助成員發揮潛能；而補救性團體著重治療病症及消除錯誤的行為等。

（8）對成員的個人權利進行保護

團體領導者應該保護成員的個人權利，由他們自由決定選擇在團體中分享的內容和參加的活動。領導者也要對可能侵犯成員權利及其自由決定權的壓力有敏銳的辨察，及時干預。

（9）使用自己熟悉並且行之有效的練習

第四節 團體領導者倫理

對於自己在團體中所用的練習，領導者應該發展出一套理論，並且有能力做出說明。此外，領導者應採用一些在他們能力範圍之內，最好是一些他們在當成員時曾接受過的練習及技巧。

（10）理論聯繫實際

由於理論應儘量結合實踐，領導者應常常留意有關團體過程的研究發現，從而加強團體的效能。而且他們需要對多方面的理論有清楚的認識，從而創造出一個有個人風格的團體領導。

（11）不利用成員

領導者不應該利用他的團體成員。某些成員會有一種傾向，就是把他們的領導者理想化，而同時貶低自己在團體內的能力。有道德的領導者不會藉機擺布和控制自己的成員。他絕對不會和成員發生性關係，因為這樣是濫用他的權力去滿足自己的需要。有些領導者會因為自己經濟上或心理上的需要，以致在並非有治療需要的情況下，隨意將成員留在團體的時間加以延長。

（12）尊重成員的知情權

領導者應在團體開始前和團體過程中適當的時候，對成員說明他們可能會面對的心理及生理上的危險。同時領導者應在團體開始前、進行中及結束時，向成員說明保密的重要，並需要在團體開始時協議好保密的限制。

（13）尊重成員自身的價值觀，不把自己的價值觀強加於成員

一些成員會以協助他人為名，把自己的價值觀強加於他人身上，並指使擺布他人。對於這種行為，領導者要及時干預。在適當時，領導者可對成員坦誠表明自己的價值觀，但不應該把自己的價值觀強加於成員身上，而應該尊重成員自己的思想能力。同時應該促進成員彼此間的尊重。

（14）對不適合團體的成員要及時有效地處理

領導者應該小心留意成員中是否出現心理衰老的情況。若發現，可能反映出該成員不適合留在該團體，需要終止其參與，如有需要，領導者應提供轉介服務。

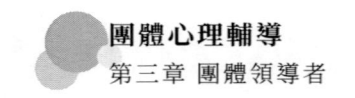

（15）容許並且鼓勵成員討論他們在團體內的經驗

領導者不僅應容許，更應該鼓勵參加者去討論他們在團體內的作用，以及他們對於團體經驗的反應。領導者可於每一階段結束前，花一些時間讓成員發表他們對活動的感想和意見。

（16）幫助成員學習怎樣面對挫折

應預先告訴學員，當他們把從團體中學到的東西應用到日常生活時，可能遇到的負面反應。若能對此問題做出探討，將有助於團體對有關課題進行更深入的探索，有助於幫助成員學習怎樣面對挫折。

（17）有必要安排後續的聚會

除了讓成員知道其他團體成員的進度外，也可讓領導者探討團體經歷對個別成員的衝擊。個別成員也可以在有需要的時候，在團體接手之後，透過個別的面談來繼續自己的成長經驗。

（18）制訂出衡量有效性的標準

領導者有專業責任去定出一些衡量有效性的標準，其中一個方法就是要領導者對某些組織負責。領導者最低限度應透過非正式的研究，加深了解自己的領導方式，並判斷該方式的有效性。

（二）中國團體領導者倫理標準

臺灣學者經過多年的努力，於 1988 年完成制訂了《輔導專業人員倫理守則》，涵蓋各種相關條文，其中關於團體輔導的倫理條文如下：

（1）組成團體之前，領導者應實施甄選，以維護全體成員的利益。

（2）領導團體時，應明確告訴團體成員有關團體的性質、目的、過程、使用的技巧、預期效果及團體原則等，以協助當事人自由決定是否參與。

（3）尊重團體成員的人格完整是團體領導者的主要責任。領導團體時，應採取一切必要及適當的安全措施。

（4）領導者不要為自我表現，選用具有危險或超越自己知能和經驗的技術或活動，以免造成團體成員身心的傷害。倘若為了成員的利益，需要採用某種具挑戰性技術或活動時，應先熟悉該項技術或活動之操作技巧，並事先做好適當的安全措施。

（5）領導團體時，應會同成員制訂團體行為原則，以規範成員的行為，以免造成對團體生活的不利影響或對成員身心的傷害。

（6）領導者應具有適當的領導團體的專業知能和經驗。

（7）領導開放性或非結構性團體，或以促進自我成長及自我了解為目的之團體時，宜採取協同領導，以策安全。並應特別注意成員的素質及性格，慎重選擇，以避免因某些成員消極或破壞性的行為影響團體輔導效果。

（8）領導者應尊重團體成員參與或退出團體活動的權利，不得強制成員參與或繼續參與他不願參加的活動，以免造成團體成員身心的傷害。

（9）領導者應特別注意保密原則，經常提示成員保密的倫理責任，並預告成員重視自己的隱私以及表露個人內心隱祕的限度。

（10）若需要將團體活動過程錄音或錄影時，領導者應先告訴成員錄製的目的及用途，徵得成員的同意，並嚴守保密原則。

（11）為實驗目的而實施團體輔導時，研究者應預先聲明研究的性質、目的、過程、技術與活動、研究結果資料的運用及安全措施等，以讓受試者自由決定是否參與。

目前，團體輔導在大陸還處於發展初期，但不少專家已經在探討制訂專業責任與道德規範。在目前條件下，大陸的團體輔導中，領導者應該遵循的專業倫理道德標準應該包括：

（1）領導者必須接受系統的團體訓練，具有專業的資格；

（2）必須遵守社會的道德標準；

（3）尊重當事人的權益，保證當事人利益不受侵害；

(4) 不利用成員滿足自己的需要；

(5) 精心選擇團體活動方式；

(6) 不對自己的家人、朋友諮詢，避免建立雙重關係；

　　以上六條都是為了保證成員避免傷害。在團體輔導中，團體會對成員有一定的潛在傷害，如挫折感、喪失自信、關係不良、沮喪或害怕團體，使得其往後不願參加團體等。

(7) 尊重成員參加團體的自願選擇權；

　　參與團體應該出於個體的自願，出於自身的需求，想要成為團體中的一員，成為目標學習中的一部分。領導者不能強迫個體參與到團體當中，強迫可能會造成個體心理上的傷害，會引起抗拒，而且參加動機薄弱會違反抗拒團體規範。自願不僅僅是在參與團體前，領導者在設計團體與帶領過程中，應該允許成員可以選擇不參加某些活動或者對一些事情保留自己的意見。雖然，如果團體成員對某些活動保留意見或者完全不參與會對團體效果有一定的影響，但是首先也是最重要的是考慮每個成員的感受，並且不能有所傷害。

(8) 團體領導者必須了解自己的限制，不做超越能力的事，必要時轉介；

　　領導者並不是神聖的，不是什麼都能辦到的，領導者應當對自己的團體知能程度有一定的了解，並且借助這些知能運作團體。領導者不應該投入到一個他未做過或全然不懂的活動中，「進得去」而不知如何「出來」是很危險的。因此，對自己能力與局限的真正了解很重要。在團體當中實施超越能力的行動不但會自傷，也會傷害其他成員甚至是整個團體。

(9) 個人及要求團體成員保密；

(10) 團體心理輔導的資料，如文字記錄、錄音、錄影、測驗資料以及其他文件屬於專業資料，必須獲得當事人的同意才能使用，若使用在研究、教育訓練中，應當對當事人的身分完全保密。

　　以上兩條是關於隱私的保密守則。參與團體，成員會擔心個人隱私的暴露以及考慮團體是否足夠安全，害怕他們在團體過程中表露的隱私會被說出

去而變成別人茶餘飯後的笑料；還有就是把自己的缺點表露出來，會成為日後其他團體成員攻擊自己的把柄；最後就是在嘗試新行為時所犯的錯誤會被告知給公司的老闆或學校老師。這些擔憂都是可能發生的。所以，在團體開始時就需要有保障隱私及確定保密的協定。領導者需要說明任何成員非自願，不會被迫做任何不想的或不願做的事情。真正的學習是成員間當下的關係，在過程中確實保證隱私及保密，團體的信任才會產生，成員也才不會受傷害。

團體領導者不符合道德的行為至少包括：強迫他人參加團體心理輔導；團體中做不恰當的實驗；借團體對成員虐待、責罵，造成成員精神上的痛苦；讓成員坦承自己的經驗，但沒有安全保障與支持；一個缺乏團體訓練的人帶團體。

簡單來說，中外的守則都主要是關於團體領導者的訓練，團體成員的篩選，團體成員的權利、保密的權利，團體成員與領導者的個人關係、雙重關係，成員之間的個人關係，團體技術的應用，領導者價值觀念，照會與轉介，團體結束與追蹤等的內容。在對於團體倫理標準的界定上，專家和團體輔導專業組織在內容方面有不同的看法，但是所體現的基本要求和專業道德是一致的，主要包括三個方面：首先是自主性，即團體成員自己做決定的能力；其次是無害性，即保證團體成員在參與輔導的整個過程當中都不受到傷害；最後就是公平性，即在輔導中，所有成員都是平等的。

三、團體心理輔導中的法律保障

在團體心理輔導中，如果領導者沒有對團體成員盡關照之心並且將其付諸行動，就很可能捲入法律糾紛當中。所以，團體領導者需要在自己的經驗限制範圍內提供服務，在行使自己作為團體領導者的職責時不可疏忽大意。因此，需要了解有關法律。這包括：

（1）讓團體成員知道有關團體的進度，包括政策和程序；

（2）在團體開始時就採用書面形式的同意書，由領導者和成員共同簽署；

（3）對成員的關心和服務要有明確的標準；

(4) 在處理法律和道德問題時，應找督導和同事商量；

(5) 不要違反國家和地方的各種法律法規；

(6) 不向成員許不能實踐的承諾；

(7) 如果工作對象是未成年人，必須事前獲得他們父母的書面同意書；

(8) 避免在團體過程中與團體成員發生團體之外的社交關係；

(9) 經常關注團體輔導最新研究資料，經常充實自己的領導技能。

擴展閱讀

優秀團體領導者的責任和挑戰

一個團體的領導者必須準備隨時應對不同的情形和各種麻煩，除了支配者、「急救」人員、消極成員等個人問題以及對於沉默、哭泣等情境的處理外，還有很多其他可能出現的問題，比如成員頑固、成員先入為主、成員心胸狹隘等。

透過說話者持續地東拉西扯可以很容易辨別出團體中的頑固談話者。沒完沒了的閒聊一段時間後，會使得團體其他成員要麼要求談話者閉嘴，要麼對談話失去了興趣而感到沮喪，甚至惱火於領導者對頑固談話者的不作為態度，因為他們認為此種情況下領導者應該及時打斷或者制止頑固談話者的滔滔不絕。根據頑固談話者多話的原因，可以將之分為三類：

(1) 緊張型。說話是為了掩飾自己的緊張或把說話當作自我控制的一種方法。通常他們是團體中第一個回答領導者問題的，且搶著最先完成一些任務。由於他們說話是為了緩解焦慮的情緒，所以只要一有機會，他們就會滔滔不絕。

(2) 閒扯型。由於自己是健談的人且一點也不注意自己的閒談會對其他成員產生怎樣的影響，因此他們會支配討論的節奏。通常這類成員會重複講述拖沓、瑣碎而又無意義的故事。

（3）賣弄型。賣弄型的成員似乎想要顯示出自己無所不知，因此他們會回答所有的問題，問一些不相關的問題以吸引領導者的注意。同時，他們會給其他成員提出這樣或者那樣的建議，導致團體偏離討論主題。

對付多話的成員有幾種方式。在認出這樣一個成員後，領導者可讓大家兩人一組結成對子，並讓自己和這個成員一組。在小組中，領導者可以試著讓該成員談談他的「多話」。這種策略的優點在於多話的成員只從一個人那裡知道自己是多嘴的，因此減少了尷尬。從整個團體層面上的策略有兩個：一個是不點名地提醒大家希望這個多話的成員能明白，另一個策略也是讓別的成員給予回饋意見。

多數團體的一個目的是聽取不同的觀點，並學會容忍別人。因此，當團體中有個別成員心胸狹隘、持有偏見時，就是一件棘手的事情。領導者此時須秉承這樣一個原則，即當某個成員控制不住地持續說教並指責別人時，必須請他離開團體。領導者的準則是要容忍成員們的差異，並只在成員的偏見言論造成團體危害時插手。

團體成員各不相同，團體主題和目的也多種多樣，所以在團體中隨時可能出現新問題。這就要求領導者在實踐中不斷豐富自己對不同團體的領導經驗，積累各種應對團體即時狀況的技術。一位優秀的團體領導者不僅應是團體過程中諸多問題的靈活應對者，也應是一個充滿人性關懷、不斷學習的銳意進取者。

複習鞏固

1. 專業倫理的概念是什麼？
2. 團體倫理的重要性有哪些？
3. 團體倫理的功能有哪些？

本章要點小結

什麼是團體中的領導

第三章 團體領導者

1. 團體領導者是指在團體發展過程中負責帶領和引導團體走向一定目標的人，是對於團體成員和團體具有影響力的人。

2. 領導行為分為關係導向和任務導向兩類。工作導向的領導行為是指引發任務完成、制定規範、督導溝通及減除目標模糊的行為。關係導向行為是指能夠在團體中維持正向的人際關係的行為，比如建立友誼與相互信任，開放性和解釋動機的意願等。

3. 常用的領導行為有：介入指導型、契約管理型、支持同理型、澄清引導型、認知教育型。

4. 領導類型主要有布萊克和莫頓的管理方格論和勒溫的領導參與論。管理方格論主要是透過對「團體的生產結果重要性如何」及「團體成員感覺重要性如何」這兩個問題的回答決定了他們的領導類型。而領導參與論是透過領導參與團體的程度來決定的，具體分為專制型、民主型和放任型。

團體領導的條件

1. 一個成功的團體領導者必須具備：相符合的人格特質，扎實的理論知識，充分了解團體輔導的技巧和方法，豐富的經驗，遵守專業倫理道德。

2. 柯瑞和克拉蘭認為的成功團體領導者的人格特質：有良好的意願，真誠對待他人，尊重他人，信任他人；有能力並且能夠與人分憂、與人共樂，以開放的態度對待團體成員；認識自己，接納自己；幫助成員發現個人的能力，學會自立；透過學習不同學派的理論知識，建立屬於自己的領導風格；具有冒險精神，樂於將自己的感受與體會分享給他人；自尊自愛，悅納自我，運用自己的長處和他人建立良好的關係；為成員做典範作用；勇於承認並承擔自己犯下的錯誤以及後果；有不斷成長的意願；幽默風趣；能夠忍受人生模糊性；能不占有地去同理他人的經驗；真誠關懷他人的利益；能夠在工作當中獲得人生的意義；以現在為導向；持續深入地覺察自己和他人；具有一顆真誠的心。

3. 成功團體領導者具有豐富的經驗，「豐富的經驗」指：個人經驗、個別諮詢經驗、團體輔導經驗。

第四節 團體領導者倫理

團體領導的角色與功能

1. 團體輔導中團體領導者的角色有：引導者、催化者、參與者、觀察者、專家。

2. 團體輔導中，團體領導者的基本態度有：共情、真誠、無條件積極關注。

3. 團體領導者的職責包括：注意帶動團體成員的參與積極性，適度參與並引導，提供恰當的解釋，創造融洽的氣氛。

團體領導遵循的倫理道德

1. 專業倫理是領導者的行事準則，是在專業價值基礎之上的一套行為標準。

2. 團體心理輔導是一種助人的專業工作，團體成員能否得到幫助，是否會受到傷害，與團體領導者的能力水平有直接的關係。所以，為了保證專業服務的質量，對團體領導者要有一定的規範。團體輔導過程中涉及多人之間的互動，不單單是輔導者和單個成員的關係，還有成員之間互動的複雜關係，要想成員透過互動關係而從中受益，必須共同遵守一些行為準則。

3. 團體倫理的功能：有足夠的專業能力與資格的團體領導者能夠有效地帶領團體，使成員獲得協助；在團體活動的過程當中，有了團體倫理規範的保證實施，團體活動能夠順利進行的可能大大提高；團體倫理規範有助於理清團體活動中，領導與各成員之間和各個成員之間的權利與義務，能負起各自應盡的責任，並且享有各自的權利。

4. 團體倫理規範有助於協助領導者與成員在團體活動過程中面對問題做出決定，特別是用來解決可能面臨的道德兩難情境。團體倫理規範可以督促領導者隨時隨地審視自己的倫理水準和自身能力，從而保證團體領導者的專業性，讓他們能夠更謹慎地運用輔導技術。

團體心理輔導
第三章 團體領導者

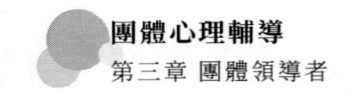

關鍵術語

團體領導者 領導行為 領導類型 關係導向 任務導向 介入指導型 共情契約管理型 認知教育型 支持同理型 澄清引導型 管理方格論 領導參與論 協同領導 協同領導者 CPA 真誠 無條件積極關注 專業倫理

複習思考題

一、判斷題

1. 團體心理輔導中只能有一個領導者。（　）

2. 只要擁有適當的人格特質就能成為一名合格的團體領導者。（　）

3. 團體領導者在團體當中充當著不同的角色。（　）

4. 在團體輔導中，在徵得當事人同意後，可以將當事人的個人資料予以公開。（　）

二、選擇題

1. 團體領導行為分為（　）兩類

A. 介入指導型、認知教育型

B. 關係導向、任務導向

C. 支持同理型、澄清引導型

D. 契約管理型、介入指導型

2. 主要的領導行為有（　）

A. 介入指導型

B. 契約管理型

C. 認知教育型

D. 支持同理型

E. 澄清引導型

114

3. 領導參與論中將領導類型分為（　）

A. 專制型

B. 民主型

C. 教育型

D. 放任型

4. 在團體輔導中使用最多的領導行為是（　）

A. 介入指導型

B. 支持同理型

C. 認知教育型

D. 澄清引導型

5. 團體領導者的功能有（　）

A. 規範性功能

B. 協調性功能

C. 評價性功能

D. 整合性功能

6. 團體領導者的基本態度有（　）

A. 共情

B. 真誠

C. 有條件積極關注

D. 無條件積極關注

7. 誰提出了諮詢師的三個基本態度（　）

A. 馬斯洛

B. 華生

C. 羅傑斯

D. 班度拉

8. 團體倫理標準的基本要求和專業道德主要包括（ ）

A. 自主性

B. 無害性

C. 公平性

D. 隨意性

第四章 團體過程及影響因素

　　對任何一團體所進行的心理輔導，都要經歷啟動、過渡、成熟、結束四個發展階段。在整個團體過程中，領導者與被領導者都有各自的特點，各階段之間既是連續的，也是相互影響的。整個心理輔導過程也要遵守一定的步驟和實施程序。作為一名合格的團體領導者，要想把握住團體心理發展的方向，就需要對團體的發展階段及各階段特徵有清晰的了解，這樣才能有效地引導團體向既定目標健康地前進，而不至於團體混亂或者團體焦慮出現在團體輔導的過程中。此外，團體領導者還必須把握好影響團體氣氛的各種因素，及時覺察團體凝聚力狀況並採取相應的措施對團體進行干預或引導，為團體成員的改變與成長創造良好適宜的環境。本章將介紹團體心理諮詢的幾種發展學說及其各階段的特徵，各種影響團體過程的因素，團體氣氛變化的過程、團體心理諮詢過程中特殊成員及其應對措施，以及團體心理輔導之所以能夠產生療效的原因。

▍第一節 團體心理輔導的過程

一、團體發展階段學說

　　在團體輔導的相關文獻中，團體階段、團體過程（團體動力學）以及團體治療性力量這三個名詞常被提及。同時，這三個問題也是團體輔導和諮詢師所必須熟悉的問題。其中，團體動力學和團體過程兩個術語是指團體成員和領導者的態度和相互作用。儘管有學者認為這兩個術語不同，但大部分人都認為它們是同一個含義。有學者提出：「因為兩者之間是協調一致的、很難區分的、不斷發展變化的關係，這兩個術語可以互用，指代相同的東西。」

　　成員和領導者之間產生相互作用和能量交換，包括團體成員自身如何反應、成員間如何交談、成員怎樣與領導者交談，以及團體領導者怎樣對成員們做出反應，這一過程被稱為「團體過程」。任何一個團體，無論其團體類型或者領導風格有何差異，從其開始形成到最終結束，一般都要經歷若干發展變化的階段。這些階段是貫穿團體輔導全過程的連續體，每一階段都起著

承上啟下的作用。因此，了解團體心理輔導的發展過程有重要意義，這主要體現在以下兩個方面：第一，可以協助初入團體的成員了解團體發展中的各種現象，以便及早調適，以發揮個人潛力；第二，可以協助團體領導者，使其在熟悉團體發展的各個階段之後，盡快從整體上把握團體，擴大團體內的助力，並減少來自團體內外的相關阻力，以達成團體的最佳績效。

許多社會心理學家、社會學家以及相關研究者和心理治療師都曾對團體過程進行過諸多研究，系統分析團體心理輔導的發展階段，並提出了各自不同的觀點。本書介紹了三種發展階段學說，分別是羅傑斯的團體發展階段說，加倫、瓊斯及哥朗尼的團體發展模式，雅各布斯的發展階段說。

（一）羅傑斯的團體發展階段說

羅傑斯根據自己多年領導團體的經驗和觀察，將團體的發展過程分為14個階段。

1. 自由活動

在幾乎沒有團體結構的情形下，團體成員隨意走動去接觸和認識別人。在這個階段中，團體一般呈現出混亂的局面，成員表現出較大沮喪感和無所適從的茫然感；有些人很安靜，亦有人進行斷斷續續的交談，還有些人雖然不與他人交談，卻也表現出對外在訊息的積極探求。此時，團體內成員傾向於要求領導者做出指引性提示。

2. 抗拒著個人的表達和探索

團體成員局促不安，往往不願意表達自己，即使彼此間有交流，也僅僅是關於個人表面的內容。團體成員不僅抗拒表達自我訊息，而且對他人訊息也未表現出探求意向。成員間溝通交流較少，更傾向於自我防禦，訊息交換量不足。

3. 敘述以往的經驗

在團體中，成員不會對當前的感受做出相關的描述。通常只會將過去的經歷作為講述的話題，所講述的話題中更絕不會涉及團體中的人。此時，團體成員間的訊息交流量增加了，但交流的訊息質量還不高。

4. 表現消極的情感

團體成員開始講到自己在團體中消極的情緒。領導者可以以此測試團體成員的安全度。負面取向的感受往往首先指向領導者，然後是其他的成員。這些行動背後的原因在於個人在團體中獲得的訊息不足，進而促使成員感到焦慮和受到威脅，故此做出防禦。

5. 表達和探索與個人有關的資料

當講述了負面的感受，而又不被他人批評或否定時，有些成員便開始提及個人的事，而不僅僅局限於敘述以往經驗或者表達自己的消極情緒。團體成員彼此間的信任也因此逐漸顯現，團體初步信任得以建立。

6. 表達與其他成員相處的即時感受

團體成員開始表達對其他人的感受和態度。雖然也會有負面的表達，但不會很極端，更不會帶有攻擊性，純屬一些個人的反應和感受，其結果是促使成員共同摸索和發展出一種珍貴的信任。此時，成員間受到這種基於團體初步信任的鼓舞，會進一步表達個人的感受和態度，形成真誠的團體氛圍。

7. 團體發展出治療能力

成員彼此表示關心，對他人亦有了解和體諒。而且，大家嘗試用自己的方法來為他人提供幫助。團體成員間建立起來的這種互助便造成了一定的團體治療作用。

8. 成員達到個人的自我接納，亦開始改變

由於大家都很坦誠、信任地表達和互助，成員已安心地放下個人的防禦與偽裝，亦開始逐漸對自己有更大的接納，隨之而來的，就是個人態度和行為的改變。在這個階段，成員感到團體中每個人都很實在，都是真實的個體，雖然每個人都有軟弱和不足的一面，但亦各有所長。

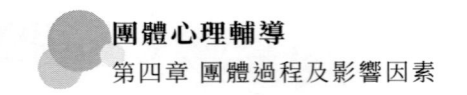

9. 打破偽裝

由於對自己的接納和確認，成員會拋掉種種的偽裝面具，大家開始享受一種充滿了關愛、誠實、信任和開放的深摯關係。大家亦因此而彼此支持和鼓勵對方，團體成員間繼續保持真誠，成員間更加坦露心聲，成員間互助程度得到進一步提高。

10. 提供與接受回饋

團體成員在彼此接納的基礎上，能夠給對方提供在自己看來有價值的建議等，也能夠欣然接受其他成員給自己的回饋與建議。每個團體成員既是回饋訊息的提供者或建議的給出者，又是回饋訊息的受惠者。團體成員坦誠相待，所給出的回饋和建議傾向於公正客觀和中肯。

11. 面質成員間彼此關心

必要之時，成員會面質別人，並協助別人澄清和處理矛盾，幫助他們積極面對問題，其效果往往具有建設性。

12. 將幫助延伸到團體之外

成員間的關係密切，除了在團體內彼此幫助外，在團體之外，他們亦有交往和支持。這種突破了團體的行動，對於那些正在經歷一種可能很痛苦的自省或改變的成員來說，往往意義重大。團體輔導和諮詢的意義初現。

13. 發展出基本的真實關係

成員可以具體感受到大家彼此間的親密和高度共情。成員間的感情連接突破了具體團體情境的約束而趨向於實際生活中的真實關係。

14. 在團體內外做出行為改變

成員逐漸改變，他們變得體諒人，有同理心，對人接納、溫暖、誠摯且真實。具體來說，大家已踏上了自我實現之路。在打開自己內心，得到來自他人支持和幫助的同時，也對他人產生了積極影響，不僅個人問題得以解決，而且人際關係也得以改善，團體內相處和諧融洽。

（二）加倫、瓊斯及哥朗尼的團體發展模式

加倫、瓊斯、哥朗尼（Garland、Jones & Kolodny，1965）的五階段說是眾多團體發展階段說中比較有權威的團體發展模式。

1. 組合前期

這一階段的特色是接近與逃避。雖然這時成員開始接觸並互相認識，但也不想太親密，還要與其他成員保持距離以保護自己。

2. 權力與控制期

團體成員在此期間開始角逐團體內地位，會出現權力爭鬥現象，有時成員還會與團體領導者產生權力上的矛盾。這時，團體的完整性與個人關係亦產生矛盾，有些成員會因不能取得權力而要求退出團體，也會因不想受團體規範控制而表現出態度上的變化。

3. 親密期

雖然此時成員在是否服從團體規範的狀態下繼續處於緊張狀況，但成員間開始互相了解，互相依賴。成員間密切聯繫，有感情互轉的傾向，並試圖找尋團體的目的。

4. 分辨期

鑑於團體已達到整合，所以成員可以自由發表意見而無須擔心得罪別人，互相支持現象增多。成員間的溝通已達到最佳融洽點，不再產生權力爭鬥，團體整體性凸顯。

5. 分離期

在這個階段團體已趨於成熟。團體目標大多已實現，成員參與團體主要是為了友誼聯繫，一旦熟悉到不用參加團體的活動也可以聯繫的友誼時，成員參加團體活動的態度便會變得散漫。但當提出結束團體時卻會拒絕，不承認團體目標已達成，有些人甚至會表現出倒逼。成員在此階段往往傾向於回味以往團體的一切。這時，領導者應組織一次評估總結，使成員做好團體結束的心理準備。

（三）雅各布斯的發展階段說

無論團體有何差異，也無論一個團體會面多少次，所有團體都會經歷三個階段：開始階段、中間階段或者運作階段、結束階段。

1. 開始階段

在這一階段，團體成員會就一些問題進行討論和介紹，比如團體目的、可能出現的事件、恐懼、基本原則、舒適水平、團體內容等。此時，成員評估自己和他人在團體中可以舒適地與他人交流個人經歷的水平。例如，某些教育團體、討論團體或任務團體，它們的主題和議程並沒有事先決定，而是在開始階段中決定團體關注點。

某些團體的成員要透過多次會面才可以建立團體的初步信任，在此之前，他們很少與他人交流自己表面以下的東西。這種現象多見於監獄、戒毒所或者社區治療中心等地方的青少年團體。通常在與他們進行多次會面後，有益於團體輔導工作成果的良好氛圍才得以形成。有時，社區機構中的團體在團體進行到運作階段之前，要先行解決團體的「議程」問題。對於有較大文化背景差異的團體，通常也需要持續兩次的會面，才會使得成員在他人面前談論自己的私事時不會感到困窘或者不舒服。有的團體一開始就有明確的團體目的，團體信任和舒適水平也比較高。如果有些領導合理建構團體，使得成員進行有效溝通和交流的話，那麼成員在幾分鐘之內便可以度過開始階段。若領導不能提供任何團體結構的話，一個傾向於長期停留在開始階段的團體就容易形成，一些本來可以避免的動力學問題也隨之而來。另外，有些團體的領導過於迅速地進入運作階段，導致成員形成負面情緒，比如不適感、憤怒等。

2. 運作階段

此階段，成員將注意力集中於團體目的，決定究竟要在多大的程度上參與團體交流。成員學習新資料，討論各種題目，完成團體任務或者忙於個人的交流和治療工作，成員們普遍從置身於團體這一體驗中受益。運作階段是團體過程的核心。由於成員們以多種不同的方式相互作用，所以此階段會出

現不同的動力學問題。此時，作為團體的領導者，應多注意這些相互作用的模式以及成員對於團體和領導者的態度。對於那些文化背景差異比較大的團體，領導者更要注意成員間相互作用和反作用的差異性，並做出及時而必要的解釋，避免團體中其他成員的誤解。

3. 結束階段

此階段是團體的結束時期，成員間相互交流，討論學到了什麼，自身又發生了怎樣的改變，以及在接下來的時間中，他們將怎樣具體應用自己學到的東西；最後，成員彼此道別。然而，不同的團體對於「結束」的體驗是不一樣的。對於有些團體而言，結束會是一個充滿情感體驗的經歷；而對於另一些團體而言，結束僅僅意味著他們完成了團體本先計劃要做的事情。結束階段的長度依賴於團體的具體類型、團體的會面時間長度以及團體的發展狀況。就大多數團體而言，此階段只需一次會面即可完成。

4. 附加階段

由於團體類型和領導者風格的不同，某些團體會經歷更多的階段。在表述團體過程多階段的著作中，涉及附加階段的團體大部分都是領導者應用人際間促進者模式的團體。其中一階段被稱為「風暴階段」，當成員間的態度和領導者的能力導致團體內出現緊張狀態的時候，「風暴階段」就出現了。格拉丁（Gladding，1995）這樣描述這一階段：「風暴階段是一段衝突和焦慮的時間……團體成員和領導者與那些結構、方向、控制、宣洩以及人際關係相關的問題進行抗爭。」除了有些團體會經歷「風暴階段」外，有些階段也會創造出「風暴階段」。當領導者不作為，不實施積極的領導或領導工作能力不足時，團體會經歷「風暴階段」。此時，領導者應採取各種措施盡快縮短此事件的持續過程，在確保成員清晰理解團體目的的基礎上，使會面與主題相關，充滿趣味而又有意義，進而使得團體過程成為一種有價值的經驗。然而，對於某些任務團體，「風暴階段」是不可避免而又必要的，尤其是當成員具備強有力的人格或對於怎樣處理事情持有不同意見時，「風暴階段」更是必需的。

團體心理輔導
第四章 團體過程及影響因素

此外，柯瑞（Corey，1995）討論了「過渡階段」，並把這一階段從運作階段中單獨區分了出來。據他的觀點，「過渡時期」指的是當開始階段已經結束，但成員們尚未準備好就高度私人化的問題與他人進行交流的這個時期。此時，儘管成員投入精力並相互作用，但他們仍然對所發生的一切進行檢驗。許多醫療、支持和成長團體可能會經歷過渡階段。當出現這一階段時，領導者應及時發現，並避免太快推動團體前進，以防成員產生不適感。

對於心理輔導階段的劃分，中外學者各抒己見。有的分為三個階段，有的分為四個階段，也有學者將整個過程分為六個階段。儘管分法不同，但是它們都包括了團體心理輔導的基本工作內容。一般來說，一個完整的團體心理輔導大致都會經歷五個階段，即團體初期定向探索階段、轉換階段、工作階段、鞏固與終結階段和追蹤與評價階段。

二、團體心理輔導的過程及其特徵

（一）團體初期定向探索階段

1. 團體初期定向探索階段的特徵

團體創始時，互不相識的人因參加團體輔導而走到一起，都想知道其他成員的背景、問題等相關個人訊息。同時，對領導者產生興趣，想知道他怎樣指導團體以及他對每個成員的態度如何。透過採用一些語言與非語言的交流方式，成員開始互相交往、相識。但這種交往常常是謹慎而又充滿試探性的，成員不會輕易暴露自己，而是儘量尋找與別人的相似之處及共同語言，以拉近自己與團體成員或者領導者的距離。實際上，此階段是為了拉近人際距離而做出的探索性嘗試。

這一階段的核心問題是信任對不信任。具體來說，在這一階段，團體所呈現的主要特點有：

（1）領導者對團體氣氛進行檢查；

（2）團體成員對團體規範進行了解，了解團體怎麼發揮它的功能，了解團體目的，並學習怎樣參與一個團體；

（3）團體成員試探性地做出被社會所接受的行為，以「公眾我」的形象出現；所謂的「公眾我」是指個人在不夠了解的社會情境中而表現出的符合社會期許的積極自我形象；

（4）進一步地接觸，團體成員可能表達出他們內心的真實想法，團體凝聚力和信任感將逐漸確立；成員脫下了「面具」而真誠地坦露自我，成員感受到這種真誠後，認為團體可信賴，成員間的信任得以建立，團體內的凝聚力也因此而得以提升；

（5）團體成員開始確定自己在團體中的位置；成員對於自我位置的確定，來自於自我評價、其他成員評價以及領導者的評價和態度；

（6）有的成員會故意表現出令人不快的言行，試試到底團體裡氣氛是否安全，考驗團體能否接受他所有的行為和情緒，這些人往往特立獨行；然而，一旦他們那些令人感到不快的言行得到團體成員的無條件接納和理解，成員便會趨向於馬上改變自己的態度和言行；

（7）團體還可能會出現沉默、尷尬的氣氛，這是成員在思索問題、尋找方向的表現，這點在任務團體中較為常見；此外，領導者的領導工作水平也會導致此類現象的發生；

（8）團體成員開始學習尊重、同理、接受、關心等基本態度，這些態度可以幫助成員建立彼此間的信任。初期定向探索階段就此完成。

2. 領導者的主要任務

這一階段團體成員最重要的心理需求是獲得安全感。領導者的主要任務是：

（1）協助成員盡快達到相互間的熟悉，增進彼此了解；

（2）澄清團體目標，告訴團體成員一些積極參與的一般指導原則和方法，以增加成員獲得團體收益的機會；

（3）訂立團體基本規則和規範；

（4）開誠布公地解決團體成員的擔憂和問題，建立成員間的安全和信任關係；

（5）提供一定程度的組織結構，它既不助長成員的依賴性，也不會造成他們不必要的停滯；

（6）教給團體成員基本的人際交往技巧；

（7）評價團體的需要，促進這些需要得到滿足；

（8）讓成員明白他們對團體的發展方向和效果負有責任；

（9）帶動所有團體成員積極參與到團體活動中，避免有些成員感到被排斥。

3. 團體成員的主要任務

這一階段，團體成員的基本工作是建立團體的認同感和信任感。團體成員的主要任務有：

（1）團體成員應該以一種積極的態度和行為在團體中製造一種信任的團體氣氛；

（2）學習表達個人的情感和思想；

（3）使自己被團體的其他成員所了解；

（4）積極參與團體規範的建立；

（5）建立具體可行的個人目標；

（6）了解團體歷程，以及怎樣參與到團體活動中。

（二）團體的轉換階段

1. 團體轉換階段的特徵

團體發展到轉換階段時，團體中會出現各種不同的抗拒心理，團體成員的焦慮程度和自我防禦都很強，這是這一階段的典型特徵。此外，還有一些其他特徵：

（1）成員的矛盾心理比較普遍，一方面擔心自己不被他人接納，為想追求安全感而把自己包裹起來；另一方面又躍躍欲試，想冒險說出自己心中的話；

（2）對於團體領導者，成員也會仔細審視是否值得信賴，甚至公開挑戰，以試探領導者能否適當處理問題；

（3）團體成員體驗到某些爭取控制權的努力，以及與其他成員或領導的矛盾衝突；

（4）團體成員從領導者那裡學習如何解決矛盾衝突；

（5）團體成員學習如何表達自己，以使他人能夠傾聽自己的發言。

面對團體中的這些特徵，團體領導者必須沉著冷靜面對，主動、真誠而積極地關心每一位成員，協助他們了解自我防禦的行為方式及處理衝突的情境，鼓勵成員談論與此時此地有關的事情，說出內心的話，促使成員接納自己和他人，建立支持和接納的氣氛，協助他們成為團體中獨立自主的一分子。

2. 領導者的主要任務

成員的焦慮和其心理防禦行為的不斷增加是這一階段中最值得領導者關注的焦點問題。這些負性情緒與行為將會被隨後而來的真誠坦露和信任感的建立所替代。領導者要善於識別出成員的一些焦慮反應，並及時採取有效的措施對團體進行改善。

該階段中，團體成員最重要的訓練需求是被真正接納和體驗到歸屬感。領導者的主要任務是：

（1）提供鼓勵與挑戰，使成員能坦然面對且有效地解決他們的衝突、消極情緒，以及因焦慮而產生的抗拒，使團體進步到彼此能有效建立成熟關係的階段；

（2）指出那些明顯旨在爭取控制團體的行為，告訴成員如何接受他們對團體的發展方向所要承擔的責任；

(3) 坦率地處理任何針對個人和專業領導者的挑戰，為團體成員提供一個榜樣；

(4) 幫助團體成員處理任何可能影響他們獲得自主能力的各種問題和現象。

3. 團體成員的主要任務

團體成員在該階段的核心任務是認識和處理各種形式的心理抗拒。除此之外，還包括以下具體任務：

(1) 認識表達各種負性情緒和情感；

(2) 尊重一個人的抗拒，但有信心解決它；

(3) 逐漸從依賴向獨立發展；

(4) 學習怎樣建設性地向別人提出問題以及建議；

(5) 對於團體中出現的問題或事件，成員不是採取迴避的態度，而是樂於面對和解決。

(三) 團體的工作階段

1. 團體工作階段的特徵

該階段是團體輔導的關鍵時期。團體成員最主要的需求是利用團體解決自己的問題。團體發展到這個階段，團體凝聚力和信任感都已達到很高的程度。成員充滿了安全感、歸屬感，互相接納，互訴衷腸，開放自我，表露出更多的個人資訊資料及其生活中的問題，並願意探索和解決問題，同時也表現出真誠關心他人的行為。

成員從自我的探索與他人的回饋中嘗試改變自己的生活，並得到其他成員的支持與鼓勵。該階段的具體特徵如下：

(1) 團體的信任感、凝聚力增強；

(2) 團體內溝通流暢自由，能夠對正在體驗的內容做出確切的表達；

（3）團體領導者的功能往往由團體成員分擔，成員自由而坦率地彼此交流；

（4）團體成員願意冒險暴露令人畏懼的內容，使自己被他人了解，將自己想要討論和更想了解的個人問題帶到團體之中；

（5）團體成員之間認識彼此的矛盾衝突，並直接而有效地解決這些矛盾衝突；

（6）成員自由地給予和接受回饋訊息，心理防衛明顯減弱或消失；

（7）發起面質的成員避免給他人貼上批判性的標籤；

（8）團體成員感受到他人對自己嘗試性改變的支持態度，願意冒險嘗試新的行為模式；

（9）團體成員感到充滿希望，感到如果願意採取行動，就一定能改變自己，而不會感到自己處於無助狀態。

2. 領導者的主要任務

該階段領導者主要是協助成員認識個人行為的主動權，體驗和建立責任行為，鼓勵成員彼此尊重，在團體中學習做求助者，也做助人者。具體任務如下：

（1）對促進凝聚力和有效工作的團體行為進行系統的強化；

（2）在團體成員的工作中尋找一些具有普遍性的共同主題；

（3）繼續為成員示範適宜的行為，特別是開心式的面質，表露對團體的當下感受；

（4）對願意冒險的團體成員提供支持，協助成員將在團體中所學的行為遷移到日常生活之中；

（5）在恰當的時機解釋行為模式的意義，使團體成員達到更深層次的自我探索，並考慮替代性行為；

（6）注重將領悟轉化為實際行動的重要性，鼓勵成員實踐新技術；

（7）鼓勵成員牢記並追求他們想從團體中獲得的東西。

3. 團體成員的主要任務

這一階段也稱凝聚階段，團體經過衝突後進入一種平穩的狀態，這是工作階段的重要基礎。團體成員需要體察和確認個人行為是自己選擇的結果，且個人也必須對團體過程負責。該階段成員的主要任務有：

（1）主動把自己的問題拿到團體中討論；

（2）能夠為其他成員提供訊息回饋，並開放性地接受來自他人的回饋；

（3）成員發揮一定的領導功能，表達自己如何受到他人存在及團體中工作的影響；

（4）在日常生活中實踐新的技能和行為，在團體會面中報告自己實踐的結果；

（5）為其他團體成員提供挑戰和支持，鼓勵自我探索；

（6）不斷評價自己對團體的滿意度，積極採取各種方法來改變對團體的參與程度。

（四）團體的鞏固與終結階段

1. 團體鞏固與終結階段的特徵

在該階段，由於分離在即，一些成員心中充滿離愁，同時想利用最後的機會表露自己希望、害怕的情緒以及對別人的觀感。有不少團體在結束時，成員已建立了深厚的感情，所以自發地商量結束後何時再聚會，以保持友誼，並繼續相互支持，在生活中實行他們所做出的改變。這一階段具體特徵主要有：

（1）成員可能對團體分離產生一定的焦慮和傷感；

（2）預見到團體即將結束，成員往往表現出行為退縮，不再以高昂的熱情參與團體；

（3）團體成員正在決定他們可能採取什麼樣的行為方案應對分離；

（4）團體成員既有某種程度上的分離恐懼，也擔心能否在日常生活中運用他們在團體中所學習和體驗到的感受與行為模式；

（5）團體成員可能互相表達恐懼、希望和擔憂等心理感受，互相訴說他們是怎樣體驗到的；

（6）團體活動可用於訓練團體成員學習如何更好地對待在日常生活中具有重要意義的人；

（7）領導者可能談論追蹤觀察會面或某些責任計劃，鼓勵成員去執行他們的計劃，進一步促成成員改變。

2. 領導者的主要任務

領導者的主要任務是使成員能夠坦然面對即將分離的事實，給予成員心理支持，並協助成員歸納整理在團體中學到的東西，肯定其成長，鼓舞其信心，促使成員將所學的東西應用於日常生活中，使其改變與成長得以繼續。此外，領導者還應把握好機會，安撫成員心中的離愁，並認真總結整個團體過程，協助成員做出個人評估。領導者也可以聽聽成員對團體輔導的意見、感受，以便總結經驗。這種情況下，領導者常常採用「大團圓」「總結會」等形式結束團體輔導。

該階段中領導者也必須開放自我，分享其他成員的感受，並設法使成員在團體進行過程中集中注意力，朝向團體目標和個人目標，做有益的改變。這一階段團體領導者的主要任務是：

（1）協助成員處理他們因結束團體而產生的任何可能情緒；

（2）提供機會讓團體成員表達和處理那些在團體中尚未解決的問題；

（3）協助成員確定如何將他們的特殊技能運用於日常生活中並處理各種事情；

（4）與團體共同努力建立起特定的契約和家庭作業；

（5）再次強調在團體結束後保守團體祕密的重要性；

（6）強化團體成員已經做出的改變，保證成員了解到能夠使他們做出進一步變化的可使用資源。

3. 團體成員的主要任務

該階段團體成員的主要任務是：必須對自己的團體經驗做出總結，並向團體告別。具體包括：

（1）成員要處理自己因分離和結束團體而產生的情緒；

（2）成員要準備將自己在團體中所學的內容擴展到日常生活情境中去；

（3）成員要給他人一個比以前更好的形象；

（4）評價團體的影響作用；

（5）成員要針對自己想要做出的改變和如何實現這些改變做出選擇和計劃；

（6）成員要完成任何尚未解決的問題，無論是自己帶到團體中的問題，還是與團體其他成員間的問題。

（五）團體的追蹤與評價階段

1. 團體成員的主要任務

該階段成員的主要任務是將在團體中所學到的內容應用到日常實際生活或實際行動中。具體如下：

（1）為了更好地繼續發展，找到能夠自我強化的方法；

（2）記錄團體輔導後自身所發生的改變，以及在這個過程中遇到的問題；

（3）參加個別會談，以討論如何更好地實現自己的目標，也可以參加追蹤觀察活動，向團體成員說明自己將團體經驗應用於日常生活中的情況。

2. 領導者的主要任務

在團體結束後,團體輔導還並未結束,領導者還需對以往幾個階段的結果進行追蹤並做出評價,為後面的團體輔導提供經驗,這也是對參加團體輔導的成員負責的表現。該階段團體領導的主要任務有:

(1) 為成員提供私下的個別諮詢;

(2) 為了評價團體的後續影響作用,對團體活動或個別會談進行追蹤觀察;

(3) 為想要或需要進一步輔導的團體成員尋找具體資源;

(4) 鼓勵成員尋找可以繼續支持和挑戰的途徑,方便團體結束後以此作為尋求自我了解的開始;

(5) 發展有組織的評價團體效果的方法;

(6) 協助團體成員記錄相互聯絡的方式;

(7) 與協同領導者進行會晤,以評價該團體的整體效果。

綜上所述,在團體輔導從開始階段到轉變階段的發展過程裡,團體領導者必須面對並處理的任務是:創造一個有利於建立信任感的環境;處理成員的焦慮與期待;了解團體的負面情緒和衝突;了解並幫助成員發現衝突的真實寓意;在接受成員挑戰時樹立不防衛性的行為榜樣;減少成員對領導者的依賴;加強成員個人的責任感;引導成員直接而有效地面質,鼓勵成員表達他們對團體的感情和反應;幫助成員更深一層地表達個人心理的反應;激勵成員將團體的經驗延伸到日常生活中,使其發揮作用。

生活中的心理學

家庭團體中的自我暴露

有研究發現,說出自己的創傷經歷有利於之後的身體健康。南衛理公會大學(Southern Methodist University)的研究者,在讓被試暴露自己創傷經歷的同時,記錄他們的皮膚電傳導水平。皮膚電傳導水平是人在一般狀態下生理活動的基礎值,而這種自願地將自己的真實情況暴露給他人的行為

即被稱為「自我暴露」。被試的自我暴露水平越高，皮膚電傳導水平就越低。14個月後，研究者收集他們自我報告的健康水平。結果發現，除去之前疾病的影響，自我暴露水平越高，其長期的健康水平就越高。

不少人嘗試壓抑自己的想法，最後發現並不容易。壓抑想法需要生理上的努力，非常耗費精力。人們在壓抑自己時，其皮膚電傳導水平會提高。短時間的自我壓抑可以增加自律行為，但長期的自我壓抑則會給身體帶來壓力，造成疾病。經常有這種情況：

在戀愛時，為了給女友/男友呈現一個幾乎完美的自己，會隱瞞自己很多的缺點。走進婚姻的殿堂之後，沒勇氣把自己生活中的各種小缺點展現出來，儘管這些缺點沒有道德上的瑕疵。總是怕這些缺點會讓妻子/丈夫對自己的印象變壞，最終影響夫妻感情。這種長期掩飾，非常痛苦，而妻子/丈夫也漸漸對呈現的「完美」開始懷疑。那種想暴露自己又怕暴露自己的情緒，不僅深深折磨著自己，也影響到了家庭和睦。

在現實生活中，很多人也害怕把自己的弱點暴露出來，在與外界的正常交往之中小心謹慎，這可以理解。但對於相愛的人，卻不需要這樣。你擔心一旦暴露真實的自我，配偶會因你不如想像的那樣「完美」而反感，從而影響感情。其實，這正是缺少個性意識、不自信的反映。但是完美模式的人是不存在的，誰都有缺點。如果我們將真實自我掩飾起來，自身就很難達到進一步的發展，彼此之間的了解也不會達到透過自我暴露所能達到的水平。如果害怕配偶一下子承受不了所謂的「小缺點」，不妨一點點地展現，給配偶一個適應的過程。有時，一個不完美的配偶在另一半心目中可能會更可愛。當然，「自我暴露」不僅僅是暴露缺點，對於情感的暴露也是婚姻幸福所必要的。如果你被配偶的某一行為感動了，就必須把握機會，及時告訴對方。透過這種積極的自我暴露，會使你在感情生活的一些危機領域也能較為誠實、自如地表達出自己的真實情感。自我暴露除了對夫妻關係有好處外，對親子關係也有利。自我暴露可以讓我們自己更了解自己；可以讓你感覺自己很堅強，很負責任，很自信；可以讓孩子更了解你，免除孩子內心的緊張、不安和不確定感；可以讓孩子了解你的需要，使孩子有機會選擇滿足你的需要，

從而避免一些你與孩子間的衝突。另外,你的自我暴露還可以影響孩子也同樣進行自我暴露,使得親子關係處於透明健康的狀態中。

在一個開放誠實的家庭裡,緊張、憤怒、痛苦便無處滋長,這樣的家庭團體才會健康、幸福。

複習鞏固

1. 了解團體心理諮詢的發展過程的目的是什麼?
2. 羅傑斯的團體發展階段說包括哪幾個階段?
3. 一個完整的團體心理輔導會經歷哪幾個階段?
4. 關於團體心理諮詢發展過程的學說有幾種?分別是什麼?
5.「風暴階段」和「過渡階段」分別指什麼?通常在什麼樣的團體中發生?
6. 團體動力學和團體過程是指什麼?他們有什麼關係?

第二節 團體過程的實質

一、相互作用模式的動力學

一般情況下,團體都會有其既定的目的,團體活動也是圍繞這一目的而開展的。然而,團體朝著既定目的前進的力量有賴於團體內部成員間的相互作用。因此,團體動力是相互作用的模式。這就意味著,不論成員表現出的行為是正向積極的還是負向消極的,都會對其他人產生影響,從而導致整個團體中動力學的變化。在某個團體中,往往會有一兩個成員試圖處於團體的主導地位,這種現象在諸多團體中普遍存在。因此,最為重要的團體動力學之一便是誰與誰談話,以及每個成員說話的頻率又如何。領導者透過打斷或者引導的方式能有效地解決此類現象。只有團體成員向整個團體講話時,團體凝聚力才得以形成。所以,當有成員形成只對某個成員或者只對領導講話的習慣時,領導者應及時察覺並積極改變這種團體動力學狀況。

在絕大多數的團體中，成員的廣泛參與是團體輔導的理想狀態。有時候，團體成員中少數人的沉默不言也許並不能對團體帶來消極影響，即形成消極團體動力，但當某個成員幾乎總是不說話時，其他的成員便很有可能對此感到不舒服，尤其是當此團體為一個諮詢、治療或者支持團體時，某個成員持續的沉默就會很容易導致消極的團體動力。而對於像如教育、談論、任務等團體中，成員對於他人的沉默反應通常沒有那麼敏感時，此時個別成員的沉默便不會導致消極團體動力。

（一）團體相互作用模式影響團體過程

作為團體領導者，應時時刻刻留意可能影響團體動力變化的因素。比如，成員文化、成員性別、是否曾經參加過類似團體以及其他團體輔導等。其中，當某些成員曾經參加過某個團體時，那麼團體動力可能會受到成員期望的影響，因為團體成員可能會期望現在的團體跟以前的團體是一樣的。此外，領導者應當特別注意以下這種情況：在某個團體中，一個成員講話，接著領導講話，然後第二個成員講話，領導再次講話，第三個成員講話，領導講話……卻不是成員間的講話。這實際是無意間形成了領導者對每個成員講話反應的模式，作為團體中的領導者應該努力避免這種現象的出現。

◆ 示例

甲：「我喜歡我媽媽，她對我的照顧令我感到舒心。」

領導者：「好，看來你的媽媽很好地滿足了你多方面的需求。」

乙：「我和我的媽媽經常吵架，我們很多觀點並不能達成一致。」

領導者：「你和媽媽進行和諧溝通並不是那麼容易的事情。」

丙：「我的媽媽比較偏心，有重男輕女的偏見。儘管我對媽媽很尊重，但是我對她並不是很滿意。」

領導者：「21世紀了，家長們不應該重男輕女了，你媽媽的偏心多少已經傷害到你了。」

……

這位領導者犯了「對每個成員的講話都做出反應」的錯誤。作為領導者，為了達到團體輔導的理想狀態，應該充分帶動大家的積極性，促進每個成員積極參與，然後再表達自己的觀點，使團體成員成為講話多的一方。

（二）領導者需要警惕的其他模式

領導者除了應避免對每個成員的發言做出反應外，還需注意以下模式：

（1）某些成員聯合起來對付其他成員。在有的團體中，初步的訊息溝通後，導致成員覺察到存在對峙的兩種或多種觀點，此時成員內部便容易形成兩組或多組對立性的「幫派」，彼此攻擊。

（2）成員彼此相互爭吵。尤其是在任務團體中，成員各執己見，不願妥協和讓步，都想著說服對方時，便容易產生成員間的爭吵。

（3）成員們不理會其他人的建議。有的成員在面對不同意見時，不爭吵，也不企圖說服別人，而是選擇對他們不予理會。這便阻礙了團體動力的發展。

（4）某些人提出問題，而其他成員試圖救助他。在教育、討論群體中容易出現此類現象。尤其是當此人提出的問題是關乎團體輔導本身的問題，其他成員（大多數團體輔導的遵從者）試圖說服他時，領導者要特別避免這類情況的發生。也就是說，團體的會面並不是為了提出建議。

◆示例

甲：「我不知道是否應該打電話給他。」

乙：「在我看來，你應該至少在未來一週內不打電話給他。」

丙：「我不知道，但是我覺得你可以送他一張溫馨的卡片，寫上自己想對他說的話。」

丁：「為什麼不能送張幽默卡片？」

戊：「我認為你應該考慮一下讓他下一步怎麼辦，我可以給你講一下我的一段類似經歷。」

......

在這個例子中，團體成員各抒己見，發表自己的看法，為問題的提出者提供幫助，但是他們都只是從自己的參照體系出發。因此，對於問題的提出者而言，這些成員的建議或忠告很可能不能造成有效的幫助。儘管有時候，成員的建議或者忠告是有益的，但是團體並不是一個提忠告和建議的場合。作為領導者，要多加注意，及時介入團體並改變團體討論的方向，維持團體討論沿著符合團體目的的方向發展。

二、不同類型團體的團體動力學

如前所述，由於團體類型和領導風格的不同，團體動力學也會相應地朝著不同的方向發展。若領導者沒有有效地處理好團體輔導過程中的動力學問題，就很可能導致團體輔導的失敗或者效果欠佳。因此，接下來我們將討論下列團體獨有的動力學狀態，以及當這些團體動力學情況出現時，領導者可以採取的處理技巧。

（一）教育團體

在教育團體中，通常領導者都會準備一些對特定團體有價值的材料，而那些參加教育團體的成員則傾向於熱切期望學到領導者所提供的材料，儘管成員間會有相互作用，有交談，但成員關注更多的是來自領導者的訊息。在某些並不是由於成員自願參加而組成的團體中，或者自主成分不大的團體中，若領導者沒有很好地計劃安排或者領導者的精力不夠充沛的話，相比較而言，此類團體較其他團體更易運作不良。

團體話題主題的不同也會導致不同的團體動力學問題。在這些團體中，成員們對於話題的理解接受度不同，有的對之反感，而有的成員則對之表現出極大的興趣。此時，團體動力學就不易形成。比如，對於「性」主題的討論，性教育團體的領導者必須注意到，成員們很可能對此持有不同的態度。有的更開放些，樂於談及；有的則更保守些，談及此類問題可能會讓他感到不舒服或尷尬。極化現象在這些團體中會更明顯一些。這時候對於領導者來說，

很重要的一點便是，觀察成員們怎樣與提供的資料發生聯繫，要投入額外多的時間做好充分的心理準備，尤其是涉及文化問題時。

教育團體非常普遍，可見於各種學校中。此類團體中通常不會有持續時間太久的開始和結束階段，看似很簡單。但對於那些剛剛成為教育團體領導者的人來說，他們的計劃對於團體過程的關注往往沒有那麼多。因此，領導者仍需對這些階段做好準備。教育團體的中間階段，通常包含內容的講授和材料的講解，以及成員間的相互討論。在成員們之間相互熟悉後，成員能更輕鬆、更自然、更準確、更深刻地表達自己的觀點，他們也更願意就自己的情感和反應等諸多方面進行溝通和交流。教育團體的結束階段往往包括講授內容的總結，以及在討論階段中成員對於這些內容的問題和反應。

（二）討論團體

討論團體通常是和各種培訓班結合在一起進行的，具有一次性，持續的時間也不會太長，一般十幾分鐘左右。在討論團體中，領導者需考慮成員的舒適度問題，尤其要特別注意那些試圖統治團體或者試圖控制討論方並指導團體的人，避免只有少數的幾個人在發表自己的意見，要努力促成成員盡可能多地參與到討論當中，這樣才能達到討論的目的。領導者應當設定一種積極開放、樂觀向上的相互作用氛圍。如果條件允許的話，最好盡快地讓每個成員發表一次自己的看法，這樣不僅使得每個成員都參與到了團體的討論中，而且也可以便於領導者確認每個成員對於所討論問題的感興趣程度。討論團體的結束過程往往是對所討論問題的總結或者解答。

（三）任務團體

在任務團體中，監控成員間相互作用的方式是最重要的團體動力學內容。尤其是當領導者的任務是團隊建設時，這一點特別重要。如果團體成員間不能很好地合作，那麼團體任務也就無法順利完成了。因此，對於任務團體而言，通常在任務還沒進行之前，領導者就需要做好團體成員間的協調工作，做好成員間的衝突應對工作或者團隊建設工作。當領導者意識到派系形成現象展露時，應對團體施與更大的權威性和控制力，以保證團體內的和諧一致。

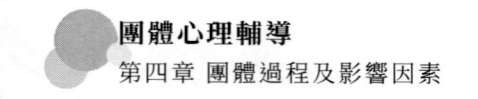

任務團體的有效性可以從以下幾個方面進行評估：

1. 目標完成

目標完成越快，完成質量越高，意味著團體有效性越高。

2. 對自身的維持

成員越能控制自己的言行，使其沿著團體任務的朝向發展，則該任務團體越有效。

3. 促進自身效能感的發展和變化

自身效能感是指成員認為自己有能力完成某項任務的信念和期望。當團體成員的自身效能感被激發時，成員便能感受到自己在任務團體中的價值感、存在感，從而促進團體任務的有效完成。約翰遜（Johnson，1997）對以上三方面進行了討論，並指出：「一個成功的團體中，成員間相互作用的質量和類型可以整合到這三項核心活動中。」團體的領導者若能切實觀察到這些動力學內容就再好不過了。

任務團體的開始階段往往用以澄清團體的任務，持續時間往往較短，而大部分的時間都會花費在團體的中間階段。中間階段正是成員對任務進行分析、思考和討論，以得到問題解決方法的過程。任務團體的結束階段有長有短，大部分會伴隨著問題的解決而同時結束。

（四）成長和經驗團體

由於成員間要彼此交流自己的思想、情感，因此，在此類以價值觀澄清或者自我探索為目的的團體中，值得考察的最重要的動力學內容是成員們的個人感受。與此同時，成員們也可能產生負面情緒。比如，對團體其他成員的成長經歷感到妒忌，或由於其他成員對於自身資訊的了解而責怪領導者，甚至對領導者產生憤怒、埋怨等負面情緒。

此類團體相互間的差異往往比較大。在某些團體中，由於成員的期望和需求差別巨大，從而導致消極團體動力學的產生。若該現象已然發生，領導者應著眼於與絕大多數成員相關的問題和憂慮上，找出那些不容易適宜這個

團體的成員與其進行溝通，這部分人員通常是團體輔導和諮詢中最大的受益者。

對於領導權力的爭奪通常發生在以團隊建設或合作性相互作用的經驗團體之中。成員間可能產生派系之分，形成抗治療的消極團體動力。此時，領導者一般透過與成員進行私下交流促成問題的解決，有的也會在團體中談及此事。領導者採取怎樣的應對措施取決於團體動力學狀況、團體目的和團體規模。因指導團體進行練習而導致活動中出現挫敗情緒時，有的成員可能會激怒其他成員或者將矛頭指向領導者。對此，領導者要及時察覺並根據實際情況決定採取私下交流，還是在團體中解決此事。

成長和經驗團體中的開始階段通常會進行一兩次的會面。在會面中，領導者會要求成員參加一些活動以便拉近成員間的心理距離，為成員營造更加良好、舒適的溝通氛圍，以促成運作階段的盡快到來。此類團體的結束階段持續時間也不會太長，通常一次會面便可以解決。在結束階段，成員相互討論交流自己得到了哪些收穫和成長，受到了怎樣的啟迪。

（五）支持團體

領導者需創造一種安全的環境，使得成員在其中可以放心地交流自己的個人事件，並感受到與他們交流觀念和憂慮的機會，同時，確保不會有某個人處於團體的主導地位。這類團體中值得考察的最重要的動力學內容是成員間的信任、承諾和彼此真誠的關懷。如果團體成員不能相互信任甚至還彼此爭吵，則支持團體就不會有效。作為團體領導者，面對此類問題時應及時與成員進行私下溝通或者在團體會面開始之前就與之進行私下溝通。

此外，在這類團體中，缺乏共性是需要領導者特別警惕的。例如，在某些教育團體中，為了迎接新到來的成員，領導者會構建一個團體，絕大多數的同學會歡迎這種支持性的團體，但倘若新到來的學生是因為與原來學校的師生無法和諧相處而轉到此校的，那麼此新生就不太可能成為支持性團體的一員。再比如，新到來的成員原來是在某戒毒中心等剛剛結束治療的成員的話，其也不易融入到支持性團體中。在這種例子中，新人與支持性團體共性

不足,所以導致團體有效性下降。也就是說,支持團體中的成員間必須感受到共同的聯結紐帶,支持性團體的有效性才會提高。

支持性團體交流的訊息沒有那麼大的私密性,其開始階段持續大約1～3次會面。到了中間階段,隨著成員了解的增加,交流的內容進一步深入而廣泛,彼此的關懷也更加有力。支持性團體的結束階段是一個充滿感情的過程。在有的團體中,隨著這種團體情感支持系統的喪失,成員會感到戀戀不捨,有些成員甚至害怕團體的結束。因此,領導者在此類團體中應增加團體結束的會面次數,以此來緩和成員的情感釋放。

(六)諮詢和治療團體

通常情況下,此類團體中成員的精神衛生程度差異較大,他們有的可能抱怨別人太活潑、太吵鬧、太安靜或者太不容易「合得來」,因此出現複雜動力學現象的可能性比一般性團體更高。

此時,領導者需要敏銳地覺察到成員對於他人以及對領導者的看法,並且保持一種「只要有可能便與參加團體輔導的成員進行個體面談」的態度,以便篩除個別極端個例,確保團體輔導的正常運作。

在有些領導者領導的團體中,好像每個成員間都可以和諧舒適地相處一樣,這可能引發團體成員對團體經歷的無聊感和膚淺感。由於成員彼此間以及對領導者缺乏足夠的信任,致使成員無法打開心扉與他人交流,成員的私人問題也無從談起。當某個成員消極甚至懷有敵意地對待團體時,領導者最好私下進行某些工作以消除這個「情緒動作化」的過程,除非領導者認為團體解決之會更有價值。

鑑於成員處理的是個人問題,領導者要想有效地領導這個諮詢或者治療團體,就必須掌握相關的技巧和知識,同時要具備一定的勇氣。因為,在此情況下被攻擊是時有發生的事情。這就要求領導者最好不要去領導自己未曾接受過相關訓練的團體。

在諮詢和治療團體的開始階段,需要的會面次數不固定,進行的工作主要是諮詢或治療的初期工作討論。此時他們的觀念中可能還存在著「我正在

進行的是與他人交流自己的事情」這種觀念上的束縛。根據此類團體中成員的不同，諮詢和治療團體中會出現過渡階段———成員開始交流，但是還沒有完全打開自己，未達到討論私人問題的程度。在運作階段，當感到氛圍不舒服時，成員會傾向於把團體的關注點引向其他成員，以減少別人對於自己的關注。領導需注意且避免有些成員因他人處理問題時觸及到了自己的痛處而感到不適。

諮詢和治療團體的結束需要持續的時間可能會較長。領導者應特別注意團體結束時，成員對於這一事實的具體反應和感受，尤其是那些比較看重此諮詢和治療團體的成員。

（七）自助團體

對於自助團體中出現的多種動力性問題，若領導者不能及時而有效處理的話，團體的有效性就會大大降低，而且還可能對成員造成不良後果。多種動力學問題的出現與自助團體幾乎沒有什麼關係。比如，團體內部小派系的形成甚至對峙，團體成員也許需要個體治療與團體治療一起進行，成員們也許互相攻擊或者趨於接受整個團體。

一旦自助團體建立，通常會不斷有新成員的加入或老成員的退出，團體會不斷發展變化。在自助團體中，若領導者未受過專業訓練，領導者最好參加最初一兩次的會面，確保他們有個好的出發點。偶爾參加團體會使得領導者對於成員的觀察更有效。一旦團體偏離最初的目的，領導者便可以及時糾正團體發展的方向，確保自助團體的有效性。

複習鞏固

1. 團體過程是指什麼？

2. 領導者除了應避免「對每個成員的講話都做出反應」外，還需要警惕的其他團體相互作用模式有哪些？

3. 常見的心理輔導團體有哪些？

第三節 影響團體過程的因素分析

一、團體發展過程視角

心理諮詢師陳若璋認為，整個團體輔導過程中的影響因素可以歸納為三類：

（一）前置因素

即在進入團體輔導的正軌之前所需要準備的東西。其中包括四項：第一，團體前的準備因素，包括甄選成員方式及適用的標準、團體開始前的教育準備工作、團體成員的組合等；第二，團體成員因素，即參加團體輔導的成員的基本情況，其中包括性別、年齡、受教育狀況、社會經濟地位、參加動機、對團體輔導的期望程度、人格特質、行為方式、症狀等；第三，團體領導者因素，領導者的基本情況，包括性別、年齡、教育水平、人格特質、領導行為、理論技巧等；第四，團體處理因素，包括團體性質、諮詢理論及治療焦點、團體結構及活動設計、團體規模等。

（二）中介因素

中介因素包括兩項：第一，團體過程因素包括角色地位、語言、非語言行為、自我表露、回饋等團體內溝通的形式；第二，團體發展階段因素包括主題的改變、行為的改變、領導者行為的改變、成員與領導者行為互動方式的改變等。

（三）後效因素

後效因素指團體效果，包括成員行為改變效果評估等。

由此可見，團體輔導是一個非常複雜的、多因素共同作用的過程。其中成員、領導者、輔導模式及治療情境的配合是近年來研究者們共同關心的問題。

二、團體動力系統視角

雅各布斯認為，影響團體動力學的因素也稱為治療性力量。對於團體動力學的討論都必須將團體類型和領導風格考慮在內。若領導者未能擔當好領導者這一角色，則團體成員就有可能替代他們；即使是很有組織領導能力的領導者，通常也會遇到有一兩個成員與之爭奪權力的情況。他們會對領導者的權威性和勝任性提出質疑。

艾利斯和費希爾（Ellis & Fisher，1994）提出影響團體動力系統的變量因素，主要有輸入因素、過程因素、輸出結果，這三項變量因素互相影響，交替循環，且在互動的過程中，隨環境的不斷變化而做出適當調整。

（一）輸入因素

輸入因素指那些所有能幫助建構團體的因素和條件，即資源（人格特質、使用技巧、處事態度、擁有的資訊等）。

（二）過程因素

過程因素指團體動力過程中對團體產生影響的那些實際活動。這些實際的活動包括：溝通方式、團體凝聚力、工作與參與規範、團體決定程序、領導等。

（三）輸出結果

輸出結果指團體運作的產物和達到的成果。這些成果包括有形可見的書面報告、備忘錄及各種不同類型的文件等；另外，也包括一些無形的、較不明顯的成果，如成員滿意度、個人生活上新技巧的獲得等。

三、團體特徵視角

潘正德在其所著的《團體動力學》一書中，將影響團體心理諮詢的因素，歸納為團體領導者方面、團體成員方面和團體特徵方面這三大類。

團體領導者方面：包括團體領導者人格特質、團體領導技術，以及團體工作專業技能。

團體成員方面：包括成員的年齡、智力水平、人格特質與求助動機。

團體特徵方面：包括成員的人數、時程長短、內容性質與團體的同質性特徵。

四、溝通障礙視角

團體輔導的過程就是溝通的過程，團體輔導的效果取決於團體內成員溝通的狀況。良好的溝通有助於形成團體成員之間合作、接納的氣氛，不良的溝通常常會產生諸多誤會和衝突，妨礙團體目標的實現。貝代爾（Bedeian，1986）從三個維度進行分析，對有效溝通的障礙因素做了詳盡的說明。

（一）內在因素

1. 知覺篩選

人們都有意願去看或聽原先已設想好要去看或聽的東西的傾向，即人們會反對或不正確地去接受那些與他們先前預期所不一樣的訊息。如果只尋求對自己有利的訊息，而忽略自己不喜歡的訊息，必然會導致知覺誤差。

2. 溝通技巧上的個別差異

每個人在溝通技巧方面的能力不同。有的人雖不善於口頭表達，但卻能寫出簡潔明瞭的文字；有的人雖善於演講，卻不善於傾聽。這些能力方面的差異會成為有效溝通的潛在障礙。

（二）人際因素

1. 氣氛

如果團體的氣氛是負面的，那就很容易導致有限的訊息溝通量。因為成員會試圖操控訊息且散播不信任和敵意，其後果是對團體的有效性形成威脅。相反，如果團體氣氛是正面的，則有助於成員之間拉近距離，消除隔閡。

2. 信任

溝通的過程對訊息發出者和接收者來說，如同施與受的關係，訊息的傳送對雙方產生互惠的關係，這種關係的特徵是信任。無論對於個人還是團體

的發展，信任感的建立絕對重要。如果團體成員與領導者或成員間不信任甚至持有懷疑，那麼，其對團體帶來的是防禦的增加和公開表達次數的減少。

3. 確實性（可靠性）

溝通過程中，訊息來源的真實確定性主要由誠實、勝任、熱忱以及客觀四個因素組成。當團體中訊息的來源能滿足這四個條件時，團體就傾向於具有更大的溝通開放度，更高的訊息真實性，更高的團體內互動率，對問題的解決也更有效，團體成就感也更高。

4. 訊息發出者與接收者的相似性

溝通雙方在某些自身特徵方面的相似性也會直接或間接地影響到彼此溝通的正確性。如年齡、性別、智力、種族、社會經濟地位、態度、價值觀、興趣以及能力等因素的相似，會影響到彼此溝通的舒適度和開放度。當一方感覺到對方也具有同樣特徵時，會更願意去接受對方的觀點並表達自己的看法。

（三）團體結構的因素

1. 地位

這裡的地位指個人在團體中身分的高低。有關個人身分的高低對團體溝通的影響的研究發現：人們往往比較喜歡與地位高者溝通來往；具有較高地位的人彼此間的往來和溝通比那些地位較低者彼此間的往來和溝通更頻繁；地位差距越大，訊息越容易從高往低走；當高地位者與低地位者溝通時，往往會掌控會談的內容；低地位者常常會嘗試用表示出尊敬、奉承或同意其觀點等方式來贏得高地位者的恩惠。

2. 連續的傳遞

團體中，訊息通過的層次越多，花費時間就越多，訊息失真的可能性也就越大，進而導致對訊息的曲解。經過連續傳遞的訊息，對溝通效果的影響較大。

3. 濃縮作用

在溝通過程中，訊息接收者常常會以濃縮或摘要的方式將訊息反應給對方或傳給第三者。而當以摘要的方式敘述時，內容會變得短少，且容易遺漏細節。此外，訊息傳遞經過的人越多，訊息將更加濃縮，其原始的意思會失真，從而構成溝通的障礙。

4. 終止現象

在溝通過程中，當訊息模糊不清時，大部分接收者會做出一些自以為是的推論，以使這種不確定感儘量減少到可以接受的程度。

5. 期望心理

在訊息交換過程中，個人都會帶著各自獨特的期望進行溝通。由於每個人的態度、價值觀、興趣及工作需要等有所不同，個人的期望也不同，所以訊息接受者可能會按照自己的期望對收到的訊息強加意義。

6. 聯結作用

聯結作用指當我們在溝通過程中，常常會將過去所發生的一些事件或結果聯繫起來。比如，某人曾經犯過錯誤，以後每當這種錯誤發生時，就會被牽扯進去。但這常常與事實不符，因此會造成溝通障礙。

7. 團體大小

團體規模過小，人數太少，團體活動的豐富性及成員交互作用的範圍欠缺，成員會感到不滿足、有壓力，容易出現緊張、乏味、不舒暢的感覺。團體規模過大，人數太多，團體領導者難以關注每一個成員，成員之間溝通不易，參與和交往的機會受到限制，容易產生次團體，團體凝聚力難以建立，並且妨礙成員分享足夠的交流時間，致使在探討原因、解釋問題、學習技能時流於草率、片面、表面，從而影響到團體活動的效果。

8. 場地空間的限制

溝通過程中，環境和場地也會成為影響團體效果的因素，團體工作有時需要考慮成員間的距離。一般而言，成員間身體的距離越近，互動就越頻繁。

五、技術視角

（一）語言和意義

在溝通過程中，溝通的雙方所使用的相同字句所代表的訊息意義很少會完全相同。雙方即使使用同樣的句子，也必須根據不同的時間、場合、對象及當時說話的情境，才能看出語句的含義。

（二）非語言的線索

有研究表明，在面對面的溝通過程中，只有 7% 的內容是用言語表達，其餘 93% 都是用非語言訊息來表達的，其中聲音的語調占 38%，面部的表情占 55%。可見，非語言的線索在溝通中占有相當重的份量。手勢、姿態、表情、點頭動作、肢體接觸及視覺上的一些行為都是非語言的線索。

（三）媒介的有效性

溝通的媒體有三類：書面、口頭以及多元媒介。書面的媒介，如圖表、備忘錄、公告、報紙等，主要在傳遞詳細資料時有效。口頭的媒介，如敘述、翻譯、電話、討論演講等，適合於需要立即回饋或快速傳遞訊息的場合，以及一些屬於比較敏感的、私人的話題。多元媒介可以靈活運用書面及口頭的方法來達成溝通的目的。三者各有所長，適用於不同的溝通場合。

（四）訊息的過度負荷

每個人對訊息的吸收量是有限的。當記憶達到飽和狀態，而提供的訊息又超過負荷時，就會產生一定程度的負面影響。例如，由於訊息的過度負荷會導致疏忽、遺漏以及曲解，必須透過分類排列，分出輕重緩急，進而對訊息加以過濾，才能達到快速有效溝通的目的。

六、團體過程中的治療性力量

「治療性力量」是指在團體輔導中發揮治療作用的因素。亞隆（Yalom，1995）在討論治療性力量時引用了以下因素：利他主義（給予其他成員幫助）、宣洩（釋放感情和情緒）、認同（依照其他成員和領導者塑造）、家庭角色扮演（感覺處在一個家庭之中，並從這種體驗中學習）、希望的培植

（感到對自己的生活充滿希望）。這些因素在解釋支持性團體、諮詢和治療團體中的治療性力量時尤其有效。若在同一個團體中，這些因素同時出現，則對成員更有助益。

奧爾森等（Ohlsen，1988）描述了幾乎存在於任何團體情境中的力量，成員們主要希望：感到被團體所接受、了解什麼是被期望的、感到他們屬於這個團體、感到安全。當這些力量都缺乏時，成員們傾向於變得消極、退縮、敵意或者冷漠。而其中消極的力量很可能會引起需要領導者特別注意的團體動力學狀態。團體心理輔導可以透過考慮以下問題來轉向團體動力學問題和治療力量：

（1）每位成員對於身處這一團體中感受如何？

（2）看上去成員是否了解在這個團體中什麼是被期待的？

（3）每個成員是否清楚自己為什麼會在這個團體中？

（4）每個成員是怎樣對待自己身處團體這一事件的？

（5）看上去成員是否喜歡他人？

（6）看上去成員是否對於與其他人相處感到舒適？

（7）成員是否對這一團體有歸屬感呢？

（8）成員是否對於與領導者相處感到舒適？

（9）是否有任何力量是在實施領導角色？

透過對這些問題的回答，領導者可以得出成員對於團體和領導者的感受如何，進而有助於團體心理輔導。

以下 16 種力量是團體心理輔導應當注意的，它包括正性的（對治療有積極意義的）、中性的（不好不壞）以及負性的（對抗治療的）力量。在那些不成功的團體中可能有一種或多種負性力量在發揮作用，而在那些成功的團體中，更多的則是正性力量在發揮作用。

（一）領導者和團體成員對於團體目的的澄清程度

領導者和成員首先要清楚地理解團體的目的，這是最重要的單一治療性力量。不成功的團體中通常是因為成員不甚清楚團體的目的而感到比較迷惑，這使得團體輔導的有效性受到極大的影響。例如，在某個支持性團體中，領導者花費大量的時間針對某個人或者與大部分成員沒什麼關係的問題上，而成員卻並不清楚這個團體的目的是什麼。在團體中，只有領導者確認每個成員都清楚團體的目的後，團體輔導才是高效的。成員對於團體目的的清晰認識將更有利於領導者掌控團體的進程。

（二）團體目的和團體成員之間的相關性

如果成員對於領導者建立起來的團體興趣並不是很大，或者這個團體與每個成員的關係並不是那麼大的話，在團體中就容易形成抗治療性力量。領導者必須擔負起一個責任，即使成員認為團體與自身並無多大的關聯，領導者也要向成員表明這個團體事實上是與他們有關係的，比如強制性團體等。建立團體與成員之間的相關性是團體領導者的職責。這實際上並不是件容易的事情。比如，對於那些由於在學校中有些想放棄學業的學生所組成的團體，領導者需努力使團體達到一種有趣的程度——此程度足以使團體成員發現它與自己的關係——而這實際上是一件相當有挑戰性的工作。如果要領導這樣的一個團體，那麼領導者必須努力了解這個團體的需求，並儘量調整自己，使得團體中的這種對抗性力量轉變為積極力量。

（三）團體的大小

團體的規模從團體的目的、每次會面的時間、可獲得的設施條件和領導者的經驗等多方面影響著團體。對於大多數的團體而言，5～8個成員是理想狀態。有特殊文化背景的團體最好控制在5個左右，成員會感到比較舒適。教育團體通常在10～15個成員。討論團體、支持性團體、個人成長團體、諮詢和治療團體的理想狀態一般是5～8個成員，至少3人，多則12人。團體成員太多的話，不僅會影響每次會面的時間長度，也會導致成員在團體運行階段中的交流和溝通不足。有時候領導者因忽視了成員人數而不知不覺導致了團體中對抗性力量的產生。對於那些有著特殊成員或者有著特殊中心主題的團體，較少的成員人數會更好。比如，在諸如有自殺傾向或曾受過巨

大精神刺激的團體中，領導者需要對成員傾注更多的情感和關注，因而較少的成員數更合宜。

(四) 每次會面的時間長度

每次會面的時間過長或不足都對團體的效果造成消極團體動力。尤其是當團體會面時間不足時，團體不可能達到什麼預定的效果。不同團體對於會面時間的要求是不同的。比如，在教育團體中，1～2小時都可以，學校的諮詢團體一般在40～50分鐘，對於由孩子組成的團體，往往需要多次會面。不過有的團體會面也會達到4～5小時，比如企業中的臨時培訓團體。

(五) 會面的頻率

在可能影響團體會面頻率的諸多因素中，團體目的和團體規模對其影響更顯而易見。社區機構內的團體會面一般每週1～3次；支持性團體每月一般2～3次；門診患者組成的團體通常每週一次或者每兩週一次。會面頻率太高容易導致團體成員感到乏味，太低容易使得成員感覺每次會面都如第一次見面一般的生疏。領導者要多方權衡，避免團體內消極動力學的產生。

(六) 會面場地的適宜程度

儘管團體的組織者並不總是能控制會面場地，但是如果可以控制的話，一定要選擇方便的會面場地，這有利於成員規律地參與到團體中。對於那些會面場地是在會議室的團體，領導者要確保場地儘量不被打擾。當不太適宜的會面場地出現時，易導致負性的抗治療性力量，對於諮詢和治療性團體而言更是如此。這時，領導者要敏感地覺察此力量的產生，並要確保成員個人隱私的安全性。

此外，會面場地的舒適程度同樣會影響團體的有效性。比如：場地牆面上裝飾如何、場地的照明狀況、使用的沙發或椅子的舒適度等。特別在是諮詢與治療團體中，這些因素都會影響團體治療性力量。常被採用的最佳安排方式是把所有的椅子圍成一個圈，讓所有的成員都可以看到其他的成員，如果有某個成員的臉被其他成員遮擋的話，領導者可以進行干預，請擋住他人

臉部的成員向後退一下，避免被擋的成員覺得自己被排除在外了。而且，圍在一起的安排方式會製造一種親密的感覺，更有利於成員之間的交流。

（七）會面的時間段

有時會面的時間段也會是一種負性的力量。比如，會面時間是在一天中較晚的時間，領導者和成員經歷了一天的忙碌可能都比較疲憊了，這時團體的有效性就會受到影響。因此，在領導者建立一個團體時，應該考慮一個對於絕大多數成員來說都是比較合適的時間，否則，成員容易無精打采。

（八）領導者的態度

作為團體的主導者，領導者的感受當然會影響到團體的發展方向。持有正向積極態度的領導者更易為團體帶來正向性的力量。而當領導者害怕團體時，對抗治療的力量也容易產生。領導者在一定時間內被要求領導的團體數量要適宜，否則領導者的態度會受到影響。比如，一定時間內被要求領導的團體數量過多時，容易導致領導者的煩躁情緒。

（九）團體是封閉的還是開放的

封閉的團體是指一旦團體建立起來，就不再允許新成員的加入。大部分團體是封閉式團體，尤其是當建立起來的團體是以特定目標為導向的時候。開放的團體是指定期有新成員加入或者退出的團體。領導者一般會根據團體的目的或者團體要服務的人群性質來決定建立封閉式的或者開放性的團體。一般情況下，支持性團體是開放的，諮詢治療性團體是封閉的。由於團體中，成員間的交流需建立在一定的信任度和舒適度上，因此封閉式團體更常見；只有為了避免團體陳腐，沒有新意的時候，才會允許新成員的加入或者退出。

值得注意的是，在醫院或者社區的諮詢和治療團體中，團體成員的開放性結構組成往往是不得已的事情。為了避免產生消極性的力量，領導者必須明確這樣一點，即：團體並不會由於成員對於團體的感受總是處於不同水平而發展經歷各種不同的階段。這種情況下，為了確保會面的正常進行，領導者需建立一種有效的新成員介入方式，並且尤其要注意不要在介紹新成員一事上花費過多的時間。

（十）參加成員是自願還是被迫

如果所有的成員都是自願參加團體，那是再好不過的事，然而對於諸如法庭、學校、教會或者社區治療中心這一類的團體而言，成員被迫參加團體的情況是時有發生的。此時，團體中便容易產生消極力量。亞隆和柯瑞（1995）指出，當領導者具備使得成員為團體活動做好準備的能力時，被迫人員的這種消極態度便可以被領導者所改變。為了使得團體前幾次的會面順利進行，領導者制訂團體計劃時必須考慮到非自願成員帶來的這種消極力量，將計劃建立在負性態度這一假設基礎上。當面對非自願團體時，領導者可以參考以下示例來決定說些什麼：

◆ 示例 1

領導者：「我知道在座的各位中大多數並不想來到這裡，而且很可能在你們看來，來到這裡是極大的時間浪費。我想說的是，你們至少給它一個機會，也算是給自己一種新的可能。我想我已經計劃好了某些你們所有人都會感興趣的活動。」

◆ 示例 2

領導者：「鑑於你們不是自願參加這個團體的，所以我設想你們可能對來到這裡而持有一種非常消極的情緒，你們有機會在幾分鐘之內表露你們的情感。但首先請允許我告訴你們，我們即將做些什麼，沒準你們會發現這次到來也沒有想像的那麼糟糕，並且可以收穫以前未曾有過的某些幫助或者啟發。」

◆ 示例 3

領導者：「每次當我領導這樣的團體時，一開始總有成員表示反抗，甚至帶有一些消極情緒，但是團體真的要結束時，他們都感謝我為他們提供了一個可以交流想法和情感的場所。我知道你們其中的有些人很可能正在為被迫參加這個團體而感到不滿甚至是憤怒。然而，我想說的是，這個團體可以幫助一些人，如果你允許的話，它也會幫助你。如果你肯在接下來的一兩週內給這個團體一個機會，那麼我將竭盡全力使它成為一段美好的經歷。」

第三節 影響團體過程的因素分析

　　在建立團體之前，領導者需要牢記在心且做好充分心理準備的是：對於一個含有非自願成員的團體而言，因其非自願成員而導致的消極團體力量將會存在於團體各個階段，甚至在最初的會面中這種負性力量就存在。因此，設計出有趣且富有創造性的初期會面內容，對於領導者而言是非常必要的。對於那些無論領導者做出什麼，他們依然表現出抗性治療的成員，領導者應當認識到，並不是每個團體的建立都如預想的那麼順利。在條件允許的情況下，領導者可以試圖將團體中的這部分成員與其他成員分開，讓這部分成員做點其他的事情，比如靜坐、閱讀或者休息等。此外，領導者也開始進行一次全體成員的短暫會面，讓那些持有消極態度的成員離開，而讓那些真正感興趣的成員留下來。

　　（十一）成員的合作意願水平

　　合作意願是指成員合作而不是對抗、破壞或者敵對的意願。合作意願通常會使成員產生較高的團體承諾。與那些無合作意願的團體相比，這些團體更易被領導。沒有合作意願的成員往往包含三類：被迫參加團體的人、想要指導團體的人、希望成為關注中心的人，他們對於團體缺乏承諾。對成員進行觀察是確定成員是否有合作意願的最好評估方法。如果透過觀察，領導並不能有效地判斷成員合作意願，可以提出問題，引發大家的討論，以獲得回饋訊息。比如，提出問題：「對於身處這一團體，你感覺如何？」

　　（十二）成員的承諾水平

　　成員的承諾水平和成員合作意願是緊密相連的。具有高承諾水平的團體，成員會對團體表現出較大的興趣，積極參與團體，表現出良好的合作態度。在承諾水平低的團體中，各種消極團體動力學狀況都有可能發生。作為領導者，如果其領導的團體缺乏承諾，那麼領導者應該事先做好面對困難的必要準備。

　　（十三）成員間的信任程度

　　在某個團體中，如果成員有合作意向和承諾，那麼團體會朝著正性方向發展，其團體成員間的信任程度也會隨著時間的發展而逐步推進。如果團體

團體心理輔導
第四章 團體過程及影響因素

成員之間有消極的人際關係，或者成員間持有差異性頗大的觀點，或者成員彼此不喜歡，那麼團體內就會出現信任問題。此時，領導者可以私下對相關成員會面進行調解，或者乾脆要求一兩個成員退出此團體。對於教育團體等這類鑑於管理當局規定不可以要求某些成員退出的團體，領導者只能做好迎接困難的準備了。

一般隨著團體過程的推進，團體成員間的信任水平會隨之發生變化，領導者要及時洞察這種變化。信任水平的高低往往取決於成員對於他人做出的反應方式。導致成員間信任水平低的原因中，較為常見的是成員們不相信某些成員會對他們所透露的訊息內容保守祕密。

在諮詢治療團體或者成長團體中，在有些成員透露了自己的一些最隱祕的生活（比如性取向、被遺棄等）之後，其他成員可能會對其做出傷害性的評價。領導者應讓整個團體的成員明白成員們不會因為與他們交流自己的一些觀點，透露生活中的一些細節而受到不公平的待遇。在團體會面中，當領導者對這些評判性的評論進行討論時，其所採取的方式應是對於自我表露的成員具有支持性的。同時也要做雙面的考慮———考慮到那些持有批評意見的成員。

◆ 示例

甲：「我不認為這種事情會發生在 50 多歲的人身上。在我看來，只有年輕人才會有私通。我的丈夫和我沒有多少共同之處，而且我們的孩子也都已長大離家上大學去了，我感到很孤獨。和我在同一單位工作的同事開始陪我一起吃飯，在近來的幾個月內，我們交流了很多東西，一件事情導致另一件事情，最後的那一週，我們在一起度過了一個下午，現在的我感到困惑且有越來越大的罪惡感。」

乙：「真不敢相信你居然會對你的丈夫做出這樣的事情！你不應該那麼自私，而應當控制自己，為你的丈夫考慮考慮，我認為……」

領導者（以一種溫和而堅定的語氣）：「乙，我希望繼續關注甲，幫助她處理她的痛苦。我希望我們可以一起幫助她處理這個感情問題，而不是對

她的行為進行評判，那並不是我們想要的。甲，請你再多談一些情況，然後我們再聽聽其他人的看法。我知道許多人可以理解你的感受，包括某些現場在座的成員。」

成員中有些人點頭，表示成員了解了。

示例中的這位領導者並沒有做好對自我表露成員的保護支持性工作，他允許消極的評論繼續並未加以澄清。因為有所透露者害怕被批評，因此，一旦受到他人批評就很可能導致她不再願意透露太多的個人訊息。領導者可以在團體中提出發言，並幫助做出評判性言論的成員，使之思想更為開放，批評減少。必要之時，領導者也可以轉移關注點，不再過多關注處於痛苦之中的自我表露者，而是關注具有評判性的成員或者「不要再有評論性」這個話題。

（十四）成員對於領導者的信任程度

成員喜歡領導者嗎？尊重信任他嗎？相信領導者的團體領導技巧嗎？這些都能反映出成員對於領導者持有的態度。有時候可能所有的成員對領導者都持有消極的看法，這很可能與領導風格和領導能力相關聯。此時，領導者要對這種動力學狀況加以自我檢討。

◆示例

領導者：「我希望我們可以花一點時間討論一下你們對於這個團體的感受。」

甲：「為什麼你總要求我們做這麼無聊的事情？你們的工作是了解我們的感受，我們還是做點其他有趣的事情吧。」

此時，領導者可不必關注這個持有消極態度的成員，尤其是當他知道，成員這麼做不過是為了「難倒」領導者的時候，更不必予以關注。領導者可以用一種溫和而堅定的語氣來改善這一負性力量。

領導者：「甲，我認為其他大部分成員都會有不同的感受。」接著轉向其他成員進行詢問：「你們怎麼想？」

在示例中，儘管領導者改善了團體中的負性力量，但是領導者應該清楚地認識到，任何成員對於領導者的消極態度都會影響到團體內部的相互作用以及成員對於個人狀況的自我表露。

（十五）領導者對於成員的態度

這一點經常被忽視，在團隊領導技能培訓班中經常可以聽到領導者對於團體某些成員的厭惡。尤其當團體中某些成員並非自願參加團體，甚至對團體持有一定敵意時，領導者若不想辦法及時讓這部分成員離開團體，那麼，領導者可能會怨恨他們，甚至與之爭吵起來，這就會使得團體大大地偏離團體目的。當領導者被要求去領導一個自己並不喜歡或者根本不擅長的團體類型時，一方面，領導者會感到力不從心；另一方面，領導者對團體的態度無疑也會影響團體的有效性。當領導者不能迴避領導某一團體，而又不能改變對團體的感受時，有必要嘗試再增加一位合作領導者。如果這不足以解決問題，那麼領導者就要花費額外多的時間來計劃會面，以期使得團體對於成員和領導者而言更有趣一些。在任何情況下，試著使得一切變得有趣些，無論對於成員還是領導者而言，都是大有裨益的。

（十六）領導者對團體心理輔導的準備以及應對團體的經驗

團體的領導者都希望能加強治療性力量的作用，但第一次擔任團體領導的個體，可能在經驗上有所不足。此時，領導者應對自己的狀態有清楚的認識。比如，領導者面對團體時的緊張感，必要時可以跟團體成員進行說明。在諮詢和治療團體中，領導者豐富的個體諮詢經驗以及扎實的諮詢理論知識，無疑將增加團體輔導治療的有效性。

複習鞏固

1. 心理師陳若璋認為影響團體輔導過程的因素可歸納為三類，其具體內容有哪些？

2. 在影響團體因素中的技術視角是從哪幾個方面來分析的？

3. 貝代爾對有效溝通的障礙因素是從哪幾個維度來分析的？

4.「治療性力量」指的是什麼？奧爾森認為幾乎存在於任何團體情境中的力量主要有哪四種？

5.雅各布斯認為領導者應該注意的 16 種治療性力量是什麼？

6.團體治療輔導中怎樣的座椅安排比較好？為什麼？

第四節 團體凝聚力與團體氣氛

一、團體凝聚力

團體心理輔導要想獲得成功，團隊凝聚力是一個不可或缺的關鍵性因素。團體凝聚力的強弱是團體發展水平的重要標誌，是團體動力的重要影響因素。團體凝聚力越強，成員的安全感、歸屬感就越強，就越能充分發揮成員的積極性，從而使團體活動效率得到提高。

（一）團體凝聚力的內涵、作用及呈現指標

1.團體凝聚力的內涵

團體凝聚力（group cohesiveness）是指團體成員與領導者共同努力，共同採取行動而形成團體整體感的結果，是團體目標與團體活動的心理結合。雖然在團體開始建立的初期便需發展團體凝聚力，但在工作階段，凝聚力才成為團體過程中的關鍵要素。團體凝聚力的內涵非常豐富，包括團體吸引力，即團體對成員的吸引水平以及成員之間的吸引水平；滿意度，即成員之間的愛、緊密的個人關係以及對團體的忠誠；團體成員的歸屬感，也即團體吸引力，它使成員喜歡參與到團體中，並在團體中自由表達；包容度，即成員之間彼此開放，自由分享，互相關照；團結感，即成員之間的關愛與承諾，以及能讓成員留在團體內並維持他們與團體的關係所付出的一切行動力量。

2.團體凝聚力的作用

團體凝聚力是團體心理輔導成功的前提，它為團體提供了向前發展的動力。貝德納爾和考爾（Bednar & Kaul, 1978）認為，團體凝聚力是團體中的一個基本的治療性因素。在亞隆的研究中，凝聚力是團體取得建設性成果

的決定性因素。注重現實問題的團體幾乎總是很有活力和凝聚力的,而那些很少發展出強凝聚力的團體成員只是談論與現實無關的問題。

　　一個高凝聚力的團體,不僅團體成員對團體認同感較強,有歸屬感、責任感、榮譽感、自豪感,而且團體中成員之間關係和諧融洽,有密切的情感聯繫,內部成員也能遵循團體的規範和目標,並有對團體做出貢獻和履行義務的自我要求。團體凝聚力產生於成員坦誠相待並敢於冒險的時候,團體成員能真誠地表露自我深藏的個人體驗和苦惱,成員們因在別人身上看到自己並認同別人而連結在一起。實際經驗和相關研究說明,如果團體沒有凝聚力,團體就會四分五裂,成員因無法從中獲得充分的安全感而產生很強的防禦心理,使得團體工作只能流於表面。

　　3.團體凝聚力的特徵及指標

　　有強凝聚力和成效的團體其所具有的特徵有:(1)團體中團結力量的形成主要來源於團體內部,而不是迫於外部壓力;(2)團體成員彼此間有強烈的認同感,對團體有強烈的歸屬感,即成員們集中於此時此地,直率地討論在團體中的所感所為,成員們感到自己被包容在團體中,被接納,被尊重;(3)團體成員都能明確團體目標且對團體目標及領導者持肯定支持的態度;(4)團體本身具有適應外部變化的能力和處理內部衝突的能力;成員願意在團體之外工作和實踐,以實現行為的改變,並會把實踐中遇到的困難帶到團體中討論;(5)成員在團體中相互傾聽,並共同從事有成效的工作;(6)成員承認團體的存在價值,不斷評價他們對團體的滿意程度,並採取積極的措施和步驟做出自我調整,表現出維護這個團體繼續存在的意向;(7)團體成員沒有分裂為相互敵對的小群體的傾向。

　　團體凝聚力的表現特徵也可透過個人和團體兩個方面的行為來衡量。個人方面包括:成員會努力實踐對團體目標的承諾,更堅定地接受團體指定的工作和角色,更願意遵守團體的規範,更施壓或反對那些違反團體規範的人,忠於自己的團體,激發對團體的工作動機且使這一動機持續得更長久。團體方面包括:團體間的互動更友善,更民主,能更適當地互相影響以促進團體

的決定；團體過程中，成員更願意聆聽和接納別人的意見，為團體更能忍受痛苦和挫折，對來自團體外的批評和攻擊會立即予以還擊。

綜上所述，衡量團體凝聚力的指標可以概括為：團體成員合作的程度，參與者表現的自發性程度，出勤率，守時、信任的程度，在互動中所表現出的支持、鼓勵、關懷的程度。

（二）影響團體凝聚力的因素

1. 團體領導者的影響與權威

團體領導者的特點，如領導者的作風和領導方式，以及領導者個人的素質等，都會直接或間接地影響團體的凝聚力。

2. 團體的外部壓力

團體所遇到的外部壓力，也能夠在一定程度上促進其凝聚力的提高。有關社會心理學研究證明，來自團體外部的壓力，無論是積極的（如各種榮譽性競賽、競爭、評優活動等）還是消極的（如領導者對團體的批評、處分或懲罰），都會較為顯著地提高團體的凝聚力。

3. 團體活動的定向

團體活動既可以團體定向，也可以個體定向。一般來說，團體定向（團體成員所承擔的任務相互聯繫，形成一個目標體系）有利於團體凝聚力的提高，而個體定向（團體成員所承擔的任務聯繫不大或彼此孤立）則不利於團體凝聚力的提高。

4. 團體成員的集體意識

團體成員的集體意識，是指團體成員對團體的態度、接受和認同的程度，主要包括團體成員對團體的歸屬感、責任感、榮譽感，以及作為團體成員的成就感和滿足程度等。

5. 其他因素

團體的規模、團體規範、團體的氣氛、團體的形象和團體的社會地位，以及團體成員的個性特徵、知識水平、對團體活動價值的認識和認同等，都會在不同程度上影響團體的凝聚力。

（三）增強團體凝聚力的方法

團體成員在剛加入團體時，彼此都尚且陌生，缺乏對團體的情況的了解，所以初期團體談不上有凝聚力。只有隨著團體活動的進行，成員從相識到相知，團體才可能從鬆散凝聚為整體。發展、維持和增強團體凝聚力需要採用以下幾種方法：

1. 在團體初期階段必須培養信任

團體領導者應協助成員發展彼此友好、互動的合作關係。提供機會讓團體成員開放而主動地表達他們的顧慮，對成員的意見、情緒表示關心，這將有助於營造團體信任氣氛。

2. 鼓勵團體成員將自己的生活與團體成員分享

領導者可以率先說出對於團體所發生的事情的個人反應，以此鼓勵成員大膽發言。當成員表現出大膽的行為時，團體應給予鼓勵及支持，這樣才會增加他們與其他人的親近，從而增強團體凝聚力。同時，應儘量去滿足成員的個人需求。

3. 明確團體的目標，強化團體規範

團體目標越清楚，個人目標越具體，成員就越能對團體產生希望，從而使團體凝聚力得以增強。當然，團體目標與個人目標應由成員及領導者共同決定。領導者應協助團體建立互相依存的團體目標，以使每位成員能學會如何為團體做貢獻。既然團體本身是一種有機組織，強化團體的規範也十分重要。團體規範能有力地強化團體成員的團體意識，維護團體的凝聚力。因此，領導者應竭力提升正向的團體規範，如尊重成員的個人特質，鼓勵成員自由地表達意見，成員之間應互相支持、彼此鼓勵等。

4. 領導功能交予所有成員分享，會增加團體凝聚力

在專制氣氛的團體中，所有決定由領導者做出。而在一個合作團體中，會由成員自己決定所想討論的主題，互動的模式是「成員-成員」。團體輔導中應鼓勵所有成員積極主動地參與到整個互動過程中，並對其他人做出及時反應和相應回饋。

5. 公開處理團體內衝突可增強凝聚力

在團體中衝突是不可避免的。當衝突發生時，領導者應察覺到衝突的來源，公開處理成員意見上的差異與分歧，使成員間真誠交換意見，從而增強團體凝聚力。

6. 增加團體的吸引力可強化凝聚力

團體吸引力與凝聚力關係密切。團體對成員吸引力越大，則凝聚力越強。如果團體所討論的事、所組織的活動使得成員感興趣，積極參與其中，團體成員間相互尊重、互相支持，那麼，此團體必然有吸引力。團體內部的合作不僅有助於增多團體成員間的溝通機會和提高成員間的心理相容度，而且有助於提高團體內部的一致性，有助於提高成員對團體的向心力，進而促進團體凝聚力的提高。

7. 多組織團體活動

活動是團體存在的基本條件，也是增強團體凝聚力的槓桿。團體活動不僅可以促進成員間的交往與合作，還可以促使成員形成一致的認識和態度，增進團體成員間的相互了解，融洽團體成員間的關係，從而形成良好的人際關係。因此，多舉辦一些有意義的活動，如工作坊、研習會、聯誼會等，使成員有更多機會探討自己的問題、困難及創造一些屬於該團體的經驗。這不僅對增強團體凝聚力具有重要意義，而且對團體的鞏固和發展也有重要作用。

8. 利用外部影響

外部的影響和壓力，如來自其他團體的競爭等，可以有效地促進團體凝聚力的提高。適當而有效地利用外部壓力，讓團體感受一些來自團體外部的威脅，或設計一些善意的競爭場面可刺激和強化成員忠於自己團體的迫切感，增加團體的凝聚力。

團體心理輔導
第四章 團體過程及影響因素

二、團體過程中的團體氣氛

　　團體氣氛是指團體內情感的表現，這種情感流露在團體中被感覺出來就形成了一定的氣氛。團體過程中的氣氛是一個從強烈的自我防禦到完全支援他人、接納他人的連續變化的過程。防禦的氣氛是團體溝通的障礙，而接納的氣氛是團體輔導有效的保證。

　　團體氣氛與團體凝聚力相關，兩者互相影響。團體助人效能能否得以實現，關鍵取決於團體中是否形成了關懷、接納、溫暖的良好團體氣氛。沒有這樣的團體氣氛，團體成員便不可能安全開放自己，坦誠地探索自己，積極地改變自己。

　　當團體成員進入一個陌生團體，往往會感到焦慮、害怕或疑惑，甚至出現抗拒。他會擔心自己能否被別人接納，會不會被他人審判，會不會受到傷害，能不能真正得到幫助，別人怎麼看我，等等。因此，自我防衛的心理很強，而接納自己和接納他人的心理較弱。當團體進展中相互信任的氣氛產生後，成員的防禦心理會逐漸減弱，接納的氣氛隨之逐漸增強，團體成員也能真實地對待自己與他人。

　　團體內接納、支持氣氛的形成有賴於成員的行為，而一旦團體創造出接納、支持的氣氛後，這種氣氛也反過來影響著成員的行為。例如，以坦誠、沒有批評的態度去聆聽別人，就會造成接納、支持的氣氛，這種和諧的氣氛會促使成員進一步自我坦露。因此，團體開始時，領導者必須用自己的專業知識和領導技巧創造適當的氣氛，從而引發成員積極的回應行為，逐漸減少防禦氣氛，增強團體接納氣氛。

三、團體過程中成員自我認識的變化

（一）個人在團體中的學習

　　團體輔導有助於成員自我成長與發展，個人的成長發展與其自我認識水平密切相關。在團體中，每位成員在信任、理解、關懷的氣氛中逐漸減少自我防衛心理，開放自己，自由地表達自己的感受，誠懇地與他人交流思想、

第四節 團體凝聚力與團體氣氛

感情,透過與他人的回饋也進一步了解自己。當一個人建立起健康的自我形象後,他的適應力必然得以改善。

團體輔導過程是成員個體認識自我的過程。那麼,個體的自我認識經由團體過程到底有了哪些改變呢?喬韓窗口理論為我們提供了一個清晰的解釋。

(二)團體輔導前後成員個人自我認識的變化

團體成員自我認識是否清晰、自我評價是否客觀關乎團體輔導的最終效果。團體輔導的目標之一就是促進成員的自我認識發生積極變化。喬韓窗口理論的提出者喬瑟夫·勒夫和哈里·英格拉姆(John Luft & Hany lngham)把自我劃分為四個領域:公開的領域、盲目的領域、隱祕的領域和未知的領域。

1. 公開的領域

代表我們自己知道,也會讓別人知道的領域,這一些我們不能隱藏,或者我們願意公開。例如,我是大學教授,我自己清楚,別人也知道。

2. 盲目的領域

代表別人知道而自己卻不知道的領域。我們自己沒有意識到或無意識地在別人面前表現出來的部分。比如,生理或言語上的姿態、習慣動作等。例如,我說話很快,自己不覺得,但別人很清楚。

3. 隱祕的領域

代表我們自己知道,別人不知道的領域。我們不願在別人面前顯露出來,屬於個人的隱私。例如,慚愧的往事、內心的痛楚等。

4. 未知的領域

代表我們自己不知道,別人也不知道的領域,屬於無意識的部分,它們是基於某些原因而沒有被意識到的動機,它能驅使我們去做某些事情,而我們自己卻無法了解自己究竟受了哪些動機的指使。

喬韓窗口理論認為，每個人的自我都由這四部分構成，但每個人身上所表現出來的四部分的比例是不同的，而且這四部分的比例會隨著個人成長及生活經歷的增多而發生相應的變化。當一個人自我的公開領域擴大，則其生活變得更真實，不論與人交往還是自處，都會顯得輕鬆、愉快而有效率。盲目領域變小，人對自我的認識就越清楚，個體越能在生活中揚長避短，發揮自己的潛力。團體輔導的主要目的之一就是透過適當回饋和自我開放擴大公開區，使其他區域變小。在團體輔導過程中，自我開放可使一部分隱祕區進入公開區；他人回饋可使一部分盲目區進入公開區。此外，透過團體輔導，敏感度增加，許多未知區的未知事物進入隱祕區或盲目區。在團體活動中，這些可以逐漸被自己或他人了解、認識。

團體使我們有機會了解自己的另外一面，即自己未曾察覺，同時也不易被自己接納的一面。在團體活動中，別人把觀察了解到的訊息予以回饋，能提供給我們一個深入認識自己的機會。同時，利用團體內各種自我探索的機會，以及毫不偽裝、真實表現自己的氣氛，可使我們更全面而深刻地認識自己。只有深入探索內心世界才能更清楚地認識自己，才可能達到內心和諧，進而促成個人人際關係的發展和改善。

複習鞏固

1. 什麼是團體凝聚力？
2. 影響團體凝聚力的因素有哪些？
3. 增強團體凝聚力的方法有哪些？

第五節 團體過程中特殊成員及其應對

一、團體成員的角色類型

為了團體過程的順利進行，領導者和被領導者都應清楚團體成員的一般角色及其角色表現和影響。

（一）團體成員的一般角色

第五節 團體過程中特殊成員及其應對

　　一個團體中最有價值的資源是團體成員。團體心理輔導能否成功，有賴於團體成員在此時此地的團體中如何去面對其基本的問題。每個問題都是複雜的，每個成員都是獨特的。團體成員角色極大地影響團體的有效性。因此，團體領導者非常有必要了解成員的角色及其行為。一般而言，成員在團體中共有的角色包括受助者、協助者、榜樣和客觀評價者。

1. 受助者

　　團體中每個成員都是因為某些需解決的個人問題而參加團體輔導的。當團體集中在某個成員時，他願意接受幫助，願意自我探討和改變成長，那麼該成員便是一位團體輔導的受助者。相反，若成員拒絕在團體中探討個人問題，那不異於他放棄了成長和被幫助的機會。

2. 協助者

　　團體心理輔導中，每個成員既是受助者也是協助者。協助者的角色指成員對被幫助的成員提供回饋、分享、建議，或參與角色扮演等活動，促使受助者思考、領悟和改變。協助者自身無形中也增強了自信和自我價值感。協助者越自願、積極、主動，團體過程的效能就越好。

3. 榜樣

　　團體成員往往可以互相提供行為示範，每個成員都可以透過觀察、模仿他人適應行為的方式改善自己的行為。如果領導者能夠找出團體中每個成員可以為他人示範的行為，那麼團體的有效性將更能被預期。

4. 客觀評價者

　　客觀評價者的角色是指每個團體成員都可以幫助別人客觀評價他的某些想法、做法是否適當，包括選擇可行的方案。當局者迷，旁觀者清。團體是個小社會，每個成員的行為都可能被識別，被指出，這種客觀回饋常常使當事人不得不面對和正視其行為的事實，並促使其在團體支持下去謀求自身改變。

（二）團體成員的角色表現及影響

在團體中總會有一些成員的行為令團體領導者感到棘手，如若處理不當，就會影響團體的進展和效能。團體成員的角色變化會影響團體動力狀況，一旦團體中出現此類行為，領導者必須敏銳覺察並加以重視，同時做好及時應對的相關準備。

團體心理輔導實施過程中，很可能會遇到一些較為特殊的團體成員，這是正常現象。一般來說，參加團體的成員或多或少都會有一些個人問題，並將這些問題帶入團體，以謀求解決，這必然會對團體造成一定影響。領導者可以憑藉其經驗，引導他們參與到團體過程中，加深成員的自我認識，進而更妥善地處理成員個人問題，使他們得到成長、成熟。但是，也有一些自身問題就比較特殊、個性突出的成員，他們的言行會干擾團體過程，阻礙團體凝聚力的形成和發展，減弱了團體的治療功能。對於這些人，團體領導者應有一定了解並做好相應準備。

二、應對特殊成員和特殊情況的方法

（一）特殊的成員

1. 沉默的成員

有些團體成員雖然參加了團體，但並沒有積極參與團體活動，少言寡語，常常處於沉默狀態，像個旁觀者。雖然沉默不語的人不一定就有問題，但是沉默減弱了他們與其他成員的交往，結果使他們很少能從團體中充分受益。沉默也會對其他成員的情緒造成不良影響，使他們感到不舒服，影響團體活動的進行。

多方面原因會導致沉默現象發生。首先，是成員的性格。性格比較內向、被動、遲疑的人在團體過程中比較少主動發言。其次，是成員的認知。有些成員缺乏自信，不認為自己的參與和意見對他人會有價值，或者怕在別人面前暴露內心世界，怕自己發言離題，別人不愛聽，怕說錯了話冒犯了別人。再次，是成員對團體的期望。有些性格開朗的人因對團體有不同的期望而變得較為沉默。比如，寧願在團體中扮演沉默者，以便其他成員有更多的參與

學習機會，也不願發表自己的看法。最後，與團體發展狀況有關。比如，溝通出現障礙，討論引不起成員興趣等也會造成成員沉默。

作為團體領導者，第一，要認識沉默現象並非都是消極的，破壞性的，有時也可能是正面的，是一種表示默許和支持的行為；第二，了解沉默的原因，判斷是否需要加以處理；第三，選擇處理及應付方法，對於性格內向的人可以多鼓勵他們發言；對於認知有偏差的人可以透過個別會談，幫助他們改變不合理的觀念，引導團體其他成員關心他，鼓勵他；如果是因團體過程溝通不暢而引起沉默，領導者要及時發現並以身作則，想方設法地排除障礙和干擾。

從文化的角度看，一般而言，中國人在團體中的參與需要一個過程，對個人意見也持有較多保留。所以，在他們的團體中出現沉默現象不足為怪。團體領導者要隨時保持清醒的頭腦，找到原因，因勢利導。

2. 依賴的成員

有些團體成員在團體中表現出明顯的依賴心理與依賴行為。事事徵求別人意見，處處尋求別人的保護，沒有主見，表現得很無助、怯懦。特別是以團體領導者的意見為行動指南，一切服從，遇到問題不是自己去想辦法解決，而是依靠團體或領導者。依賴不僅妨礙了成員個人的成長，也會給其他成員帶來不良影響，使人感到厭煩，難以忍受。

導致依賴行為產生的原因也是多方面的。首先，與成員個性有關。有的人對自己完全沒信心，不敢做任何個人的表達、爭取與決定，時時刻刻像個小孩般要人照顧。其次，與團體內相互作用的其他成員的行為有關。有的人習慣於扮演教師、權威、家長的角色，喜歡別人依賴他，他們在團體內的言行有意無意地促使了他人對自己的依賴。另外，團體領導者干預太多，事必躬親，也可能助長成員的依賴行為。

團體領導者在團體進行過程中，應及時調整自己的角色，不必事事做主，多讓成員承擔責任，多發揮團體作用，提高成員的主動性、獨立性、積極性。對出現依賴行為的成員要及時地提醒他，引導成員觀察、學習別人獨立成熟

的處事方式,並協助他改變對自己的錯誤看法。對於那些樂於被別人依賴的成員,要協助他們探討行為背後的原因,促進他們改變。

3. 帶有攻擊性的成員

有的成員在團體過程中表現出攻擊性的行為,如貶損、諷刺他人,否定他人的意見,對團體提過分的要求。無論他是出於有意還是無意,這樣的行為都易引起其他成員的不滿,甚至引起衝突或危機,破壞團體氣氛,影響團體發展。

表現出攻擊行為的原因是多方面的。有的人在生活中受過傷害,傷痕很深,從此對別人失去信心,看人看事都很消極,與人接觸時心中充滿敵意;有的人個性過強,過分自信,不善與人相處,不能控制自己的情緒,不善解人意,固執己見,批評他人也給人一種帶有攻擊性的感覺;有的人內心不情願參加團體,但由於是老師推薦的所以不得不來,這也會致使成員在團體內發洩自己內心的不滿,對團體領導者充滿敵意。

當團體中出現這類成員時,領導者先要分辨清楚個別成員帶有攻擊性言行背後的原因,再考慮處理方法。有效的方法之一是進行個別諮詢或者個別談話,同時協調團體成員坦誠溝通。也有學者提出,當成員的行為干擾團體正常運作時,可以將有明確攻擊對象的一方轉到其他團體,避免爭執不下的狀況。

4. 喜歡引人注意的成員

每個人或多或少都喜歡在團體中表現自己,引起他人重視,這無可厚非。但是,若這種情況過分時,就易引起他人的反感。在團體輔導中,有的人總是搶先發言;有的成員或滔滔不絕使別人沒有機會表達自己,或炫耀自己,或不停地打斷別人發言。他們的言行給團體帶來極大的破壞,如果不及時處理,很可能會產生不良後果。輕者團體凝聚力減弱,重者使團體解體。

喜歡引人注意的成員可能與性格有關。例如,有的人以自我為中心,對他人的需要與權利感覺遲鈍,以炫耀自己為榮,毫不察覺或根本不介意別人的不滿與反感。有的成員內心充滿不安全感、焦慮感,害怕沉寂,不能忍受

片刻的沉默,因而總搶著發言。有的成員是為了贏得某些成員接納而做出誇張的表現,如男性成員為吸引女性成員的注意。

團體領導者在分析原因的基礎上可採取以下措施:採用機會均等的方式,自然選定先發言者,以控制先發制人者;創造條件使團體成員尊重、共情、真誠相待,在安全而溫暖的人際關係中,可降低焦慮與防衛心理;對自我中心的人,可以適當增加與其個別接觸和提醒;對那些懷有權力目標或特殊企圖的人,要教會他們如何選擇適當的方法與別人相處,從而得到別人的接納。

5. 不投入團體的成員

有的成員對團體活動不太投入,或者經常遲到早退,出席不穩定;或者討論時隨意性大、不切題,談話內容過於表面化;或態度忽冷忽熱,或旁觀。這些不投入,不能與領導者或其他成員合作的行為常常是抗拒的表現。這不僅使不投入者自身無法從團體中得到幫助,而且也會破壞團體凝聚力,團體領導者不能對此掉以輕心。

不投入團體行為出現的原因有多種:第一,可能是成員性格所致,有些人的性格是對事物較少投入,或投入但不能持久,興趣易變,朝三暮四,第二,成員可能是被迫參加團體,因非自願所以抗拒;第三,成員以往不愉快的團體經歷,使他觸景生情,因回憶起過去而表現抗拒;第四,因成員對團體的運作過程不清楚,心中沒底而出現抗拒;第五,某些成員出於內心的不安全感,往往自我認知偏低,自信不足,內心缺乏安全感,害怕敞開內心世界,防禦心理過強,所以想方設法隱藏自己;第六,成員對團體的期望與實際有出入,不滿導致不投入。

要想改善不投入成員的態度,首先也應該分析導致其不投入團體這一行為背後的原因。一般而言,領導者的友善與真誠能有效地化解成員的抗拒,改善成員的不投入行為。因此,領導者要與成員建立良好的關係,使他們感到被尊重、安全,從而放鬆自我防衛,勇於表達自己。團體領導者還可以透過加強團體本身的吸引力,比如組織有趣的活動,吸引成員積極參與,以改變其不投入的態度和行為。團體第一次聚會時要說明團體的運作、可能達到的目標,使成員對團體保持恰當的期望,避免過高的期望。

6. 支配者

支配者是指團體中意在支配或者控制團體的成員。支配者多見於日常社會生活和學校團體中，他們總想做一些事情來掌握團體的控制權。在教育、討論、任務團體中，支配者也會出現。對於這些團體的支配者，領導者應經常進行私下會談，就他們在團體中的所作所為做出討論，有時候可以給他一個角色讓他擔當一定的責任，體會自身在團體中的價值感；也可以採取讓他做某項事情助理的形式。這種方式多應用於學校教育團體中。比如，班級中有個調皮又不遵守班級紀律的學生，老師可以讓他當紀律委員，「紀律委員」這一角色便會使他體會到一種責任感和自我存在的價值感，從而較好地約束自己的言行。但是若控制者頑固地不交出控制權，那只得將支配者請出團體。

7. 消極成員

在某些團體中，有些成員不停地發表自己的看法，總是不同意其他成員的意見，總是表達自己的消極抱怨情緒，這部分人員被稱為消極成員。消極成員的言行和態度往往和團體領導者要營造的團體氛圍以及要達到的團體目的相牴觸，某個成員的消極抱怨會引發其他成員的類似言論和態度。結果團體內牢騷不斷，團體任務也難以完成。對於消極成員可以採取以下三種策略：

（1）試著弄清團體消極成員之所以消極的原因，並進行團體外的私人會面，甚至可以要求其他成員的協助合作，因為有些消極成員不過是為了喚起他人對自己的關注；

（2）找出團體中的積極成員，並把問題和意見指向他們；引導他們多說話，從而促成團體整體上的積極氣氛；

（3）當詢問團體問題時，避免與消極成員的眼光對視，免得引發他們的發言。

（二）特殊的情況

1. 處理有關性的情感

有時候，團體成員會感到團體成員間的性吸引力，這點尤其多見於治療團體、諮詢團體、支持團體或成長團體中。在這些團體中，成員往往不可避免地談及他們各自的隱私，這些由此引發的團體動力對團體的進步是有害的。然而，性吸引力是普遍存在的，作為領導者也不想扮演道德法官的角色。因此，通常情況下，領導者會設定一個底線——在團體之外成員不能相互聯繫。但事實上，這種策略並未帶來多大的效果，更有效的辦法是分析這件事是如何變成問題的，以後多加防範。成員間的親密關係對於團體的影響有正面的，也有負面的。如果情況已然發生且妨礙了團體過程的正常運作，那麼，領導者可找成員私下討論解決之。若團體中產生了此種關係並被其他成員成功覺察到時，那麼此種關係已在某種程度上擾亂到了該團體，這種情況就比較難處理。此時領導者不應對此採取忽視的態度，而最好是先讓一位成員離開團體。

2. 哭泣的處理

在某些團體中，領導者不惜花費大量時間來處理某個人的心理痛苦，這種做法極其不可取。當發現某個成員哭泣時，領導者可以試著轉移團體的焦點，然後在團體結束之後再私下找其會面詢問情況。可以這麼說：「張三，我看到你現在正經受著痛苦的煎熬，我們可以在會後好好談談。」領導者對痛苦成員的過度關注會對那些有不同期待水平的成員造成困擾。

3.「急救」人員

「急救」是指團體中的某位成員試圖安慰另一位成員而引起被安慰成員的消極情感體驗的行為。比如，告訴對方：「別擔心，會越來越好的。」然而，這種安慰的語言非但沒有好處，還會給人以居高臨下的感覺，其消極作用就是妨礙痛苦成員解決問題。在團體中，只有讓整個團體認識到同情是無濟於事的，才能使得團體成員觀察到團體中有治療作用的模式，並從中受益。

擴展閱讀

團體成員流失的原因

所謂團體成員流失，是指團體心理輔導進行中，成員臨時退出。參加團體輔導並不必然帶來正向的經驗，團體成員的流失，很可能是由於受到負向經驗的傷害。因此，對團體成員的流失問題不可視為平常而掉以輕心。更何況此問題的發生除了會使團體領導者感到挫折之外，更重要的是對團體的成員有不良的影響，使得輔導效果大打折扣，並造成了治療的浪費，通常會被視為團體處理的無效和悲劇，可以說是團體心理輔導研究中值得仔細探討的一個重要課題。

影響團體成員流失的因素很多，但就現有文獻而言，造成團體成員流失的原因可歸結為三個：

1. 領導者因素

Baekeland 和 Lundwall（1975）曾回顧近年來的文獻並指出，領導者的態度和行為是影響團體成員的流失的一個重要原因。事實上團體領導者對於成員參與團體輔導結果的好壞本來就具有很大的影響力，而此影響力也可能帶來負面的團體結果。權力過分擴張是要加以注意與避免的情形。此外，由於有些團體領導者對團體成員受到傷害並不知情，因此，對此過於採取鼓動情緒和放任。至於其他的不利因素則包括團體領導者的缺席等。除此之外，Baekland 和 Lundwall（1975）歸納出下列各項特質：

（1）民族優越感，即種族歧視；

（2）不關心當事人；

（3）不喜歡當事人；

（4）對當事人感到厭煩；

（5）對醫藥治療感到不舒服或者不情願給予醫藥治療等。

凡具有以上特質的領導者，易造成團體成員流失的發生。

2. 成員因素

從針對流失成員的研究中發現，流失成員常是團體中的特異分子，至少在某一因素上是出於極端位置的，則可能成為流失的高危險型成員。團體

中有太脆弱或特異分子的成員，團體凝聚力難以發展，易使團體產生流失。Woods 和 Melnick（1979）指出，團體中流失的成員在團體中的表現傾向於較少發言，較少做情緒性的陳述和較不注意人際關係。Licberman 等人則認為，流失成員具有的特質是：

（1）有不切實際的高期望；

（2）相當低的自尊；

（3）不願與人交往；

（4）感覺自己在人際適應上很低，而在人際敏感性上很高，並且很少有機會與同輩溝通；

（5）感到有成長與改變的需要。

3. 環境因素

（1）團體外的環境因素。事實上，團體成員會受到其工作情境、家居生活和其他重要的環境情境的影響，包括：自然的理由，不能協調的時間衝突，外在的壓力，成員遭遇生活中外在事件的干擾，而使得其無法再有心力去參加團體。

（2）團體內在環境因素。主要著眼於團體中的動力及情境因素，包括：有關親密的衝突情緒，害怕受他人情緒感染，覺得無法分享治療者，團體中早期激怒者，次級團體的干擾，不適當的團體定向。

複習鞏固

1. 在團體輔導中，成員在團體中主要有哪些角色？
2. 在團體輔導中引起沉默現象的原因有哪些？
3.「急救」人員是什麼意思？遇到此種情況應該怎樣處理？
4. 怎樣對待「支配者」？

團體心理輔導
第四章 團體過程及影響因素

本章要點小結

團體輔導的過程

1. 羅傑斯將團體發展階段分為自由活動，抗拒著個人的表達和探索，敘述以往的經驗，表現消極的情感，表達和探索與個人有關的資料，表達與其他成員相處的即時感受，團體發展出治療的能力，達到個人的自我接納，打破偽裝，提供與接受回饋，面質，將幫助延伸到團體之外，發展出基本的真實關係，在團體內外做出行為改變這 14 個階段。

2. 加倫、瓊斯及哥朗尼將團體發展分為：組合前期、權力與控制期、親密期、分辨期、分離期。

3. 雅各布斯的發展階段學說將團體發展分為四個階段：開始階段、運作階段、結束階段、附加階段。

4. 完整的團體心理輔導會經歷團體的創始階段、過渡階段、規範階段、工作階段和結束階段，各階段都有其獨特特徵。

影響團體過程的因素分析

1. 心理諮詢師陳若璋認為，整個團體輔導過程中的影響因素可以歸納為三類七項。前置因素，包括四項：團體前的準備、團體成員、團體領導者及團體處理；中介因素，包括兩項：團體過程及團體發展階段因素；後效因素，指團體效果，包括成員行為改變效果評估等。

2. 艾利斯和費希爾（1994）提出影響團體動力系統的變量因素：輸出因素、過程因素、輸出結果。這三項變量因素互相影響，交替循環，且在互動的過程中，隨環境的不斷變化而做適當調整。

3. 潘正德認為，影響團體輔導過程的因素有團體領導者方面、團體成員方面和團體特徵方面三大類。

4. 領導者需警惕的相互作用的模式有：對每個成員的講話都做出反應，某些成員聯合起來對付其他成員，成員彼此相互爭吵，成員們不理會其他人的建議，某些人提出問題而其他成員試圖救助他。

5. 不同類型團體的團體動力學：教育團體、討論團體、任務團體、成長和經驗團體、支持團體、諮詢和治療團體、自助團體。

團體凝聚力與團體氣氛

1. 團體凝聚力是指團體對其成員的吸引水平以及成員之間的相互吸引水平。團體凝聚力包括：團體對參與者的吸引程度、團體成員的歸屬感、包容和團結。團體凝聚力是團體輔導與治療成功的前提，它為團體提供了向前發展的動力。

2. 體現團體凝聚力的指標有：團體成員合作的程度，參與者表現的自發性程度，出勤率，守時、信任的程度，在互動中所表現的支持、鼓勵、關懷的程度。

3. 影響團體凝聚力的因素有：團體領導者的影響與權威、團體的外部壓力、團體活動的定向、團體成員的集體意識、其他因素。

4. 增強團體凝聚力的方法有：在團體初期階段必須培養信任；鼓勵團體成員將自己的生活經歷與團體分享；明確團體的目標，強化團體規範；領導功能交由所有成員分享會增加團體凝聚力；公開處理團體內衝突也可增強團體凝聚力；增加團體的吸引力可強化團體凝聚力；多組織團體活動；利用外部影響。

團體過程中特殊成員及其應對

1. 團體中共有的角色包括：受助者、協助者、榜樣和客觀評價者。

2. 特殊成員主要有沉默的成員、依賴的成員、支配者、「急救」人員、帶有攻擊性的成員、消極成員、喜歡引人注意的成員、不投入團體的成員。在有關團體特殊情況的處理方面有：處理有關性的情感、哭泣的處理等。針對這些特殊成員和特殊情況，我們要用不同的方式對待，以期達到輔導的最佳效果。

團體心理輔導
第四章 團體過程及影響因素

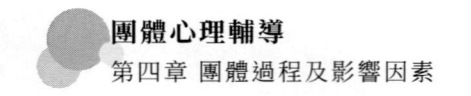

關鍵術語

回饋 面質 前置因素 中介因素 後效因素 溝通媒介 團體凝聚力 榜樣 喬韓窗口理論 受助者 協助者 特殊成員 客觀評價者 團體動力學 支配者 「急救」者 治療性力量

複習思考題

一、判斷題

1. 羅傑斯將團體的發展過程分為 15 個階段。（ ）

2. 面質是一種消極的手段。（ ）

3. 在加倫、瓊斯及哥朗尼的團體發展模式中，親密期是團體已經成熟的階段。（ ）

4. 團體凝聚力是指團體對其成員的吸引水平以及成員之間的吸引水平。（ ）

二、選擇題

1. 在加倫、瓊斯及哥朗尼的團體發展模式中，團體成員開始角逐團體內地位的是哪個時期（ ）

A. 組合前期

B. 權力與控制期

C. 親密期

D. 分辨期

2. 三類七項中的三類是指（ ）

A. 前置因素

B. 中介因素

C. 結果因素

D. 後效因素

3. 在溝通障礙視角中，貝代爾從哪幾個向度來分析了影響團體過程的因素（　）

A. 內在因素

B. 人際因素

C. 團體結構因素

D. 社會因素

4. 溝通的媒體有（　）

A. 書面

B. 口頭

C. 身體語言

D. 多元媒介

5. 代表自己知道，別人不知道的領域是哪個領域（　）

A. 公開的領域

B. 盲目的領域

C. 隱祕的領域

D. 未知的領域

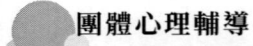

團體心理輔導
第五章 團體心理輔導的方法和常用技術

第五章 團體心理輔導的方法和常用技術

在生活中，當遇到不順心的事情時，有的人喜歡約幾個朋友出去逛街或者旅遊，有的人喜歡找朋友或者陌生人傾訴。當你遇到朋友不開心了找你去旅遊或向你傾訴時，你會怎樣對待呢？你知道多少心理學領域中關於處理這些問題的技巧和方法呢？本章我們就要學習在團體心理輔導中，領導者應該採用什麼樣的技術和方法去應對團體過程中隨時出現的一些問題，即團體心理輔導的一般方法和常用的技術。

第一節 團體心理輔導的一般方法

一、團體討論

（一）什麼是團體討論

團體心理輔導的一般方法包括團體討論、角色扮演、心理劇、認知行為療法、習作活動、演講會、參觀訪問和影視欣賞等。團體討論是指團體成員圍繞一個共同的話題發表各自的意見，並聽取他人的意見，及時修正自己原來的看法，共同進行合作、深入的探討。團體討論的目的不在於討論之後的結論，而在於借助討論過程促使成員充分地參與團體活動，溝通彼此意見，體驗自由發表意見的機會，學習尊重的態度以及合作的方法。

（二）團體討論的功能

團體討論是團體輔導中比較常用的一種方法，其功能表現為：幫助成員清楚地認知自己與他人立場的差異點和共同點，培養尊重他人的態度與習慣；協助成員能夠從多個角度理性地思考問題並做出有效選擇；提高成員的自主性態度；給成員提供自我呈現機會；有利於培養成員的領導才能；有利於團體基調的建構；是促進團體統合過程的有效途徑。

（三）團體討論的類型

按照討論方式與形式的不同，團體討論通常可以分為：

第一，分組式討論。領導者將團體成員分成幾個小組，分別討論同一個主題。在團體內，各組成員做內部交流和討論，其他成員可以適時地補充，最後由團體領導者綜合各小組的討論結果。

第二，圓桌式討論。團體成員圍成一個圓桌而坐，各自發表自己對於同一主題的看法。

第三，陪席式討論。先由團體領導者做引導性發言，然後團體成員針對領導者的發言各自發表見解。

第四，論壇式討論。先由幾位專家分別闡述他們各自不同的觀點，然後團體成員互相討論，探索適當的結果。

第五，辯論式討論。將團體成員分成正方與反方兩組，然後根據己方所在的立場與對方展開辯論。

第六，配對式討論。針對某個團體主題進行 2 人一組的討論，然後兩組合併成 4 人小組進行第二次討論，最後兩組合併為 8 人小組繼續進行第三次討論。這種團體討論法的優點在於經過三次討論後，問題分析得比較充分，並保證了每個成員都有發表自己意見的機會。

為了實現團體討論所帶來的這些功能，保證討論效果的獲得，徐震、林萬億兩位學者提出討論過程中團體成員應保持兩種基本的態度：

1. 對討論主題持客觀開放的態度

團體輔導十分看重團體氣氛、團體動力對成員的影響，領導者要運用知識和技巧努力營造一種平等、寬鬆、民主的氣氛，給予成員自信心，鼓勵表達自我和互相支持。要達到最好的討論效果首先需使團體成員對討論的主題持客觀開放態度。通常在團體進行到中後期時，領導者便會有意識地引導成員面對一些「問題」，促使成員深化認識，探索自我和他人。

成員要儘量做到：培養使自己表達意見儘量客觀和公正的能力；仔細而有重點地聆聽他人的意見；進一步思考意見的優劣；確實做到反應式的思考；努力開放自己，勇於修正自己的意見，接受他人的建議。

2. 對團體成員持客觀善意的態度

通常，個人懷著各種各樣的理由進入團體，不同的團體對個人也有其特殊的意義。人們進入團體是為了學習新經驗，改善不良的認知和行為，發展正當合理的態度，形成正向、積極的習慣性反應，同時在真誠、接納、關懷的團體關係中，激發個人潛力，促進成員的成長。

綜上所述，領導者應帶領成員共同營造良好的團體氛圍，使每個成員在團體中學會客觀地理解他人並對他人做出適當反應；儘量縮小權力差別的影響；透過討論，建立起成員間良好的人際關係。

二、角色扮演

（一）什麼是角色扮演

角色扮演是一種情景模擬活動。所謂情景模擬指的是根據被試可能擔任的職務，編制一套與該職務實際依據相似的測試項目，將被試者安排在模擬的、逼真的工作環境中，要求被試者處理可能出現的各種問題，用多種方法來測評其心理素質、潛在能力的一系列方法。在情景模擬中，往往假設解決方法有一種以上。角色扮演是諸多情景模擬活動方法中應用較為廣泛的一種方法，其測評主要是針對被試者明顯的行為、實際操作以及兩人以上時人與人之間的相互影響來進行的。

（二）角色扮演的功能

1. 測評功能

透過角色扮演法可以在情景模擬中，對受試者的行為進行評價，測評其心理素質以及各種潛在能力。可以測出受試者的性格、氣質、興趣愛好等心理素質，也可測出受試者的社會判斷能力、決策能力、領導能力等各種潛在能力。

2. 培訓功能

在日常工作中，每個人都有其特定工作角色，但是，從培養管理者的角度來看卻需要員工的角色多樣化，而這又不可能滿足角色實踐的要求。因此，在培訓條件下，進行角色實踐同樣可以達到較好的效果。同時，透過角色培訓還可以發現行為上存在的問題，及時有效地修正行為。

換句話說，角色扮演法是在培訓情境下給予受訓者角色實踐的機會，使受訓者在真實的模擬情景中，體驗某種行為的具體實踐，幫助他們了解自己，提高個體行為質量。通常，角色扮演法適用領導行為培訓（管理行為、職位培訓、工作績效培訓等）、會議成效培訓（如何開會、會議討論、會議主持等）、溝通、衝突、合作等。此外，還應用於培訓某些可操作的能力素質，如推銷員業務培訓、談判技巧培訓等。

（三）角色扮演法的優缺點分析

1. 優點

角色扮演是一項參與性的活動，作為受試者，可以充分調動其參與的積極性。角色扮演具有高度的靈活性，從測評的角度看，角色扮演的形式和內容是豐富多樣的；從培訓的角度看，實施者可以根據培訓要求來改變受訓者的角色或者引導受訓者做出相應的角色調整。角色扮演是在模擬狀態下進行的，受試者或受訓者在做出決策行為時，可以盡可能地遵從自己的意願，並能獲得及時、積極的回饋。角色扮演過程中，需要角色之間的配合、交流與溝通。因此，透過角色扮演可以增加角色之間的感情交流，培養人們的溝通與自我表達等社會交往能力。角色扮演培訓為受訓者提供了廣泛地獲取多種工作生活經驗、鍛鍊能力的機會。

2. 缺點

角色扮演對主試者的能力要求比較高，不樂意接受角色扮演的受訓者，可能會消極地參與，不能進入角色，導致無法測出受試者的真實情況。受試者在角色扮演培訓中，可能會表現出與其自身特徵不符的刻板模式化行為，

可能存在受試者或參培者之間的交互作用，個別較為突出的個人，表現過於個性化，而影響到團隊整體的合作性。

綜上所述，要想達到理想的培訓和測評效果就必須進行嚴格的情景模擬設計，同時，保證對角色扮演全過程的有效控制，以糾正隨時可能產生的問題。

（四）角色扮演法的操作步驟

這裡以人才選拔為例，說明角色扮演法在人事測評中的實施步驟。

1. 設計一個有效的角色扮演情境

（1）選擇與定位角色。在角色扮演中，角色的選擇一般根據需要選擇人才的崗位而定，通常讓被評價者扮演其應聘的工作崗位上的角色。因為角色扮演同時可以對多人進行測評，所以也可以讓被評價者扮演與主要角色相對的角色，可以是主要角色的下屬、同事、對手或其他人等。在角色確定之後，賦予人物性格、經歷、處境、思想、道德、經濟觀念等，形成人物形象，然後對所選拔崗位進行工作分析。工作分析是角色扮演的基礎，它是確定測評要素和職務要求的關鍵所在。工作分析就是透過一系列科學的方法，對職位的工作內容和職位對於員工的素質要求進行闡述，從而為角色扮演所要評價的指標要素以及角色行為提供素材。不同的工作崗位對任職者有不同的職責要求。人才素質測評不是目的，而僅僅是一種手段，其目的是使人事配置相適宜。人事管理中的素質測評，往往是因事擇人，可透過招聘與錄用來解決。這就要求在制訂素質測評目標時，必須從工作本身的要求出發，進行工作分析。在進行人事測評時，我們首先要明確被測者的職務需求是什麼，即哪些素質指標是勝任該職務所必需的。需要指出的是，素質測評標準體系制訂中所進行的工作分析，並不一定要求最後形成職業說明書與職業規範，最關鍵的是指出從事某一職位工作的人需要具有哪些素質條件，履行職責與完成工作任務應以什麼指標來評價等。進行工作分析比較常用的方法有訪談法、關鍵事件法、勝任力特徵評價法、文獻搜索法等。

(2) 調查與採樣角色行為。所要扮演的角色確定之後，就要對角色的行為進行調查。如在選拔一個市教育局的副局長時，需要對該職位的關鍵事件進行收集。與工作分析的目的有所不同，工作分析的目的是為了形成素質能力指標，而角色行為的調查更側重於收集實際工作中選拔崗位所常常遇到的具體情境。使用的方法與工作分析類似，有訪談法、關鍵事件法等。在收集具體情境過程中，不僅收集所扮演角色遇到的一些人物及事件，還要對時間、地點等要素也加以關注。環境並不是無關緊要的，常常是將人物置於不同的環境之中，人物就會體現出不同的性格。時間、地點的不同會對人物提出不同的能力素質要求。可以說，在某種程度上，環境決定了人物的表現。

(3) 情境主題的定位。在角色選擇和角色行為調查的基礎上，進行的是角色扮演中重要而又困難的一步：情境主題的設計。正如黑格爾所說：「一般說來，發現情境是一件重點工作，對於藝術家也往往是一件難事。特別在現代，人們常聽到一種抱怨說找適當的題材來組成背景和情境有多麼困難。」在角色扮演中最好自行設計角色情境。此外，也可直接應用在角色行為調查中收集到的一些案例。規定情境是角色展開行動的依據和條件，它決定著角色行動的性質、樣式和角色的心理活動。

(4) 確定評價標準。根據不同情境和不同人物確定不同的評價標準也是情境設計中的重要部分，評價標準是指每一評定要素各個等級判分的參照標準模型，或者說是幫助評分者按規範化要求進行標準化記分的具體說明。常用的評分參照標準有兩種形式：一種為簡化參照標準，另一種為具體參照標準。簡化參照標準缺乏詳細的標準闡述，總體而言是一種主觀上的模糊評定，受評分人員的影響較大，但它設計過程簡單，成本低，評分人員僅需對評價要素的具體內涵和問題要點進行良好把握即可，有利於對評價標準進行透徹了解和準確把握。所以，簡化評分標準在人事管理中被廣泛採用。具體參照標準評分標準清晰、明確，易被評價者掌握和正確運用，總體而言更為客觀和準確，有利於提高評定結果的可比性水平。但這種標準也有不少缺點：編制與檢驗難度大，成本高；每個等級上的行為特徵的具體描述很難涵蓋每一個人的具體情況；各等級描述較為模糊、籠統，無法做到標準的量化界定等。

因此，它比較適用於作為大規模的人事評定或計劃在較長時間連續使用的人事評定工具。

2. 角色扮演法的測評工作

（1）主試的選擇培訓。主試隊伍最好能由性別、年齡、學科專業不完全相同且構成比例協調的人員組成。確定主試後，應對主試進行相應的培訓。培訓過程分為三步：第一步，對評分者進行角色扮演的總體講解，使他們對角色形成一個完整的理性認識；第二步，對測評指標、評價標準、行為觀察技術、權重及計分方式進行講解，使其熟悉評分的具體標準及記分方法，從而使評分人員熟悉基本的角色情境，並掌握實際的評價技能；第三步，告知測評的程序以及其他注意事項，使得每個測評者都能清楚在測評現場中何時進行何種活動，自己在這些活動中應該扮演什麼樣的角色，需要完成什麼樣的任務等。此外，還需要提醒測評者一些細節處的注意事項，如與測評對象的交流方式、交流內容和語氣等。

（2）安排場地及其他設施。場地的安排可以根據具體角色要求安排室內或是室外的不同場地。室內需要有個明亮而安靜的房間，對房間的面積要求不高。測評者和測評對象之間需保持一定距離，這個距離既要能保證所有的測評者都能看清楚測評對象的面部表情，又要能保證測評對象不會因為和測評者距離太近而產生緊張情緒。若場所安排在室外，那麼最主要的是要考慮能夠讓測評者進行有效的觀察。此外，一些其他設施和資料，比如受評者需了解的角色背景資料、受評現場的指導語、所需要的工具等都要提前準備好，有必要提前發放給受評人員的要提前發放。

（3）通知受評人。通知的內容包括測試時間、地點、必須做的準備工作、注意事項等。若受評人距離測評地點較遠，則要考慮到受評人在交通上所花費的時間，確保受評人能按時按地參加測評。一般在測評之前很可能需要對被評價者做一個簡單的培訓，要考慮到這個步驟所需要的時間。所以，最好通知受評人提前到達測評現場。

（4）實施和總結。一切準備工作就緒後開始進行測試，測評者的記分過程從受評人進入角色的那一刻就開始了。在整個角色扮演過程中，測評者需

對照評分標準在評分表上進行打分，針對每一個測評指標，測評者可以在評分表的相關欄位內記錄下測評對象的典型行為，並初步給予評分。當測評對象所有測評指標的最終分數都出來以後，這一個測評單元就結束了。測評對象交還所有的測評材料後可以離場。測評者對測評結果進行必要的數值統計和數據分析，撰寫測評報告和提供回饋，並對這次測評工作進行總結；對測評的實施、測評工作中的優缺點等進行仔細回顧分析，撰寫測評小結，並把測評小結作為一項重要的資料存檔，為以後的測評工作提供訊息。撰寫測評小結的原則是要真實地反映測評的全過程，由測評主要負責人撰寫，明確指出該次測評中的成功和失敗之處。測評小結的主要內容包括測評計劃、測評進程、測評結果、測評經費、測評評定及其他一些重要事項。

三、認知行為療法

認知行為療法是一組透過改變思維或信念和行為的方法來改變不良認知，達到消除不良情緒和行為的短程心理治療方法。頗具代表性的有艾利斯的理性情緒療法（REBT）、貝克和雷米（Beck & Raimy）的認知療法（CT）和梅肯鮑姆（Meichenbaum）的認知行為矯正技術等。

由於文化、知識水平及周圍環境背景差異，人們對問題往往有不同的理解和認知。認知療法是用認知重建、心理應付、問題解決等技術進行心理輔導和治療，其中認知重建最為關鍵之處在於如何重建人的認知結構，從而達到治療的目的。認知療法的大師們各自提出了自己的看法。艾利斯認為，經歷某一事件的個體對此事件的解釋與評價、認知與信念，是其產生情緒和行為的根源。因此，不合理的認知和信念會引起不良的情緒和行為反應，只有透過疏導、辯論來改變和重建不合理的認知與信念，才能達到治療目的。

梅肯鮑姆認為，人的行為和情緒由自我指令性語言控制，而自我指令性語言在兒童時代就已經內化，雖在成人期意識不到，但仍在控制人類的行為和情緒。如果自我指令性語言在形成過程中有誤，則會產生情緒障礙和適應不良行為。因此，治療包括學習新的自我指令、使用想像技術來解決問題等。貝克也指出，心理困難和障礙的根源來自於異常或歪曲的思維方式，透過發

現、挖掘這些思維方式，並對之加以分析、批判，再代之以合理、現實的思維方式，就可以解除患者的痛苦，使之更好地適應環境。

（一）艾利斯的理性情緒療法

1. 理性情緒療法的原理

合理情緒療法（RET）也稱為「理性情緒療法」，是由美國心理學家亞伯特·艾利斯（Albert Ellis）於20世紀50年代創立的。這一理性情緒療法的基本觀點認為，激發事件A只是引發情緒和行為後果C的間接原因，而引起C的直接原因則是個體對激發事件A的認知和評價而產生的信念B，即人的消極情緒和行為障礙結果，不是由於某一激發事件直接引發的，而是由於經受這一事件的個體對它不正確的認知和評價所產生的錯誤信念所直接引起。錯誤信念也稱為非理性信念。

A指事情的前因，C指事情的後果，有前因必有後果，但是有同樣的前因A，產生了不一樣的後果C1和C2。這是因為從前因到結果之間，一定會透過一座橋梁B，這座橋梁就是信念和我們對情境的評價與解釋。又因為同一情境之下，不同的人的理念以及評價與解釋不同，所以會得到不同結果。因此，事情發生的一切根源源於我們的信念、評價與解釋。

艾利斯認為，正是由於我們常有的一些不合理的信念才使我們產生情緒困擾。如果這些不合理的信念得不到改善和矯正，久而久之，還會引起情緒障礙。

情緒ABC理論中：

A表示誘發性事件；

B表示個體針對此誘發性事件產生的一些信念，即對這件事的一些看法、解釋；

C表示自己產生的情緒和行為的結果。

通常人們會認為誘發事件A直接導致了人的情緒和行為結果，發生了什麼事就引起了什麼情緒體驗。然而，同樣一件事對不同的人，會引起不同的

情緒體驗。比如，同樣是報考英語檢定考，結果兩個人都沒過。一個人表現出無所謂的態度，而另一個人卻失落難過，情緒反應激烈。之所以有這樣的情緒反應差異，其原因在於誘發事件 A 與情緒、行為結果 C 之間還有個對誘發事件 A 的看法、解釋 B 在作怪。一個人可能認為：「這次考試只是試一試，考不過也沒關係，下次可以再來。」另一個人可能說：「我精心準備了那麼長時間，竟然沒過。是不是我太笨了？我還有什麼用啊！人家會怎麼評價我呢？」於是，不同的 B 帶來的 C 大相逕庭。

2. 不合理信念及其特徵

在人們的日常生活中，不合理的信念隨處可見，它們看似合理，但通常都經不起認真推敲。比如，人應該得到生活中所有對自己重要的人的喜愛和讚許；有價值的人應在各方面都比別人強；任何事物都應按自己的意願發展，否則會很糟糕；一個人應該擔心隨時可能發生災禍；情緒由外界控制，自己無能為力；已經定下的事是無法改變的；一個人碰到的種種問題，總應該都有一個正確、完滿的答案，如果一個人無法找到它，便是不能容忍的事；對不好的人應該給予嚴厲的懲罰和制裁；逃避可能、挑戰與責任要比正視它們容易得多；要有一個比自己強的人做後盾才行。

依據 ABC 理論，分析日常生活中的一些具體情況，我們不難發現人的不合理觀念常常具有以下三個特徵：

（1）絕對化的要求。絕對化的要求是指人們常常以自己的意願為出發點，認為某事物必定發生或不發生的想法。它常常表現為將「希望」「想要」等絕對化為「必須」「應該」或「一定要」等。例如，「我必須成功」「別人必須對我好」。這種絕對化的要求之所以不合理，是因為每一客觀事物都有其自身的發展規律，不可能依個人的意志為轉移。對於某個人來說，他不可能在每一件事上都獲得成功，他周圍的人或事物的表現及發展也不會依他的意願來改變。因此，當某些事物的發展與其對事物的絕對化要求相悖時，他就會感到難以接受和適應，從而極易陷入情緒困擾之中。

（2）過分概括化。這是一種以偏概全的不合理思維方式的表現，它常常把「有時」「某些」過分概括化為「總是」「所有」等。用艾利斯的話來說，

這就好像憑一本書的封面來判定它的好壞一樣。它具體體現在人們對自己或他人的不合理評價上，其典型特徵是以某一件或某幾件事來評價自身或他人的整體價值。例如，有些人遭受一些失敗後，就會認為自己「一無是處，毫無價值」，這種片面的自我否定往往導致自暴自棄、自罪自責等不良情緒。而這種評價一旦指向他人，就會一味地指責別人，產生怨懟、敵意等消極情緒。我們應該認識到「金無足赤，人無完人」，每個人都有犯錯誤的可能。

（3）糟糕至極。這種觀念認為如果一件不好的事情發生，那將非常可怕和糟糕。例如，「我沒考上大學，一切都完了」「我沒當上處長，不會有前途了」。這種想法是非理性的，因為對任何一件事情來說，都會有比之更壞的情況發生，所以沒有一件事情可被定義為糟糕至極。但如果一個人堅持這種「糟糕」觀，當他遇到他所謂的百分之百糟糕的事時，就會陷入不良的情緒體驗之中，甚至一蹶不振。

由此可見，在日常生活和工作中遭遇各種失敗和挫折時，要想避免情緒失調，就應多檢查一下自己的大腦是否存在一些「絕對化要求」「過分概括化」和「糟糕至極」等不合理想法；如有，就應有意識地以合理觀念取而代之。

3. 基於 ABC 理論的合理情緒療法

合理情緒療法是認知療法的一種，因其採用了行為治療的一些方法，故又被稱為認知行為療法。合理情緒療法的基本理論主要是 ABC 理論，而這一理論又是建立在艾利斯對人的基本看法之上的。

艾利斯對人本性的看法可歸納為以下幾點：

（1）人既可以是有理性的，合理的，也可以是無理性的，不合理的；當人們按照理性去思維、行動時，他們就會很愉快，富有競爭精神及行動有成效；

（2）情緒是伴隨人們的思維而產生的，情緒上或心理上的困擾是由於不合理、不合邏輯的思維所造成的；

（3）人具有一種生物學和社會學的傾向性，傾向於其在有理性時的合理思維和無理性時的不合理思維，即任何人都不可避免地具有或多或少的不合理思維與信念；

（4）人是有語言的動物，思維借助於語言而進行，不斷地用內化語言重複某種不合理的信念，這將致使人處於一種無法排解的情緒困擾之中。因此，艾利斯宣稱：「人的情緒不是由某一誘發性事件的本身所引起的，而是由經歷了這一事件的人對這一事件的解釋和評價所引起的。」這就成了 ABC 理論的基本觀點。

通常人們會認為，人的情緒和行為反應是直接由誘發性事件引起的，即 A 引起了 C。但 ABC 理論則指出，誘發性事件只是引起情緒及相關行為反應的間接原因，而人們對誘發性事件所持的信念、看法、解釋才是引起人的情緒及行為反應的更直接的原因。例如，兩個人一起在街上閒逛，迎面碰到他們的主管，但對方沒有與他們招呼，逕直走過去了。這兩個人中的一個對此是這樣想的：他可能正在想別的事情，沒有注意到我們。即使是看到我們而沒理睬，也可能有什麼特殊的原因。而另一個人卻可能有不同的想法：是不是上次頂撞了他一句，他就故意不理我了，下一步可能就要故意找我的麻煩了。

兩種不同的想法會導致兩種不同的情緒和行為反應。前者可能覺得無所謂，該做什麼仍繼續做自己的；而後者可能憂心忡忡，惶惶不安以致無法冷靜下來做好自己的工作。從這個簡單的例子中可以看出，人的情緒及行為反應與人們對事物的想法、看法有直接關係。在這些想法和看法背後，有著人們對一類事物的共同看法，這就是信念。這兩個人的信念，前者在合理情緒療法中稱之為合理的信念，而後者則被稱之為不合理的信念。合理的信念會引起人們對事物適當、適度的情緒和行為反應；而不合理的信念則相反，往往會導致不適當的情緒和行為反應。當人們堅持某些不合理的信念，長期處於不良的情緒狀態之中時，最終很可能導致情緒障礙的產生。

（二）梅肯鮑姆的自我指導訓練法

1. 自我指導訓練法的基本假設

行為的改變是透過一系列的中介歷程，包括內在語言的交互作用、認知結構、行為以及因行為而產生的結果而發生的。人們對自己所說的話會影響（決定）他們對其他事情所採取的行動。認知機能評定的目的就是指評定人們的內部對話是如何影響行為的，行為又如何受到其他事件或行為過程的影響的。

2. 自我指導訓練法的實施

（1）第一階段：自我觀察。改變過程的第一步是引導當事人學習如何觀察自己的行為。當他們開始治療時，他們的內在對話就會經由負向的自我陳述和想像而形成。在治療過程中，當事人需要一個新的認知結構，使他們能用新的觀點看他們的問題。這種重組概念的歷程是經過當事人和治療者共同努力而達成的。

（2）第二階段：開始一個新的內部自我對話。如果當事人希望改變，那麼，他們對自己所說的話必須能引起一個新的行為鏈，一個與他們不適應行為不相容的鎖鏈。當事人學習改變那些使他們進入治療的內部對話，這樣，他們的新內部對話便會引導出新的行為，這其實就是認知重建的結果。

（3）第三階段：學習新技巧。教導當事人更有效地應用技巧，並幫助他們在現實生活情境中加以練習。認知重建可幫助當事人改變對失敗的消極看法，因此能使他們更願意參與到所期望的活動中。當事人不斷告訴自己新的句子，並觀察和評量其結果。當在情境中表現出不同時，他們可從他人處得到不同的反應。他們習得新技巧的穩定性取決於他們告訴了自己已經獲取了哪些新行為及其結果。

（三）心理劇

心理劇是集體心理治療中最早出現的一種治療方式。心理劇是一種可以使患者的感情得以發洩從而達到治療效果的戲劇。透過扮演某一角色，患者可以體會角色的情感與思想，從而改變自己以前的行為習慣。在心理劇中，患者可以扮演自己家中的一位成員、一個老朋友、一個陌生人或者治療專家。劇情可以是一般的內容（離婚、母子衝突、家庭糾紛等），也可以是與患者

的實際情況相近似的內容。在舞臺上，患者所扮演的角色，其思想感情與平日的自己不同，他可以體驗角色內心的酸甜苦辣，可以成為患者理想或幻覺的化身。專家可以在一旁指導，也可與患者一道表演。觀眾則為患者鼓掌助興。

心理劇可以揭示深藏在參與者內心的癥結。在導演的協助下，透過當事人目前的性格特徵，揭示出其相關性格特徵產生的根源，即因幼時曾受傷害而造成的「生存決斷」。同時，讓學員透過這些「個案」，普遍覺察到自己身上「看不見」的，但又無時無刻不在發揮作用的負面人格特質，從而造成修復心理創傷、提升心靈品質的效果。

心理劇可用於心理失常的兒童、青少年、老人，也可以用於弱智者、精神病患者和罪犯。它有助於提高個體自我解決現實問題的能力，有助於建立更加和諧的人際關係。

生活中的心理學

人格會影響你的健康嗎

生活中總會有這樣一類人：他們一心追求成功而不管有什麼障礙，在較早的時候就被警告「很有可能在不到30歲時患上心臟病」。如我們所看到的，這些人急於控制生活，而有的人卻不急不躁。於是，有人會問：「不同的人格是否真的會影響健康？」健康心理學的研究確切地表明，答案是肯定的。

20世紀50年代，福里曼等研究者報告了從古代就受到懷疑的問題：某一族群的人格特質與患病的可能性，特別是冠心病的可能性是否存在相關。研究者確定了兩種行為模式：類型A和類型B。A型行為模式是一種包括極端好勝、富有攻擊性、缺乏耐心、有時間緊迫感和懷有敵意的複雜行為和情緒模式。此類人通常對生活的某些核心方面感到不滿，野心勃勃，極富競爭性，通常是一個孤獨者。B型行為模式則恰好相反，他們有較少的競爭性和敵意，不急不躁，很有耐心。福里曼等人的研究顯示，A型行為模式的人較一般人更易患冠心病。隨後，大量研究將注意力投向了A型行為模式的人。研究已經發現，A型行為與心臟病及其他許多併發症有關。近期的焦點多是

關注給人們帶來最多危害的那些因素，而人格特質中表現出危害性最大的因素是敵意。敵意會導致壓力反應長期的過度喚醒，促使帶有敵意的個體養成不良的健康習慣，而且躲避社會支持。減少 A 型行為模式的行為治療已經在許多情況中取得成果。如果認識到自己懷有敵意，出於對身體健康的考慮，也該去尋找一些干預方式。

最近，研究者提出了第三種行為族群，稱作 C 型行為模式，可以預測哪些個體容易患上癌症或加速他們的癌症病程。C 型行為多表現為善良、隱忍或自我犧牲，合作且愉快，不果斷、耐心，服從外部權威，不將消極情緒外露，特別是「氣憤情緒」。C 型行為與有助於減慢癌症或其他嚴重疾病進程的「鬥志」相矛盾。研究者已經發現了鬥志的作用。比如說，對於那些被診斷患上了愛滋病的人，那些不願意接受他們注定會死亡現實的個體通常要比那些認命了的個體生存的時間長。

總之，C 型的被動性並不是面對疾病的最好辦法。那些樂觀的個體將失敗進行外部歸因，歸於時間的不穩定和變動，這種應對風格對於樂觀者的健康有很大影響。研究者已經證明，樂觀主義對於免疫系統存在影響。樂觀的人較少患有疾病的軀體症狀，通常更加健康，壽命更長。積極的態度可以減少軀體體驗到的慢性壓力，並使人更有可能做出健康的行為。

複習鞏固

1. 團體討論的類型有哪些？

2. 角色扮演有哪些功能？

3. 自我指導訓練法的實施階段有哪些？

第二節 團體心理輔導中常用的技術

一、團體準備技術

（一）確定目標

團體心理輔導
第五章 團體心理輔導的方法和常用技術

團體心理輔導常因團體目標的不同、發展階段的不同、參加的對象和規模不同而採取不同的方法和活動形式。從組織和實施的角度看，所有的團體心理輔導必須先確定團體的目標，而後才能設計團體活動的計劃，確定規模，組成團體。

（二）明確團體的性質

按照團體心理輔導的計劃程度可以分為結構式團體與非結構式團體，需要靈活地選擇方法，以適應不同性質的團體。

（三）確定人數，甄選成員

1. 確定團體規模

團體的規模主要取決於團體輔導的目標。以治療為目標的團體輔導人數不宜多，一般6～10人；以訓練為目標的團體輔導人數居中，一般10～12人；以發展為目標的團體，參加者可適當多一些，一般12～20人；人數以6～8人為一組最恰當。

2. 明確服務對象

通常參加團體心理輔導的成員可以是背景、問題相似的人；團體成員須是自願報名參加，同時也具備與他人進行交流的能力，能堅持參加團體活動的全過程，並遵守團體的各項規則。

3. 測驗與篩查

可以透過宣傳、邀請和強制要求募集團體成員，然後採用直接面談、心理測驗和書面報告等方式對其適當性進行篩查。

（四）確定時間與場所

明確團體輔導進行的場地和具體時間，並通知團體成員。

（五）設計團體方案

確定每次團體聚會的分目標、活動的內容及形式，以及所需時間、道具及材料等，並列出計劃書。

二、團體啟動技術

（一）熱身活動

在團體開始之初，為克服陌生感，增進成員彼此間的了解，拉近彼此心理距離，可用一些熱身活動，引發個人參與團體活動的熱情。如，座位採取圓形方式，以產生團體動力，使每一成員都能面對面，平等交往。團體可以從唱唱跳跳等遊戲開始，也可以從非語言的身體運動開始，如「微笑握手」「無家可歸」「推氣球」「尋找我的夥伴」等。在遊戲中體會團體的作用，在活動中放下緊張、焦慮和不安的情緒，在不知不覺中融入團體。

（二）介紹活動

要使團體發揮功能，必須使成員盡快相識。傳統的自我介紹法，常會使得介紹者感到不自然而在表達或者自我敘述時有所保留。這時，不如採取交互介紹方式，以便激發團體中個人對他人的認識與興趣。

（三）澄清目標

團體開始時，由領導者做簡短的開場白，說明團體的性質和目標、進行方式等，使成員清晰地了解團體的方向，以及可能給自己帶來的成長，並調整自我的期望，積極投入團體。領導者的角色要從「此時此地」出發，以解除參加者的心理困惑。

（四）訂立團體契約

為保證團體順利進行，需要成員共同遵守一些規則。團體開始時，可以要求成員自己討論團體契約，便於自覺遵守和互相提醒。也可以由領導者提出，得到成員的附議，如準時參加、集中注意、坦誠相待、保守祕密、全心投入等。

三、團體過程技術

吳武典將團體過程技術概括為三類共 21 項。

（一）反應技術

1. 關注

團體領導者對成員無條件地接納與關懷，尊重成員的人格，以愛心、耐心和誠懇、親切的態度與成員建立良好的信任關係。

2. 積極傾聽

是指領導者要關注團體成員說話的內容、聲音，理解成員透過肢體語言而透露出的訊息，更要讓談話者感受到自己的話正在被領導者所關注。傾聽是最基本的反應技術，是每個團體領導者的基本功。傾聽不僅僅是用耳朵聽，更重要的是用心去聽，去設身處地地感受團體成員。傾聽技術需要透過訓練才能真正掌握，它包含兩種類型。第一種是支持性傾聽，這種傾聽是以正強化理論為基礎，重在鼓勵對方表達內心的真實感受，其反應方式有三種：開放式問題、「嗯哼」回應和內容反映。第二種是記憶性傾聽，這是一種保存和評估訊息的聆聽。

3. 重複

指領導者以重複的方式來傳遞對團體成員說話內容和情緒體驗的了解。重複的目的在於，協助發言成員對自己所表達的想法和感受有更深入的覺察，同時讓發言成員感覺到領導者願意了解的態度和能夠理解其感受的能力。

4. 同理心

同理心要求團體領導者將心比心，設身處地對成員進行移情性理解，並把這種理解恰如其分地表達出來，讓成員知道。同理心是表達了解、促進關係和自我探索的最好方法。這將加深成員對被接納的感受和對團體的吸引力，有助於他們繼續自我探索。在運用同理心技術時，領導者可以透過簡述語意和情緒反應兩種方式來表達同理心。簡述語意是指領導者將當事人說話的內容簡要地向對方敘述一次，以表達領導者對當事人語意的了解，並藉此確定雙方了解的一致性。情緒反應是指當說話內容包含情緒時，領導者將自己在當事人身上所體驗到的情緒和感受反映給當事人，讓當事人覺得領導者和他一樣感同身受。

5. 澄清

澄清是指領導者協助成員搞清楚自己的敘述。在個別成員表達思想時，會出現不清楚、不具體的情況，這就容易造成溝通障礙。這時，團體領導者可借助於提問與複述以及運用其他成員等方式協助成員更具體、更明確地提供訊息或表達意見。澄清在團體輔導當中具有重要的意義。它可以幫助成員清楚地覺察自己所表達的目標所在；可以使其他成員積極參與團體討論，對團體產生興趣和活力；有利於確定團體內的有效溝通；對避免團體產生挫折和團體能量枯竭具有重要作用。

反應技術的目的是促進信任、和諧關係的建立，鼓勵成員開放、表達，以促進他們的自我探索。

（二）互動技術

1. 建立關係

建立關係是互動技術的基礎。團體領導者必須具備無條件積極關注、真誠、共情、尊重等基本態度，使成員感到溫暖、安全，從而在團體中開放自己，形成良好的團體氣氛，形成尊重、接納、關懷的人際關係，互相信任。

2. 解釋

解釋指團體領導者對團體成員語言行為或非語言行為陳述給予意義的過程，目的在於幫助成員自我了解並引導成員改變自我的行為。當成員對其行為有所曲解時，解釋是必要的。但解釋不是說服而是提供思考，解釋必須採用清晰、準確、簡潔的語言才能使成員領悟。

3. 聯結

領導者將成員間所表達的觀念、行為或情緒相似之處予以銜接、產生關聯，或把成員尚未覺察到的一些相關聯的片段資料予以串聯，以幫助成員了解彼此的異同之處，增加彼此的認同感，提供重新檢視個人資料的機會，並使之領悟，且引導其走向改變行為的積極方向。或者更進一步找出團體中產生的主題，予以聯結，以促進團體討論共同關心的問題，提升團體效能與凝聚力。

4. 催化

協助團體成員增加有意義的互動的技術，也是貫穿團體輔導整個過程的技術。團體領導者採取行動促使團體成員參與，如熱身、破冰，或介紹重要的資料給團體的一種技術。

5. 阻止

團體領導者為防止團體或部分成員的不適當行為或有害行為所採取的措施。阻止的焦點既非針對個人，也不應針對某一個人身上的特別行為，還應避免貼標籤。例如，攻擊未出席的成員、討論某成員的閒話、窮追不捨地逼問等。當出現這類情況時，領導者需要用堅定但溫和的語氣加以制止。

6. 保護

為了確保團體成員在團體中免於不必要的心理冒險，或者不必要的身心傷害而採取的必要性、安全性反應。因為在多人參加的團體中，難免會出現衝突或其他負向行為，領導者要及時覺察，並安全疏導。在使用這個技巧時，團體領導者應該注意把握好保護的度，不能不保護，也不能過度保護。不保護容易造成團體成員受到不良團體經驗的傷害，而過度保護又容易使得團體成員自由實踐和學習的機會受到限制。

7. 支持

團體領導者給予成員鼓勵，增強其信心，也有助於提高團體凝聚力。團體成員在開始面對自己的心理困擾時，往往會表現出抗拒或不願意坦率地表達。團體領導者要多鼓勵，多支持，肯定成員的優點，表揚其已有的進步，讓他們感到安全、有信心。

8. 回饋

回饋，是指領導者以重複方式來傳遞對團體成員說話內容和情緒體驗的了解。是基於對成員行為過程的了解，表達對成員具體及必要的反應，以利於成員利用這些訊息改變自己的行為。回饋的時機要適宜，儘量用非判斷性的語言，回饋也可以是成員之間自發地給予，也可以由領導者邀請成員給予。

在帶領一個團體時，領導者可以針對個別成員、幾個成員或整個團體成員來使用回饋技術。

回饋的主要目的有兩個：第一，協助談話成員對自己所表達的想法和觀點有更深入的覺察；第二，讓談話成員感覺到領導者願意了解的態度和能夠了解其感受的能力。

回饋可分為內容回饋和情感回饋。內容回饋是指領導者對成員談論的主要內容、思想加以整理，再回饋給當事人，從而深化談話的內容。而情感回饋則是指領導者對談話者的語言和非語言行為中所包含的情緒情感內容整理後回饋給當事人，以協助其覺察和接納自己此時此刻的感受。回饋技術有助於良好諮詢關係的建立和發展。

9. 自我表露

自我表露也稱開放自我，指團體領導者在適當的時機有意義、建設性地分享個人類似的經驗、感受和看法。領導者自我表露的內容必須與團體的主題有關，與此時此地成員關注的問題有關。自我表露有助於領導者與成員建立良好的關係，促進團體氣氛，同時增強成員示範性學習的效果，刺激成員的思考。

10. 折中

領導者以客觀公正的立場，邀請團體中的成員表達不同的看法，以確保所有的意見都有一個被聽到的公平機會。

11. 聚焦

聚焦包括建立、維持或轉移焦點的技術。團體領導者要有能力判斷此時團體的焦點何在，以及了解此時此地最適當的焦點，才能適當地運用聚焦的技術。團體的焦點有時是個人，有時是一個主題或者活動。通常，領導者可以運用活動或練習來建立團體的焦點，靈活使用繞圈或配對的方法也可以使成員們有效聚焦。如團體中有太多過於活躍的成員，領導者就要有技術地引導其他成員參與，阻止其占用團體太多時間，巧妙地將焦點轉移到其他成員身上或是轉移到主題上。

（三）行為技術

行為技術的主要目的是促使成員積極思考並參與團體活動。

1. 起始

也叫做開啟技術，是領導者用來在適當的時機介入團體，使成員進入活動狀態的技術。一般在團體之初、團體動力停滯或者團體從一個方向轉向另一個方向時使用。起始技術可以帶出成員的參與感，使之轉化為積極的團體動力。

2. 詢問

詢問的問題需與成員的自我資料有關，比如與成員目前的生活有關的內容、成員願意努力並改變的內容、成員願意冒險並承擔責任的內容等。詢問可以引導成員深入思考，幫助成員探索自己的內心世界，明確成員個人可以改變的領域。詢問包括開放式和封閉式兩種。在諮詢過程中，領導者應該儘量使用開放式語句引導成員對自己的行為內涵及原因進行自我探索，從而增進自我了解。

3. 面質

面質也可以稱作詢問、對峙、正視現實。它是指領導者指出成員存在於各種態度、思想、行為之間的矛盾。面質時要善於使用實際資料，當發現成員在態度、思想以及行為上產生矛盾時，領導者應直接指出其存在的混淆，自相矛盾、實質各異的觀點，態度或言行，並表現出接納與認可的態度。面質的目的是為了促進成員自我思考，勇敢面對現實，有助於成員的成長，而不是告訴成員做錯了什麼，也不是領導者向成員表達自己不同觀點的機會。

根據穆哥特伊德（S.Murgatroyd）的觀點，可將面質分為三類：

一是成員的現實自我與理想自我的差異；

二是成員的思維、情感與實際行動之間的差異；

三是成員自己的體驗與領導者對其體驗印象的差異。

領導者在有效使用建設性面質的過程中，必須遵循一些重要原則：

（1）以正確理解的態度進行面質；

（2）採取嘗試性的態度而不是教條式的方式，要有意識地避免辯解；

（3）透過描述特定的行為而做到具體化，避免對成員進行批判和分類；

（4）只針對那些你所關心並願意與其達成更深層次親近的人面質；

（5）只有當已經獲得了這樣做的資格時，才可以做面質；

（6）面質是以對成員的尊重態度為前提的，要保護被面質者的尊嚴，其目的在於鞭策成員去考察自身尚未認識與探索的各種心理層面；

（7）學習鑑別哪些可能是一種審判式的攻擊，哪些是關心式的鞭策；

（8）對自己的行為承擔責任，而不是讓其他人為你的行為負責。

4. 調停

當團體進行的方向與步調偏離了團體主題時所採取的干涉行為。比如，團體發展速度太快，成員不習慣或難以忍受團體氣氛，或在團體討論跑題的時候。領導者需採取調停行動的情況有：成員反應含有敵意，大部分成員的意見不正確，團體成員被迫接受團體的決定，團體製造過分的緊張或順從的壓力等。使用調停的目的是把團體輔導的焦點集中到與團體有關的內容上。

5. 示範

示範指透過電影、影像及治療者、同齡人的適應行為，為團體成員提供仿效的榜樣，以矯正成員的不適應行為。在團體輔導中，團體領導者無論願意與否，他的言行都會對團體成員造成示範作用。

四、團體結束技術

團體結束時領導者的任務是回顧與總結團體經驗，評價成員的成長與變化，並提出希望；協助成員對團體經歷做出個人的評估，鼓勵成員表達對團體結束的個人感受；對團體的效果做出評估，幫助成員把團體中的轉變應用

於實際生活中。常用團體結束的技術有結束預告、整理所得、角色扮演、修改行動計劃、處理分離情緒、給予與接受回饋、追蹤聚會、效能評估。如何使團體在愉快的氣氛中結束需要運用一些技術，一般而言有四種方式：第一是結束之前，成員間互相贈送小禮物，道別祝福；第二是領導者在結束時，對團體輔導做一簡要的回顧與總結；第三是團體成員檢討自己在團體中扮演的角色，談談是否達到期望，以及自己切身的感受；第四是展望未來，明確今後應該怎麼做，如何鞏固團體輔導效果。

（一）每次聚會結束的技術

每次團體聚會，領導者都需要留出至少十分鐘時間，採用一些技術順利結束團體。可以採用邀請成員總結、領導者總結，安排家庭作業，預告強調下一次聚會的時間和內容，安排結束的活動等方式。邀請成員個人總結時，就是鼓勵成員說出此次聚會對他們的意義。可以問以下的問題：你能簡短地說出對這次聚會的感受嗎？在下一次聚會之間，你願意採取什麼具體方法使你的生活有所改變？這次聚會中，你經歷到最重要的事情是什麼？今天，別人的表現最令你感動的是什麼？你從中學到了什麼？

（二）預告結束的技術

領導者最好在結束前一兩次團體活動時預先告知成員，讓成員提早做心理準備，處理想解決但尚未完成的問題，也可先討論分離的情緒，整理所得，制訂或修改行動計劃。

（三）採用活動的技術

通常領導者可直接告訴成員團體即將結束，或以一些活動，如真情告白、互送卡片、大團圓、化裝舞會、茶話會等引發成員回顧所學，互相回饋與展望未來。若是自發性強的團體，可以由團體自行決定最恰當的結束方式。

（四）評估團體效果的技術

在團體結束後，採用追蹤聚會、問卷或訪問等方式評估團體的這一能力，也是領導者必須具備的。在評估團體效果時，須依據團體目標及成員個人成長等維度對團體活動做出適當的評估。

五、追蹤技術

團體輔導的真正目的是希望團體成員將在團體中所學到的一切擴大到實際生活領域中,以便長久地發揮其積極影響。因此,衡量團體輔導的效果,不能只看團體結束時的問卷結果。追蹤技術是指在團體結束後的一段時間內,對團體成員進行追蹤,以便了解諮詢效果所採用的方式與技術。採用什麼方式才能準確地了解到成員的改變狀況,這是一個非常複雜的問題,涉及許多影響因素,有待於從事團體輔導的人員深入地研究。

擴展閱讀

音樂心理劇

音樂心理劇是將音樂即興創作、音樂想像及其他音樂治療技術與傳統的心理劇相結合的一種綜合治療方法。對於音樂心理劇,莫雷諾(Moreno)認為:「把即興音樂、影像、音樂治療等技術與傳統行為心理劇相結合,其效果要超越單獨使用的任何一種方法」。

音樂心理劇與心理劇的區別:音樂心理劇是把心理劇和音樂結合起來,其結果是一種混合形式,這與其本源截然不同。這一結合的產物是同時包含心理劇和音樂的不可分割的組合體。與單獨實踐的心理劇相比,這一組合體增加了內容。音樂心理劇無疑是心理劇的一種形式,因為它完整地保持了心理劇的所有傳統因素,也是音樂治療的一種形式。對於由音樂和心理劇相結合而形成的這一產物,其最合適的命名就是音樂心理劇。它可以被定義為:音樂心理劇是將音樂即興創作、音樂想像及其他音樂治療技術與傳統的情節心理劇相結合的一種綜合治療方法,其效果優於單獨運用其中任何一種治療技術。

音樂心理劇與音樂治療的區別:有交叉的地方,但音樂心理劇是心理劇的一種,是結合了音樂治療等療法的心理劇,其效果優於單獨運用其中任何一種治療技術。

音樂心理劇的治療目的就是要透過生動的形式,讓參與者在「此時此地」的真實體驗中得到人格成長的機會,並最終透過泛化作用調整參與者實際生

活中不良的行為模式。因此，莫雷諾教授認為：「音樂心理劇真正的開始是離開治療室以後。」儘管音樂心理劇需要音樂的參與，但實際上不懂音樂技巧的人往往更能快速地融入，收穫更多。它適合所有的人群，除可用於健康人群外，還可用於對發展障礙、視覺聽覺受損、物質依賴者等相關人士的治療。這一治療方法被廣泛應用於個體治療、團體治療（例如校園及企業內部團體輔導），治療發展遲滯的兒童、身體殘疾人士，應用於疼痛管理、臨終關懷等。

莫雷諾先後在 50 多個國家舉行過各種有關音樂治療和心理劇的演講和報告，他創造性的藝術治療享譽國際。從 20 世紀 80 年代開始，他先後多次到中國進行專業培訓，得到了大家的充分肯定和良好評價。更多知識可以參見專著《演出你內心的音樂——音樂治療與心理劇》《Acting in Your Inner Music：Music Therapy and Psychodrama》。

本章要點小結

1. 團體心理輔導的一般方法包括：團體討論、角色扮演、心理劇、認知行為療法、習作活動、演講會、參觀訪問和影視欣賞等。

2. 角色扮演具有測評和培訓兩大功能。角色扮演法的操作步驟：選擇與定位角色；調查與採樣角色行為；情境主題的定位；確定評價標準；主試的選擇培訓；安排場地及其他設施；通知受評人；實施和總結。

3. 認知行為療法主要有艾利斯的理性情緒治療和梅肯鮑姆的認知行為矯正技術以及貝克和雷米的認知療法。

4. 心理劇是集體心理治療中最早出現的一種治療方式。心理劇是一種可以使患者的感情得以發洩，從而達到治療效果的戲劇。

關鍵術語

團體討論 角色扮演 認知行為療法 理性情感治療 情緒 ABC 理論 面質 自我指導訓練法 心理劇 關注 積極傾聽 重複 同理心 澄清 建立關係 解釋 聯結 保護 催化 阻止 支持 回饋 自我表露 折中 聚焦 起始 詢問 調停 示範

複習思考題

一、判斷題

1. 演講會不是團體心理輔導的一般方法。（ ）

2. 陪席式討論不屬於團體討論。（ ）

3. 認知行為療法是一組透過改變思維或信念和行為的方法來改變不良認知，達到消除不良情緒和行為的短程心理治療方法。（ ）

4. 在 ABC 理論中增加的 D 是指對非理性信念的干預和抵制。（ ）

5. 心理劇是集體心理治療中最早出現的一種治療方式。（ ）

二、選擇題

1. 在情緒 ABC 理論中，A 代表（ ）

A. 激發事件

B. 因 A 所產生的信念

C. 情緒和行為後果

D. 直接原因

2. 根據 ABC 理論，人的不合理觀念常常具有哪些特徵（ ）

A. 絕對化的要求

B. 過分概括化

C. 糟糕至極

D. 無法想像

3. 下列哪些屬於反應技術（ ）

A. 積極傾聽

B. 重複

C. 解釋

D. 自我表露

4. 聚焦包括（　）

A. 分散焦點

B. 建立焦點

C. 維持（轉移）焦點

D. 結束焦點

5. 在團體輔導中，大部分成員的意見不正確時，應該採取哪種技術（　）

A. 面質

B. 回饋

C. 阻止

D. 調停

第六章 結構式團體練習

　　團體輔導中，不管是什麼團體類型，練習都是吸引團體成員積極投入和參與，促進其互動成長的重要手段。好的練習常常可以使團體輔導達到理想的成效。但是，練習只是一種手段，而不是最終目的。本章學習的目標就是弄清結構式團體的含義及內容，及其與非結構式團體的區別，什麼是結構式團體練習，以及這些練習的類型與方法。

第一節 結構式團體練習

一、結構式團體的含義

　　根據團體輔導活動有無計劃與目標，可以劃分為結構式團體與非結構式團體。

　　結構式團體是指領導者根據團體的目標，事先充分計劃及設計相應的活動和程序來引導成員積極參與，從而幫助其在團體中學習、成長。結構式團體目標明確，有團體焦點主題，活動安排具有程序化、計劃性、系統性的特點，領導者與成員的角色明確，輔導過程中重視團體互動氣氛。大學生生涯規劃團體為結構式團體。

　　非結構式團體是指不刻意安排有程序的固定活動，強調成員自主性的團體。領導者對團體較少承擔責任，其主要任務是促進成員的互動，對團體目標與方法很少介入，團體目標與團體輔導進程由成員在互動中自己探究。

二、結構式團體練習

　　團體練習也稱習作、活動、技術、遊戲、經驗、實驗、結構性團體練習。透過團體練習，可增進團體的活力與趣味性，並可達到引發團體成員情感與討論的參與，降低心理防衛，提供領導者有用的資料，集中與變換焦點，鼓勵成員在練習和體驗中學習新行為，提供趣味與放鬆等作用。這種類型的團體優點在於：團體目標明確、活動安排程序化，領導者與成員的角色明確，

重視團體互動氣氛與改善成員的目標行為，有團體焦點主題等。比如，發展性輔導團體。

結構式練習是針對團體成員的需要或達成個人行為、建設性回饋、過程作用和心理的整合而設計的演練性活動，是一種經歷性的感受體驗，適用於特定團體的需要或達成某種訓練目的。結構式練習的運用，意味著團體的過程有某些特定的次序，透過有秩序的練習，加速團體的互動及熱身。結構式的練習方式包括語言、非語言、紙筆作業、畫圖、肢體動作、座位安排等。

結構式團體練習是許多團體領導者的重要資源，但會因為每個領導者的專業技術不同而改變。也就是說，使用結構式團體練習必須根據團體領導者本身的特性加以革新和變通。作為團體領導者，需要關心的不只是團體練習的多少，更重要的是運用結構式團體練習，使其對成員人際關係訓練產生作用，從而使成員能毫無壓力地整合自己的學習。

非結構式練習強調不預先設定練習內容，而是根據團體的發展狀況以及成員互動的成熟程度，由成員自發性提出要探討的主題、內容，領導者不主動帶領，只適時地介入、引導和促進。非結構式練習的特點是強調成員的自主性，在一種比較自然、主動的互動氣氛中尋找自己所需要的團體目標。非結構式團體進程更多依靠成員之間相互激發的自發動力，團體此時此刻發生的討論素材更加自然和現實，但程序不固定，可控性差，容易給初建的團體成員帶來不確定感和焦慮。因此，非結構式的設計更適合運用在團體發展階段，而在團體開始和結束階段，結構式的練習較能發揮作用。

需要注意的是，活動只是團體的催化劑，是手段不是目的，練習的真正意義在於練習結束後的討論與交流，互相的回饋才是最重要的。練習只是達成團體目標的手段之一，任何練習的選擇，都需要結合團體目標、發展階段、成員的身心狀況與需要而選擇，不能只是為了練習而練習。

三、結構式團體練習的功能

（一）提供人際交往機會

鄭日昌（1994）認為，人際交往是人與人之間相互傳遞訊息、溝通思想和交流感情的過程。人際交往是人成長發展的基本需要，按照奧爾德弗（Alderfer）提出的 ERG 理論（即生存、相互關係和生長理論）中「相互關係和諧的需要」這一概念所說：「人有願與別人交往、維持重要的人際關係的需要」，這種需要只有在人際交往活動中才能得到滿足。在團體訓練過程中，團體成員可以透過團體練習來增加彼此語言或非語言的接觸和交流。

（二）發揮導入作用

由於「社會顧慮傾向」「面子」等社會心理影響，團體成員在多個陌生人面前要開放自己是冒險的，不安全的，所以團體在發展過程中會遇到一些障礙。提供特殊安排的團體練習，使成員在比較輕鬆的狀態下，不知不覺地進入平時難以啟口的敏感性問題的討論，敞開心扉，看到真實的自己和他人，有利於引領成員進入深入探討的領域。

（三）進行行為預測

參加團體之前，團體成員中多數由於缺乏有效的社交技巧，而在生活中面臨諸多困擾。團體提供了互信互賴的氣氛，使成員的偏差行為得以識別，並可透過不同類型的團體練習得以矯治，成員很容易在練習中進入角色，嘗試新的行為，學習適應的行為，改善不適應的行為，發展社會技巧，獲得新的成長和改變。

（四）收集所需資料

在團體練習過程中，成員會直接或間接地表露出個人的性格、對事物的看法和對特定事件的態度等。這有助於團體領導者及成員獲得成員個人的相關資料，促進成員對自己的了解，也使團體領導者更好地帶領團體順利達到共同目標。

有研究表明：接受結構式練習後的成員多感到團體輔導比較有效，而且認為該團體的領導者也比較負責。然而，隨著團體輔導次數的增加，結構式團體成員間互動的有效性卻逐漸降低了，因為過多地使用結構式練習會使成員產生過度依賴感；而非結構式團體則較少出現這種情況。

四、結構式團體練習應用原則

團體練習貫穿於整個團體輔導過程之中。一個成功的團體領導者不僅要知道如何靈活應用適當的團體練習，而且應該知道如何避免不適當的練習，從而促進團體發展，達到最終的團體目標。為此，領導者需要遵循下列應用原則：

（一）團體練習須遵循的一般原則

1. 了解團體練習的預期效果

團體領導者在組織一個練習前，應該明確進行某個練習的目的、可能引起的後果、成員是否準備充分、成員對你是否有充分的信任等，充分考慮各種情況後再運用。

2. 充分考慮團體特點

團體輔導開始前，領導者應充分考慮團體的目標、特點、時間、成員的特徵，認真思考後，決定是否運用團體練習，明確運用團體練習的類型、次數及時長。一般中老年團體輔導多採用團體討論，而較少用團體練習；而青少年團體較多使用練習。

3. 運用自己熟悉的團體練習

在眾多類型的團體練習中，領導者需要找到一種適合自己的練習進行運用。一般建議團體領導者自己先有機會實踐，自己曾體驗過的練習會更熟悉，也比較容易掌控。貿然使用自己不熟悉的團體練習，或對可能出現的問題缺乏準備，往往會適得其反，阻礙團體發展；如果配合自己的人格特點及自我模式選擇練習，效果更好。

4. 避免以練習代替輔導

會帶團體練習不等於會做團體輔導。有些團體領導者一個練習接著一個練習不停地帶，他們擔心停下來會冷場；有的團體領導者缺乏帶領團體的經驗，只好依靠團體練習來協助團體運作，這樣都會影響團體輔導的發展與效果。團體練習的真正意義在於練習結束後成員之間坦誠的交流和分享，這需

要充分的時間討論。因此，一個領導者必須考慮在什麼樣的場合才能帶練習，帶哪幾項練習可以促進團體目標達成，練習之間的過渡如何有效運用，才能使之自然、順暢。

（二）安排練習的具體原則

團體練習是達成團體目標的一種手段和方法，不是團體娛樂遊戲，故不應只為有趣好玩，使人興奮或產生高昂的情緒。因此，為配合團體的目的和預期的結果，選擇練習須遵循一定的原則，包括：

（1）練習的安排注意邏輯性、層次性與銜接性，考慮場地條件；

（2）應考慮團體發展過程、團體動力、過程目標與任務目標；

（3）練習必須符合成員身心發展特點、成熟度及發展任務與需要；

（4）選擇的練習應該讓所有成員都有參與的機會；

（5）學習性練習在初期，個人問題的解決安排在團體後期；

（6）正向回饋放在初期，負向回饋放在後期；

（7）練習應具有多樣性和趣味性引發成員的參與興趣，加深學習效果；

（8）保持練習的彈性，注意安全性，尊重成員開放程度與身心安全；

（9）應該是領導者親自體驗或帶領過且熟悉的；

（10）選擇的練習最好是領導者可把控的，且能提供穩定與持續性；

（11）非必要儘量少用身體接觸的活動，非語言練習須配合語言的分享和討論；

（12）淺層自我表露安排在初期，深層自我表露安排在後期；

（13）選擇的練習要考慮到團體的時間是否足夠，以免給成員帶來遺憾或困惑；

（14）適當安排家庭作業，鼓勵成員練習。

（三）團體練習的倫理問題

由於不同團體在各個發展階段具有不同特點和水平，在團體輔導過程中，領導者要了解有關的倫理原則，確保在團體練習中不傷害成員的利益，避免不當地使用技術。同時，也要注意團體本身的限制與缺點所造成的傷害。如，團體人數較多則易產生衝突，成員過度或不當的自我開放可能導致傷害，成員可能會過度依賴或在團體壓力下有負面成長等。如何在事先或現場避免可能的負面影響，這也是領導者的責任。

複習鞏固

1. 什麼是結構式團體？
2. 結構式練習的功能有哪些？
3. 結構式團隊練習應用的原則有哪些？

第二節 結構式團體練習的類型

一、結構式團體練習常見類型

結構式團體練習的類型方法很多，以下舉幾種常用的類型：

（一）接觸練習

透過成員肢體上的接觸來強化彼此的感受。比如，有些練習要求成員互相接觸對方的手、臉或肩膀，透過肢體接觸會給成員帶來感覺上的刺激，也會增進彼此的溝通和信任，提升團體凝聚力。例如，常用的身體接觸性練習有信任跌倒、瞎子走路、突圍闖關、同舟共濟等。但這類練習的運用要注意成員的感受，如果成員覺得不自在、不習慣或不願意時，應尊重成員的反應。

（二）身體運動

身體運動可以用來作為熱身，活絡團體氣氛，也可以增進團體成員的互動達到提升團體信任度的作用，更可以透過身體練習，改善成員不適感覺與行為，達到治療的目的。如，輕柔體操、叩擊穴位、肌肉放鬆法、呼吸放鬆法、冥想放鬆法、瑜伽放鬆法等多種方法。體操與運動也是心理生理治療的一部

分，體操可以協助成員對自己的身體更加敏感，對自己的存在有更實質的把握。進行身體練習時要求有足夠大的空間，由領導者帶領成員完成各種動作，領導者先帶頭做一個動作，要求大家一起模仿；無論什麼動作都可以達到放鬆，減輕緊張氣氛。身體運動在各類團體中都被經常使用，此類練習是透過肢體活動的方式來表達某些主題或思想的。

（三）紙筆練習

指成員對所要求的主題進行深入思考後，透過紙筆書寫的方式來表達其觀念和看法，然後分組，使其進行分享和討論各自的觀點。這不僅可以深化自己對主題的認識和思考，也可以透過分享進一步自我認識和了解他人，從而充實和改善自己。同時，此類練習有助於成員將注意力及討論重點聚焦，也有助於引發成員的興趣。紙筆練習種類很多，如我是誰、生命線、真我角色、走出圈外、價值觀探索等。紙筆練習是團體輔導過程中使用最廣泛、最便捷、最有效的團體練習之一，旨在透過紙和筆用書寫的方式來表達成員的觀念和想法。

（四）美術與工藝

繪畫是一種表達內心世界和表達自我的好方法。美術作品能投射反映出個體的獨特的人格特質和想法。透過繪畫或工藝練習，借助線條、圖案、顏色或象徵，表現出我們的個性，有時可以比語言更有意義地反映繪畫者的情感和想法。在運用繪畫練習時，主題要選好，配合團體目標，繪畫完成後，邀請團體成員分享自己作品的意義，其他成員可以透過詢問等方式，促進繪畫者思考和探索自己的作品，從而進一步了解自己，了解他人。例如，自畫像、家庭樹、T恤設計、繪畫接力、突破困境等。

（五）閱讀練習

由領導者提供某一主題的閱讀資料，可以是圖書、畫報、報紙等，引導成員先看，然後圍繞主題做較深入的討論。閱讀練習進行得是否順暢主要在於資料是否合適，只要資料選擇得當，一般都可以引出熱烈的討論。

（六）媒體應用

媒體的含義很廣，可以指一些遊戲的道具，也包括音訊、影片等。媒體的應用可以吸引成員參與學習，協助成員做出自我表達，透過練習產生頓悟。在團體中成員難以用語言充分表達自己時，可以利用各種媒體，如出氣棒、玩具、橡皮圈、色布、跳繩、棋子與彩筆等。尤其對於青少年團體，媒體應用更加有效，可以引發成員的興趣、參與和投入。媒體的選擇最好簡單，容易獲得，便於使用，新奇有吸引力。在團體中常常使用音樂、電影等作為引發和激勵成員思考問題的媒介。

配合團體目標、單元主題，選擇合適的媒介最好具備以下條件：

第一，內容以故事性的方式呈現並有可觀賞性，能引起觀看的興趣；

第二，內容中最好有一個衝突的情境，以便作為討論的焦點；

第三，內容貼近成員的現實生活經驗；

第四，時間以 15～20 分鐘為宜，方便在一次聚會中討論完，如果內容太長而導致沒有時間交流，則難以達到目的。

（七）心理劇

常用的有布偶劇與生活演練。布偶劇的運用如同角色扮演，角色扮演是指用表演方式來啟發團體成員對人際關係及自我情況有所認識的一種方法，包括心理劇和社會劇兩種表演方式。可事先擬定主題或劇情，再分配角色與演出。生活演練通常由團體成員扮演日常生活問題情境中的角色，使成員把平時壓抑的情緒透過表演得以釋放、解脫，並學習人際關係的技術及獲得處理問題的靈感。

（八）人際溝通

為了促進團體成員之間的互動，增進了解，互助解難，常常可以使用一些溝通練習，如迴旋溝通、優點轟炸、真情告白等。

（九）娛樂性練習

如乒乓球接力、技藝大賽、組歌比武、大合唱等，此類活動的目的是調動參與者的情緒，使團體氣氛輕鬆愉快，同時增進成員之間的互動。

（十）團體外作業

團體外作業也稱家庭作業，指每次團體聚會結束時，領導者特別安排給團體成員，在下一次聚會前需要做好的練習。這是因為在團體裡，每次聚會時間有限，每個人練習的機會有限。家庭作業的目的有四個：

第一，為了鼓勵團體成員在真實的生活中嘗試在團體中學到的東西；

第二，為了讓成員在沒有治療師，也無團體立即回饋的條件下能練習新的行為，減少對團體的依賴；

第三，在沒有團體和領導者支持時，迫使成員發展出自我控制的策略，以完成團體外的練習；

第四，透過家庭作業為團體成員創造利用小團體彼此幫助的機會。

家庭作業的類型多種多樣，根據團體目標、對象和團體進展來選擇，有行為練習、認知作業、觀察作業等。

二、選擇和預備團體練習

（一）團體目標

團體目標是團體練習的基礎。一個好的目標將成為行動的導向，以引導每一個成員朝他所能做的進行，是融入個人的目標在內，能看見結果的。選擇團體練習，必須針對團體目標，看練習是否促進或有助於團體目標的達成。

（二）團體規模

團體規模即團體的人數，這將影響團體練習的選擇。領導者必須事先明確了解團體的大小、人數的多少、單數還是雙數，這些都影響練習的選擇。例如，盲行練習需要成員配對進行，如果是單數，就會有人不能參加和體驗練習。

（三）練習時間

每個團體練習所需花費的時間長短不同。團體領導者要熟悉團體練習的時間，了解團體聚會的時間，以便選擇適當的練習。例如，青少年團體聚會

每次時間 60～80 分鐘。一次聚會安排哪些練習，不僅要看團體發展階段，而且要注意練習的時間，不宜安排太多或時間過長的練習。

（四）發展階段

不同的練習用在團體不同的發展階段。下面是一些團體不同階段可以採用的練習：

（1）在團體初期適合的練習有：滾雪球、拍打穴位、尋找我的那一半、對對碰、無家可歸、解開千千結等；

（2）有助於增進團體信任的練習有：盲行、信任跌倒、信任圈、睹物識人、同心協力等；

（3）促進團體凝聚力練習有：圖畫完成、故事完成、突圍闖關、組歌比武等；

（4）催化成員自我探索的練習有：我是誰、生命線、自畫像、盾型探索、生存選擇、設計我的 T 恤、生活計劃等；

（5）加強成員互動溝通的練習有：循環溝通、金魚缽、腦力激盪、熱座、鏡中人等；

（6）適合團體後期結束的練習有：真情告白、心意卡、化裝舞會、聯歡會、大團圓、合唱等。

（五）所需材料

一些團體練習的實施需要道具配合，領導者應該熟悉每個練習需要使用的道具和器材，事先充分做好準備，最好選擇一些方便得到、價格適中的道具。比如，「金字塔」練習需要準備膠帶、膠水、剪刀、畫報紙等物品，事先必須準備齊全；「盲行」需要成員準備蒙眼的道具，如領帶、紗巾、眼罩、毛巾等；「大團圓」需要準備音樂等；心理劇需要墊子、出氣棒、色布、燈光、抱枕等道具。

（六）物理環境

團體練習需要有相應的空間和特殊場地。有關團體練習適合於室內還是室外，室內除了需要安靜、隔音外，對濕度、溫度、光照度是否有特殊要求，是坐凳子還是席地而坐，是否需要桌子等家具，是否需要布置成為某種特殊的生活場景等問題，每個團體練習都有相應的要求，領導者必須熟悉。例如，「突圍闖關」要求場地很安全，沒有任何障礙，因為成員在練習中可能會摔倒。

（七）參考資料

為了使團體成員透過練習獲得更大的收穫，團體領導者有時會準備一些與團體練習要達到的目標一致的講義資料，或可供成員閱讀的相關背景知識的材料，以避免成員為了記筆記而不能將注意力集中在團體過程中。例如，「減壓二十六式」需要準備清單，以便成員在討論時可以用上，邊閱讀邊談自己的看法和理解。

（八）評價練習的有效度

當結構式團體練習用來導向特定目標的氣氛，引出成員的思考和問題。那麼，評價團體練習是否恰當，是否有效，是否達到使用目的，則需要根據團體目標和階段目標而定，同時需要觀察成員的表現與態度。若團體練習使用不當，就可能達不到使用的目的，但其影響因素是多樣的。例如，團體領導者是否熟悉操作過程，實施前準備是否充分，實施過程是否完整，團體成員以前是否有過類似的經歷，練習結束後的分享是否有深度等。只要領導者精心準備，有技巧地掌握和使用，團體練習的作用可以達到理想的期望。

三、團體練習內容的安排程序

第一，先根據團體的目的與目標列出團體的整個計劃；

第二，再根據活動計劃制訂欲達成的各項目標；

第三，詳細列出可以利用的各種設備和資源以及最合適的時間；

第四，根據成員下列的因素列出相關的備用練習：興趣和動機、年齡、技巧層面、身心狀況、注意力的持久性；

第五，再根據下列因素，分列各種計劃：

(1) 練習的特徵，如時間長短等；

(2) 練習的生理性需求事項，如力量的大小等；

(3) 練習的社會性需求事項，如互動、語言等；

(4) 練習的心理性需求事項，如感受、動機的表達等；

(5) 練習的認知性需求事項，如對地點、人員的了解；

(6) 最後，選定最適合的且能達到團體既定目標的練習計劃。

生活中的心理學

團體遊戲增加生活樂趣

約3000年前，阿提斯（Atys）在小亞細亞的呂底亞為王。一年，全國範圍出現了大饑荒。起初，人們毫無怨言地接受命運，希望豐年很快回來，然而局面並未好轉。於是，呂底亞人發明了一種奇怪的補救辦法來解決饑餓問題。計劃是這樣的：為了感覺不到對食物的渴求，他們先用一整天來玩遊戲；接下來一天，他們吃東西，克制玩遊戲。這一做法使他們熬過了18年，其間發明了篩子、抓石子、球以及其他所有常見的遊戲。

為什麼有的遊戲會讓人感興趣，有的遊戲讓人感到無聊，而現實又讓人感到焦慮呢？對於這些問題，作者從積極心理學的角度進行了解答。積極心理學定義了一種名為「心流」的特殊幸福形式：創造性成就和能力的提高帶來了滿足感和愉悅感。我們的日常生活中是極度缺乏「心流」的，但是在遊戲中卻很容易找到。

遊戲比現實生活產生更多的「心流」，所以玩遊戲比在現實社會拚搏要更能讓我們體會成就感、創造力，感受到幸福。當一個遊戲結束時，其所帶來的「心流」也就結束了。因此，當我們經歷了一個團體遊戲後，先是恍然大悟，隨後是一種悵然若失的感覺。

回過頭來看呂底亞人的 18 年遊戲生活。他們在遊戲中體驗到了樂趣，得到了「心流」，體會到了幸福，所以他們可以暫時忘記饑餓。其實大家應該都有體會。為了一個喜歡的東西，省吃儉用幾個月也值得；為了看一場比賽，熬夜什麼的都不在話下。所以，套用現在的話說就是「與遊戲能夠提供的『心流』相比，吃飯什麼的物質享受都弱爆了」。

遊戲的對立面不是工作，而是憂鬱。那怎樣才能不憂鬱呢？為了躲避現實世界的不如意，便把自己埋入虛擬世界中。其實，這只是遊戲的初級階段。團體遊戲要做的就是：用遊戲化的思維去改造現實世界，讓它看起來更有趣；能提供更多的「心流」，使人們在這個過程當中去體會現實世界中所不能夠體會到的，也讓這些不存在於自己生活中的東西透過團體遊戲出現在人們的生命裡，為我們的生活帶來更多更好的改變。

複習鞏固

1. 常見的結構式團體練習有哪些？

2. 選擇和預備團體練習需要哪些準備？

3. 團體練習內容的安排程序包括哪些？

第三節 結構式團體練習的應用舉例

一、促進團體成員熟悉的練習

使用目的：團體形成初期，由於成員之間互不相識，多少會感到緊張、焦慮。因此，開展一些暖身活動練習能幫助成員在第一次聚會時有所認識，並促進團體凝聚力的形成，也有助於在以後的練習中互相配合、支持、協作。

◆示例 1. 我是誰

目的：讓成員很快行動起來，在活躍的競賽氣氛中彼此認識和了解。

時間：大約 20 分鐘。

準備：個人訊息卡（訊息可以根據團體目標和成員的不同而變換）、獎品。

操作：給成員每人一張訊息卡，要求他們立即行動起來，在團體中找尋具有訊息卡上特徵的人是誰。成員拿著卡，走到一個人身邊問他是否有訊息卡上的特徵；如果有請他告訴你他的名字，填寫在卡上；如果沒有，繼續問下一個人，看誰先將訊息卡填滿。率先完成者讀出卡上的內容，唸到名字者站起來，前三名獲獎。

「誰是誰」訊息卡

訊息特徵	符合條件的成員姓名
來自四川	
喜歡吃火鍋	
有一個妹妹	
每天堅持運動健身半小時以上	
有五雙皮鞋	
喜歡上網聊天	
喜歡外出旅遊	
喜歡交朋友	
對團體心中沒底	

◆示例 2. 知你識我

目的：初步相識。

時間：約 8 分鐘。

準備：足夠的空間，可以挪動的椅子。

操作：領導者先讓團體成員在房間裡自由漫步，見到其他成員，微笑著握握手。給一定的時間讓成員自然相遇，鼓勵成員盡可能多地與其他人握手。當領導者說「停」，每個成員面對或正在握手的人就成了朋友，兩人一組，席地而坐，或拿折疊椅面對面坐下，各自做自我介紹。介紹的內容包括：姓名、所屬部門、身分、性格特點、個人興趣愛好、家庭情況，以及個人願意讓對方了解的有關自我的資料。每人 3 分鐘，然後漫談幾分鐘。當對方自我介紹時，傾聽者要全身心投入，透過語言與非語言的觀察，盡可能多地了解對方。

第三節 結構式團體練習的應用舉例

◆示例 3. 找朋友

目的：初步相識，並建立團體互動關係。

時間：約 30 分鐘。

準備：足夠的空間。

操作：領導者請成員閉上眼睛，想一想自己小的時候最喜歡唱的歌是什麼，想到者舉手示意。想到了，就請睜開眼睛，站起來，一邊哼唱自己喜歡的歌，一邊聽別人唱什麼。當聽到與自己一樣的歌時，聚到一起，成為小組，談談為什麼喜歡這支歌，然後一起大聲唱。接著，交流小時候喜歡玩的遊戲，為什麼喜歡，再一起試試，最後各組表演。在此過程中，找到了知音，回到了過去童年的生活。心情放鬆愉快，且交了朋友。

◆示例 4. 循環溝通

目的：打開話匣子，溝通練習，盡快相識。

時間：約 30 分鐘。

準備：椅子每人一把。

操作：成員報數，分成兩組，裡一圈，外一圈；裡圈面朝外，外圈面朝內，一一對應，面對面而坐。每次兩至三分鐘交流，各自自我介紹，然後領導者叫停，裡圈不動，外圈站起來，向右挪一位，坐下繼續與新的朋友交流，自我相互介紹。如此循環往復，一圈下來，認識了不少人。這種方法有點強制談話，變化很大且快，成員常常很興奮。有時一個勁地說，時間到了對方沒有時間說了，所以，具有自我覺察能力者會立即自我反省，調整自我介紹的時間，讓對方有機會講。這種快速相識的練習新奇有趣。不過人數不宜太少或太多，太少不成圈，太多時間花費多，且不易記住，一圈 10～15 人為宜。

◆示例 5. 關注練習

目的：透過問與答的形式，促使成員關注他人感覺，並達到相識。

時間：約 20 分鐘。

團體心理輔導
第六章 結構式團體練習

操作：6個人一組，自由協商，確定組長，然後從其中1位成員開始，例如 A，其他5人，每人向 A 提一個自己想知道的問題，A 立即回答。除了政治問題、宗教問題，可以隨便提問。A 如果認為別人問的問題自己不想說，可以表達出來。為了不使自己的問題與他人重複，也為了更多地了解被詢問者的有關資訊，提問者會把注意力集中在小組內，回答者因被全組其他成員關注而增加信心。對 A 的提問結束後，可以圍繞 A 再自由交談幾分鐘。第一圈時，每人只有一次權利問一個問題，如果還有想問的留到自由交談時再問。組長要掌握時間，把握方向。當 A 結束時就輪到向 B 提問，依次進行，一直到 F。

二、建立相互信任與彼此接納的練習

使用目的：人與人之間需要理解，需要溝通，建立相互信任的關係，彼此接納。「分享的喜悅是加倍的，分擔的痛苦是減半的。」進入團體內的成員在初步相識後，需要進一步地相互接觸，相互了解，以逐漸建立信任的關係，相互接納，減少防衛心理。以下的練習就是以此為目的，遵循人際交往由淺入深、由表及裡的規律而設計的，透過練習可以增加成員之間的理解。此類練習所希望達到的目標有：（1）凝聚團體的共識，強化團體的向心力；（2）培訓團體的默契，增進成員的互信基礎；（3）強化成員在團體中的自我價值感；（4）促進成員的互動；（5）強調成員之間互助合作的精神；（6）透過練習的特殊設計可以激發成員的思考和創造力。

◆示例1. 信任之旅

目的：透過助人與受助的體驗，增加對他人的信任與接納。

時間：約60分鐘。

準備：領導者事先要選擇好盲行路線，最好道路不是坦途，有阻礙，如上樓、下坡、拐彎，要室內室外結合。每人準備蒙眼睛用的毛巾或頭巾。

操作：團體成員兩人一組，一位做「盲人」，一位做引路人。「盲人」蒙上眼睛，原地轉三圈，暫時失去方向感，然後在引路人的攙扶下，沿著領導者選定的路線，繞室內外練習。其間不能講話，只能用手勢、動作幫助「盲

人」體驗各種感覺。練習結束後兩人坐下交流當「盲人」的感覺與幫助別人的感覺，並在團體內交流。然後互換角色，再來一遍，再互相交流。交流討論集中在以下幾個方面：對於「盲人」，你看不見後是什麼感覺，使你想起什麼？你對你的夥伴的幫助是否滿意，為什麼？你對自己或他人有什麼新發現？對於助人者，你怎樣理解你的夥伴？你是怎樣想方設法幫助他的，這使你想起什麼？

◆示例 2. 戴高帽子（也稱紅色轟炸或優點轟炸）

目的：學習發現和欣賞別人的優點，促進相互肯定與接納。

時間：約 50 分鐘。

操作：5～10 人一組圍圈坐。請一位成員坐或站在團體中央，其他人輪流說出他的優點及欣賞之處（如性格、相貌、處事等）。然後被稱讚的成員說出哪些優點是自己以前察覺的，哪些是不知道的。每個成員到中央戴一次高帽，規則是必須說優點，態度要真誠，努力去發現他人的長處，不能毫無根據地吹捧，這樣反而會傷害別人。參加者要注意體驗被人稱讚時的感受如何；怎樣用心去發現他人的長處；怎樣做一個樂於欣賞他人的人。練習結束時，大家心情愉快，相互接納性增高。此練習一般適合比較熟悉的成員應用。

◆示例 3. 鏡中人

目的：培養成員對他人的敏感性，相互溝通，相互接納。

時間：約 15 分鐘。

操作：團體成員兩人一組，一人自由做動作，另一個人模仿。兩分鐘後互換角色，不可說話，用心體會對方用意。結束後互相交流，看看自己對他人的理解是否準確。然後仍然兩人一組，一人說話，一人照原話重複敘述，兩分鐘後互換角色。結束後兩人交流思想，全身心投入地觀察理解他人，討論今後生活中該如何應用各種感受。

◆示例 4. 信任考驗

目的：增加成員間的相互信任。

時間：約 50 分鐘（8～10 人團體）。

準備：紙、筆。

操作：領導者讓成員就下列事件選擇其中一個並寫在紙上：（1）最怕發生的事；（2）最不敢想的事；（3）最不容易忘記的事；（4）從未告訴過別人的事。等全體成員寫完後，領導者請其中一位朗讀自己所寫的，然後問他能不能對外公開，如果不能，是否可以告訴某人，並說明原因。接著請其他組員發表意見，說說各自的看法。看一看個人與其他成員的選擇有無區別，為什麼？成員依次發言。最後討論時重點放在對團體內成員間的信任有什麼發現，團體內哪些行為阻撓彼此間的信任，為獲得別人的信任有什麼辦法等方面。

◆示例 5. 信任跌倒

目的：建立團體信任感和培養團體融洽氣氛。

時間：大約 20 分鐘。

準備：每組 8～12 人，需要一定的空間可以活動。

操作：領導者邀請成員兩兩成對，一人倒，一人接。當領導者喊「倒」，倒者身體垂直向後倒，腳跟垂直倒下，倒到一半時，接者平穩地接住，然後互換角色。做完後在小組內討論。

◆示例 6. 信任圈

目的：增進彼此合作，建立信任感，培養團體氣氛。

時間：大約 25 分鐘。

準備：寬敞的場地，8～12 人一組。

操作：每組圍成一個圈，邀請一位成員到中間，其他成員手拉手圍圈。練習開始時，圈內人閉上眼睛，自覺舒適地倒向任何一方，其他成員必須手挽手，形成保護圈給予保護。他往哪裡倒，團體就往哪裡去接住他，給予保

護,將他推到中間的位置。如此倒下、接住,使中間的成員從緊張到很放鬆。可以換人到圈內去體驗。

三、加強團隊合作的練習

使用目的:透過團體成員之間的合作練習,促進成員積極互動,充分體驗團體對個人的重要。團體合作需要主動,成員需要自覺根據任務找準自己的位置,互相配合。團體合作中會冒出一些領袖人物,指揮團體統一行動。如果群龍無首、意見分歧、各執己見、不合作,團體就不能完成任務。練習可以強化互助合作的意識。感受的團結力量大,體驗合作就有效率,從而增強團隊的凝聚力以及創造力。

◆示例 1. 突圍闖關

目的:促進人際關係,培養團隊合作精神。

時間:約 50 分鐘。

準備:足夠寬敞的活動空間,人數 5～12 人。

操作:突圍時,有一位成員主動站在團體中間,作為突圍者,其他成員用手臂互相勾結形成包圍圈。突圍者可以採用鑽、跳、推、繞、拉、誘騙等方式,力求從圈子中突圍出來,而包圍圈的人盡力不讓他出來。堅持一段時間,突圍者不能成功時可以宣稱放棄,換另外的成員體驗,如果突圍成功就結束。然後成員分享突圍活動的感受。可以討論:活動中你是否感覺到團體的重要?你們或你是怎樣阻止或進入成功的?被團體拒之圈外是什麼感受?你如何理解堡壘是從內部攻破的?團體在合作中有些什麼問題,怎樣改進?活動對你的生活有哪些啟發?

◆示例 2. 同舟共濟

目的:集思廣益、團體合作、創新思維、努力嘗試,靠團體力量,克服困難,達成目的。

時間:約 50 分鐘。

團體心理輔導
第六章 結構式團體練習

準備：每組一張大報紙（或其他替代物），可視為大海中的一條船，每組8人。

操作：練習開始時，領導者要求將報紙鋪在地上，代表汪洋大海中的一條船。現在，需要團體成員8人同時站在船上，一個也不能少，必須同生死共命運。隨後讓成員們想方設法，使全體成員同時登上船。行動之前，團體可以充分討論，拿出最佳方案。成員常常會採用人拉人、人背人、疊羅漢等方法，體現了團體的合作。當成功地完成任務後，領導者可以要求將面積減半，繼續實驗。完成後可以繼續將面積再減半，隨著難度增加，成員的努力也會越來越加強，團隊的凝聚力空前提高。練習的過程中成員會忽略性別、年齡等因素，全組一條心，練習的結果常常出乎成員們的想像，成員創造性地發揮全組智慧，也讓成員充分體會團結合作的力量。

◆示例 3. 無家可歸

目的：讓成員體會和感受個人與團體的關係，團體對個人的重要性，從而更願意投入團體，增強團體的凝聚力。

時間：約 20 分鐘。

準備：寬敞的場地。

操作：開始時，讓全體成員圍圈手拉手，充分體會大家在一起的感覺。然後，領導者說：「變，4個人一組。」成員必須按照要求重新組成四人組，形成新的「家」。此刻，請那些沒有找到家的人談談游離在團體之外的感受。大多數人會談到孤獨、孤單、被拋棄、沒依靠、失落、擔心……也可以請團體內的成員分享和大家在一起的感覺，大多會表達溫暖、有力量、安全、踏實……領導者可以多次變換人數，讓成員有機會去改變自己的行為，積極融入團體，讓成員體驗有家的感覺，體驗團體的支持，從而更加願意與團體在一起。

◆示例 4. 解開千千結

目的：團體合作，靠集體的力量解決困難，體會團體支持對個人的意義和重要性。

時間：約 30 分鐘。

準備：寬敞的空間，每組 8 人，可增加到十幾人。

操作：領導者讓每組成員手拉手成為一個圈，看清楚自己的左手和右手是誰，確認後鬆手，在圈內自由走動。領導者叫停，成員定格，位置不動，伸手拉左右手，從而形成許多結或扣，不能鬆手，但可以鑽、跨、繞，要求成員設法解決難題，回復到起始狀況。練習需要成員有耐心，互相配合，齊心協力。當排除困難、解決問題時，請成員分享活動的感受。成員常常會主動談出對團體互助等感受，體會和確認團體合作的重要。

◆示例 5. 圖畫接力賽

目的：培養成員合作的態度，訓練思考、討論和創造的能力，學習合作的行為，培養團隊合作精神。

時間：約 60 分鐘（畫畫 45 分鐘，分享 15 分鐘）。

準備：每組 8 人，一張 A0 圖畫紙、一套油畫棒或水彩筆、獎品。

操作：領導者介紹活動規則，根據所規定的題材（如走進考場、我們的學校、未來的學習、成功的日子等），各組成員在限定的時間內，透過充分討論，發揮各自的想像力，輪流接力將圖畫完成。要求是成員每人都必須動手，圖畫必須是團體合作的結果。成員如果各執己見，不能充分討論協商，會由於意見不集中而耽誤了時間，無法順利完成任務。如果成員協商充分，意見集中，作品不僅有創意，有特色，而且所花時間少。成員透過此練習，可以學習團體內如何溝通，促進合作。成員之間可以提供意見，但不可代畫，每人限畫 5 分鐘，時間到就換人接著畫，直到最後一位成員畫完。張貼各組的作品，邀請每組派代表對圖畫進行解說。根據各組合作的程度、圖畫的新穎、解說的水平等進行評比，宣布評獎結果。

◆示例 6. 相親相愛一家人

目的：溫暖團體的氣氛，增加團體的信任和凝聚力，體驗成員之間親密的感情。

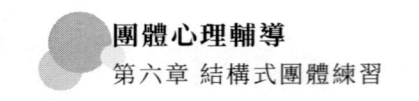

時間：約 10～20 分鐘（一般在團體聚會結束時用）。

準備：播放器、音樂、動作圖片。

操作：全組圍成圈，組長說明在團體中成員就像一家人，需要彼此支持、關懷與幫助，每個人的行為會對營造和諧的氣氛產生作用，良好的氣氛又會促進成員的自我開放和信任。然後，教授並講解歌詞的含義和手語操的動作，讓成員跟著模仿。最後，跟著音樂，邊唱邊做邊體會。所有的人都在做動作，團體氣氛熱烈親密，增強了團體成員的信任感和親密感。

四、促進成員自我探索的練習

使用目的：適應社會生活、建立良好的人際關係，其前提是必須先了解自己，接納自己，進而認識別人，接納別人。團體輔導中最主要的課題是，促進團體成員自我探索，深化自我認識，勇敢而開放地表達自己，以形成健康的自我形象，增強自覺的能力。無論哪類團體輔導，都會有這個過程。以下介紹幾種常用的自我探索、自我認識的練習：

◆示例 1. 20 個我是誰

目的：認識並接納自我，認識並接納獨特的他人。

時間：約 50 分鐘。

準備：白紙、筆。

操作：領導者可以先找出一個成員示範，連續讓他回答「我是誰」。當他說出一些眾所周知的特徵時，如「我是男人」，領導者告訴大家，這種回答不能反映個人特徵，應儘量選擇一些能反映個人風格的語句。然後，領導者讓大家開始邊思考邊回答「我是誰」這個問題，至少寫出 20 個。當領導者看到最後一位放下筆時，請團體成員在小組（5～6 人）內交流。任何人都抱著理解他人的心情，去認識團體內一個個獨特的人。最後，領導者請每個小組代表發言，交流練習的感受。

◆示例 2. 走出圈外

目的：使成員能真誠地了解自己，學習自我開放，了解他人，關心他人，接納他人。

時間：60 分鐘。

準備：練習開始前需要準備好練習用紙；成員 6～8 人一組。

操作：領導者先說明練習的目的，發給每人一張白紙，請成員畫四個大小不同的同心圓。在最外圈寫上自己常常感到愉快、喜悅、高興，但很少對人說及的一件事；在次一圈寫上自己常常感到不愉快、不舒服，但極少告訴別人的一件事；在次小圈寫上自己希望做到的一件事；在內圈寫上自己對自己的看法。寫好後，每個成員輪流將自己的練習紙展示給其他成員看，並說出自己寫的內容，成員對每一位分享者給予積極的回饋、理解。分享結束後小組討論：當說出自己圈裡的內容後有何感受，當自己聽別人念的內容而給予回饋時有何感想等。

◆示例 3. 小小動物園

目的：促進成員自我了解並了解他人，學習接納每個人的獨特性。

時間：約 40 分鐘。

準備：每人一支筆、一張彩色卡片，6～8 人一組。

操作：領導者將紙筆發給每一個成員，然後要求成員想一想，如果用一種動物代表自己，會選擇哪種動物，思考一會兒，在卡片上寫上此種動物的名稱。等所有成員寫完後，同時出牌，先請每個成員看一看在這個小小動物園裡都有哪些動物，哪些與自己相似，哪些不同，你在這個動物園中的感受如何（可能有的動物會缺乏安全感，產生焦慮不安等情緒）。然後，每個成員輪流介紹自己為什麼會選出這個動物代表自己。有些成員選擇的動物是因為像自己的特質，如老黃牛勤勤懇懇；有些成員選擇的動物是自己期望成為的，如像獅子一樣強壯不受欺負。當成員介紹自己時，其他人可以有不同的回應，以促使當事人進一步思考。該練習可以帶出成員個人的許多生活體驗，領導者可以視團體的狀況決定是否深入探討下去。

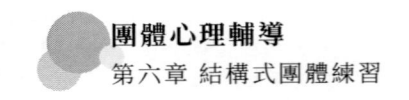

◆示例 4. 我的核桃

目的：提高觀察能力，識別和接納人和事物的獨特性。

時間：50 分鐘。

準備：每組 8～10 人，每人 1 個核桃（也可以是柑橘、番茄、檸檬等）。

操作：每人發 1 個核桃，讓成員花 10 分鐘認真觀察自己的核桃，儘量動用所有感覺通道，如視覺、聽覺、嗅覺、觸覺等，先用眼睛觀察，然後閉上眼睛，感覺核桃的觸覺特徵。10 分鐘後，將自己的核桃和別人的混在一起，看看每個人是否能找到自己的核桃。然後，再次將成員的核桃混合，每人閉眼去找自己的核桃。找到和找不到都要講原因。最後，小組分享自己的核桃有哪些特點，你是怎樣找到的？找到後的感覺如何？找核桃的練習給你哪些啟發？領導者總結時，可以引導成員認識人和事物的獨特性，學習接納這種獨特性，並學習比較的方法。

◆示例 5. 人生的最重要時刻或事件

目的：協助成員明確以往的經歷對當前生活的影響，並對自己的情緒做出正確的處理。

時間：50～60 分鐘。

操作：領導者要求成員閉目保持安靜，然後回憶自己人生中最快樂或最悲哀、最痛苦的時刻或事件。靜思 5 分鐘後，請大家睜開眼睛，講述自己的經歷，其他成員則協助講述者具體界定他此時此刻的內心感受，並分析快樂或痛苦的原因，認清過去的經歷對現在及生活的影響，並探索每個人目前不同的生活處境與問題。在這個過程中，成員往往會對自己有一些新的發現。由於練習可能觸及成員內心深處的感受，所以要預備充分的時間，適當處理和協助成員解決情緒問題，避免任何負面的影響。

五、澄清價值觀的練習

使用目的：訓練成員更深入地覺察價值的形成過程；強化成員分析、批判事物的能力；提升成員從事「做決定」的能力；鼓勵成員公開表達自己的思想、概念和看法；學習如何尊重和接納別人的意見。

◆示例 1. 火光熊熊

目的：明確自己的價值觀，理解他人的價值觀。

時間：30～45 分鐘。

準備：紙、筆。

操作：領導者將團體分成 5 人左右的小組，然後告訴大家，現在你的宿舍正被烈火吞噬，情況危急，時間只夠你衝進火海取出三樣東西。你會選擇哪三樣？先後順序是怎樣的？為什麼選擇這三樣？它們對你有什麼價值？還有沒有重要的物品不在搶救之列？為什麼？然後給成員一定時間讓他們想一想，並寫在紙上。然後在小組內交流，告訴其他人你如此選擇的原因。

◆示例 2. 臨終遺命

目的：對個人的人生價值觀做具體的探索並協助成員在生活中做明智的抉擇。

時間：45～60 分鐘。

準備：紙、筆。

操作：領導者告訴團體成員，由於種種原因，你正面臨著死亡。終期將至，時間只允許你再做最後 10 件事，你會做哪 10 件事，並排出先後次序，然後寫下你的遺囑（50 字以內）。每個成員認真思索後寫下你的決定和遺囑，再向團體內其他成員說出，並解釋原因。談一談你在寫的時候有什麼感受，這感受對你今後的生活有什麼影響。透過練習，可以幫助團體成員對自己的人生觀和價值觀進行整理，也可以透過與他人的交流，啟發自己。

◆示例 3. 人生的最後時刻

目的：探索個人的人生價值觀。

時間：約 30～40 分鐘。

操作：領導者告訴全體成員，由於某種原因，現在我們每個人只剩下最後一天的壽命，也就是我們只有 24 小時可利用。如果身體正常，可自由思考與行動，你會如何使用這僅剩的 24 小時。每個人認真思考後寫下來，在小組內交流。透過自我的探索和與他人分享，使團體成員對自己的人生價值觀有更深入的了解，並指導自己日常的生活。

◆示例 4. 女孩與水手

目的：澄清個人價值觀。

時間：約 60～80 分鐘。

準備：事先印好的順序選擇表及小組統計表。

操作：領導者給全體成員講一個故事。

一艘船遇上了暴風雨，不幸沉沒了。船上的乘客中有 5 個人幸運地乘上了兩艘救生艇。一艘救生艇上坐著水手、女孩和一位老人；另一艘上坐著女孩的未婚夫和他的親戚。氣候惡劣，波浪滔天，兩艘救生艇被打散了。

女孩搭乘的艇漂到一個小島上。與未婚夫分開的女孩惦記著未婚夫，千方百計尋找，但找了很久，一點線索也沒有。第二天，天氣轉好，女孩仍不死心，繼續尋找，還是沒找著。有一天，遠遠地發現了大海中的一個小島，她就請求水手：「請修理一下救生艇，帶我去那個島上。」水手答應了女孩，但提出了一個條件，必須和他睡一夜。陷入失望和困擾的姑娘找到老人商量：「我很為難，怎樣做才好呢？請你告訴我一個好方法。」老人說：「怎麼做正確，怎麼做錯誤，我實在不能說什麼。你捫心自問，按你的心願去做吧。」姑娘無奈，尋未婚夫心切，結果滿足了水手的要求。第二天早上，水手修好了艇，帶著女孩去了那個小島。遠遠的，她看到了島上未婚夫的身影，不顧船未靠岸，從船上跳進水裡，拚命往岸上跑，一把抱住了未婚夫的手臂。在未婚夫溫暖的懷抱裡，女孩想：要不要告訴他昨晚的事呢？思前想後，下決

心說明情況。未婚夫一聽，大怒，一把推開她，並吼道：「我再不想見到你了。」女孩傷心地邊哭邊往海裡走。見此情景，未婚夫的親戚走到她的身邊，用手拍著她的肩膀：「你們兩人吵架我都看到了。有機會我再找他說說，在這之前，讓我來照顧你吧。」

故事講完後，領導者給每個成員發一張表，要求大家從剛才故事中出現的五個人物中，按自己的好感程度做出選擇並排序，然後簡單地寫下原因。選擇完後，在組內交流，每個人說明自己的想法，並統計全組的傾向性意見。

◆示例 5. 洞口餘生

目的：認識自己的目標及自己將來對社會可能的貢獻。

時間：約 40 分鐘。

準備：折疊椅一人一把。

操作：把成員分成 5～6 人一組。每組圍成圈坐下，相互距離較近，留出一個出口。為增強氣氛可以拉上窗簾，關上燈，出口處最好靠近門或窗。然後領導者說明：有一群學生到郊外旅遊，不巧遇到泥石流，全部被困在幾公尺的地下，只有一個出口，只可以過一個人，而出口隨時有坍塌的危險，誰先出去就有生的希望，請每個人依次說出自己求生的目的及將來可能對社會做出的貢獻，然後大家協商，看誰可以最先逃出，排出次序。然後，全體一起討論練習過程及自己的感受。領導者要引導大家把討論的重點集中到自己能否說出將來生活的指向；聽了別人意見後自己是否修正原有的想法；小組內以什麼為標準決定逃生者的次序等方面。

六、集思廣益互助解難的練習

使用目的：團體輔導的獨特之處在於每個團體成員不僅可以得到團體領導者及其他成員的幫助，而且也可以成為助人的力量，為他人提供幫助。特別是當那些抱有共同的苦惱，有共同要解決的發展課題或心理問題的人聚在一起時，成員往往感情共鳴，認識相通，齊心協力，彼此支持，互相建議並

善意地提出個人見解。「三個臭皮匠，勝過一個諸葛亮」，群策群力可以給人更多的信心和鼓勵。

◆示例 1. 目光炯炯

目的：學習自我肯定技巧。

時間：10～15 分鐘。

準備：安靜舒適的空間。

操作：團體成員兩人一組，互相注視對方眼睛 50 秒，不可以躲閃，目光注視表示自信及誠懇。然後，注視對方，肯定地做 1 分鐘自我介紹。接著，肯定地表達自己的感受，如，「我對繪畫最有把握」。大聲說三遍，注意每遍的感受，交換角色。接著，請對方幫忙某件事或借東西，1 分鐘之內用各種方法要求他，但另一方看著對方重複說「不」，兩人交換。最後，討論剛才練習的感受和意義，以及如何應用到日常生活中去。

◆示例 2. 熱座

目的：透過相互提供意見，協助成員解決個人面臨的困惑。

時間：約 60 分鐘。

準備：每人 1 個信封，若干張紙條（比人數少一張）。若人數多，可分為 6～10 人小組。

操作：給每個成員發幾張白紙，1 個信封，在信封上寫上自己的姓名。然後，將自己目前最困擾、最想得到幫助的問題寫在紙條上，每張紙條寫同樣的問題，並留有足夠的回答問題的空間，每張紙條上寫上姓名。例如，「你對我的印象如何？」「怎樣才能找到意中人？」「怎樣才能成為一個出色的諮詢員？」「我怎樣做才能獲得真正的友誼？」「睡不著怎麼辦」……然後，把寫好的紙條發給每一位小組成員，請他們回答。每位成員拿到他人的紙條時，認真思考，根據自己的經驗及體會，懷著真誠助人的心情，以自己獨特的方式回答，沒有對與錯之分，把自己對某一問題的真實看法寫出來。信封放在小組中央地上或桌上，回答者不用署名，回答完畢，把每個人的問題放

到他的信封上,裝進信封內。每個成員取回自己的信封,抽出回覆,一一閱讀。最後,全組集中,每人談談自己閱讀完他人意見後的感想。由於得到了多個人的幫助,豐富了個人有限的經驗,因此常常使受益者感動不已。

◆示例 3. 祕密大會串

目的:幫助成員面對與處理當前的困擾。

時間:約 50 分鐘。

準備:紙、筆。

操作:領導者請每位成員想一想目前最困擾自己的事情是什麼,最想解決的問題是什麼,然後寫在紙上,不署名。寫完折疊好,放在團體中央。全體寫完後,領導者隨機抽出一張,大聲唸紙上的內容,請團體成員共同思考,幫助提問題的人解決問題。因為匿名,可減少成員的擔憂,大膽提出問題。全體共同出主意想辦法,幫助別人也幫助自己,必要時可以透過角色扮演方法來表現具體情境。討論完一張,再討論另一張,直至所有紙條上的問題都逐一解決。最後,領導者引導成員思考怎樣從他人經驗中學習成長。

◆示例 4. 金魚缽

目的:協助他人了解自己。

時間:約 40 分鐘。

準備:與人數相等的折疊椅。

操作:領導者先把團體分成 4～6 人小組。I 組圍圈坐下,R 組坐外圈,I 組是討論組,R 組是觀察組。觀察組成員坐在被觀察者的對面,便於觀察。R 組成員每人觀察一位 I 組成員。領導者是總體觀察者,流動觀察。練習開始時,領導者讓 I 組討論一個問題,可以是參加團體後的感受,也可以是大家共同關心的問題。I 組成員可以自由地討論,發表意見。觀察者從傾聽方式、說話方式、談話內容、視線、聲音等多方面去觀察他。等 I 組討論結束,R 組成員對自己觀察的對象談他的觀察結果。因為任何人都有自己的盲點,即自己不了解的地方,別人不指出就不知道,不注意。對 I 組做整體觀察時,

注意討論是否跑題，發言是否平等，互動溝通狀況如何等。透過一一對應的交流和總體觀察的評價，使被觀察者了解自己更多，在今後的人際互動中有意識地改善。隨後，I組R組交換，I組觀察R組成員。

◆示例5. 腦力激盪

目的：了解別人的意見，擴展自己的思考空間，培養團體合作精神，發揮集體力量找到多種解決問題的方法及途徑。

時間：約50分鐘。

準備：每個小組一張大白紙，簽字筆一支。

注意事項：暫緩批評，不立即做任何優缺點的評價；越多越好，辦法多多益善；越奇越好，自由聯想，不要怕跟別人不一樣；聯合與改進，鼓勵巧妙地利用並改善他人的構想。

步驟：確定主題，說明規則；鼓勵發言，記錄所提出的意見；歸併所提出的意見；共同決定評估標準，根據評估標準共同選取最好的意見。

操作：全體成員分成6～12人一組，每組在領導者給定的時間內就某個題目發表意見。應遵守三條規則：一是不評論他人意見正確與否；二是盡可能多地出主意；三是爭取超過別的小組。練習本身帶有競賽性質。每個題目限時15～20分鐘。題目可根據團體成員的特點或團體輔導的目標而定，要求具體、可操作。例如，「怎樣減輕生活學習壓力」「愉快度過大學生活的方法」「改善人際關係的方法」「生活中的自信表現」「緊張焦慮消解方法」等。當領導者宣布開始，每個小組派一人記錄，其他人七嘴八舌出主意，相互啟發，集思廣益，列舉各種可能的方法。當領導者說「停」，每個小組把自己的意見貼在牆上，選一位代表解釋這些方法。全體成員一起評論，看哪個小組辦法最多，可以獲「優勝獎」；哪個方法最實用，最幽默，最有想像力，可以評出「實用獎」「幽默獎」「好主意獎」。透過評比，幫助成員選擇在生活中最適合運用的方法，拓寬思路，群策群力，依靠集體的力量，獲得解決問題的方法。

七、結束團體的練習

使用目的：有經驗的團體領導者一般都很重視團體輔導結束階段的練習安排，精心選擇符合成員特點、有吸引力、有新鮮感的練習形式。若不安排結束練習或處理不當，會直接影響團體輔導的效果。在最後一次團體聚會時，練習的方式有多種。例如，團體領導者自己做總結，或請團體成員總結，逐一請他們發言，表達自己的感受。此外，也可以安排一些有趣的練習，使團體在輕鬆、溫馨的氣氛中結束。以下介紹幾種練習：

◆示例 1. 我的收穫

目的：成員在紙上寫下有關團體的學習心得，並且與成員分享，回顧和總結自己的團體經驗和收穫。

時間：50 分鐘。

準備：白紙每人一張，原子筆每人一支。

操作：領導者將紙筆發下，請成員在紙上寫下有關團體的感受和體會。如，「在團體中我所學到的三四件事」「團體中對你最有幫助的經驗是什麼」「你的個人目標完成的狀況如何」「怎樣才能將團體中所學到的運用到日常生活中」等。寫完後，成員分組交流，再到團體中分享。

◆示例 2. 把心留住

目的：結束團體，適當預估未來生活。

時間：60～70 分鐘。

準備：筆、心形小卡片、播放設備、音樂。

操作：播放輕柔的音樂，領導者給每個成員發若干張心形卡片，請成員在每張卡片上寫出自己所擁有的、所想要的好的特質或東西，一張卡片一樣。這些卡片就是成員的一顆心，請成員衡量自己及其他人的需要，送給其他成員自己的一點心意。全部送完後，圍圈坐下，請每個人談談送禮物的心情如何；為什麼送這些「心」；接受禮物的心情如何；你認為送禮物的人的用意是什麼；帶著這麼多成員送的「心」，離開團體後你打算怎樣生活。心形卡

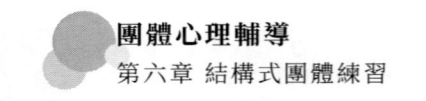

代表成員的心願與期盼，當一個團體成員捧著其他人的「心」時，更能體驗到人間溫情親情。不過，領導者要注意把握團體氣氛，不要過分依戀、傷感，而應該充滿活力並盡興。

◆示例 3. 笑迎未來

目的：了解成員在團體過程後的進步與改善，討論成果，彼此回饋，結束團體。

時間：60～80 分鐘。

準備：白紙、彩色筆。

操作：團體圍圈而坐，由一位成員當主角，大家討論他現在與剛參加團體時有何不同，參加團體後在哪些方面改變了。然後請他自己說說感受，接著再換另一位成員。以此類推，對每位成員回饋。結束時每人發一張紙，各成員在紙頂端寫上對自己的祝福。然後向右傳給每位成員；每人都寫下自己對他人的祝福和建議，或用繪畫形式表達。當轉完一圈，每位成員細細閱讀他人的祝福。對他人懷著深深的感謝握手道別。

◆示例 4. 真情告白

目的：處理離別情緒，給予彼此祝福。

時間：50 分鐘。

準備：每人一張白紙，一枚大頭針。

操作：每人在背後別上一張白紙，請小組內其他成員每人寫一句祝福的話或建議。小組內寫完，可以找其他自己認為重要的團體內成員，請他們寫。寫完後，坐下想一想成員會給自己寫些什麼，期待他們寫什麼，然後拿下仔細看，分享讀後的感想，感謝成員的真誠。

◆示例 5. 大團圓

目的：透過身體接觸帶來溫暖和力量，使成員在結束前更實在地肯定團體的團結，體驗在一起的感受，獲得支持與信心。

時間：約 30 分鐘。

準備：空曠的房間、音樂。

操作：在團體最後一次練習結束時，領導者請大家站立，圍成圓圈，將兩手搭在兩側成員的肩上，聚攏靜默 30 秒。然後輕輕地哼大家共同熟悉的歌曲，並隨著歌曲旋律，自由搖擺。從兒童歌曲到鄉村歌曲，儘量找大家都會的，促使其全部投入，一首接一首。使全體成員在一個充滿溫馨、甜蜜而有凝聚力的情境中告別團體，走向實際生活，留下一個永遠美好又極有象徵性的記憶。

◆示例 6. 團體結束常用歌曲

目的：處理離別情緒，勵志振奮，彼此支持，圓滿結束團體輔導，使成員對未來充滿信心。

要求：根據不同的團體主題、團體階段以及團體對象而精心選擇相應的歌曲。

準備：播放設備、音樂、歌詞、寬敞的場地。

操作：一般在每次團體聚會結束或整個團體結束時。全體成員圍圈，手搭在別人肩上，隨著音樂自由而有節奏地慢慢搖動，並跟著音樂一起唱，邊唱邊品味歌詞內容。所用的歌詞必須配合團體的內容。

擴展閱讀

安排團體練習的程序

1. 根據團體的目的與目標列出團體的整個計劃。

2. 根據活動計劃制訂欲達成的各項目標。

3. 詳細列出可以利用的各種設備和資源以及最合適的時間。

4. 根據成員下列因素列出相關的備用練習：興趣和動機、年齡、技巧層面、身心狀況、注意力的持久性。

5. 根據下列因素，分列各種計劃：

(1) 練習的特徵，如時間長短等；

(2) 練習的生理性需求事項，如力量的大小等；

(3) 練習的社會性需求事項，如互動、語言等；

(4) 練習的心理性需求事項，如感受、動機的表達；

(5) 練習的認知性需求事項，如地點、人員等。

6. 選定最適合的且能達到團體既定目標的練習計劃。

本章要點小結

1. 結構式團體是指為了幫助成員在團體中學習與成長，領導者事先做了充分的計劃和準備，根據團體所要實現的目標來設計相應活動程序和引導成員積極參與。

2. 結構式練習的功能有：提供人際交往機會，收集所需資料，進行行為預測，發揮導入作用。

3. 結構式團隊練習應用的原則有：充分考慮團體特點，了解團體練習的預期效果，運用自己熟悉的團體練習，避免以練習代替輔導。

4. 常見的團體練習有：紙筆練習、身體運動、接觸練習、美術與工藝、閱讀練習、媒體應用、心理劇、布偶劇與生活演練、人際溝通、娛樂性練習、團體外作業。

5. 選擇和預備團體練習需要：確立團體目標和團體規模，安排好練習時間，在不同發展階段採用不同的練習目標。準備好所需材料、物理環境、參考資料，評價練習的有效度。

6. 團體練習內容的安排程序包括：列出團體的整個計劃；制訂欲達成的各項目標；詳細列出可以利用的各種設備和資源，以及最合適的時間；根據成員因素列出相關的備用練習；分列各種計劃；選定最適合的且能達到團體既定目標的練習計劃。

第三節 結構式團體練習的應用舉例

關鍵術語

結構式團體 非結構式團體 結構式團體練習 紙筆練習

複習思考題

一、判斷題

1. 根據團體輔導活動有無計劃與目標，可以劃分為結構式團體與非結構式團體。（ ）

2. 團體練習是團體輔導的目的。（ ）

3. 在團體過程中使用團體練習不但具有媒介的效果，而且能產生治療的功能。（ ）

4. 團體規模即團體的人數影響團體練習的選擇。（ ）

5. 在練習時間中，每個團體練習所需花費的時間長短相同。（ ）

二、選擇題

1. 團體輔導過程中使用最廣泛、最便捷、最有效的團體練習是（ ）

A. 紙筆練習

B. 身體運動

C. 接觸練習

D. 美術與工藝

2. （ ）是團體練習的基礎

A. 團體規模

B. 團體目標

C. 練習時間

D. 發展的不同階段

團體心理輔導
第六章 結構式團體練習

3. 評價團體練習是否恰當、有效,是否達到使用目的,需要根據( )而定

A. 團體目標

B. 團體氛圍

C. 階段目標

D. 團體成員態度

4.「瞎子走路」屬於什麼練習( )

A. 身體運動

B. 閱讀練習

C. 心理劇

D. 接觸練習

第七章 團體心理輔導的設計與實施

　　塞繆爾（Samuel T. Gladding）說：「如果（諮詢師）把自己可以勝任的工作僅局限於個別諮詢的話，他也就限制了自己可以提供服務的範圍。」

　　團體心理輔導的方案設計是心理輔導目標能否實現的基礎，就好比蓋樓的時候需要事先設計好樓房圖紙一樣。團體心理輔導要想取得理想的效果，也需要精心設計好「輔導藍圖」。好的輔導方案，是經過設計師深度思考、精心準備的。在設計過程中，需要考慮到輔導中可能發生的各種情況，並想出盡可能多的解決策略，實施團體心理輔導才能有的放矢、遊刃有餘，對突發事件也能較好地應付。本章主要對團體心理輔導的設計與實施進行闡述，透過學習，可以清楚地掌握團體心理輔導方案設計的原則、內容以及如何將方案設計應用到團體輔導當中去。同時，本章還對團體心理輔導效果評估做了介紹，以幫助團體領導者及團體成員了解團體心理輔導的成效，以發現問題、累積經驗，提升團體心理輔導的工作水平。

第一節 團體心理輔導方案設計的原則與內容

一、團體心理輔導方案設計的概念

　　團體心理輔導方案設計，是指運用團體動力學和團體心理輔導等專業知識，有系統地對一連串的團體活動進行設計、組織和規劃的過程。團體心理輔導方案設計是團體領導者的必備能力，恰當的團體方案是團體心理輔導順利進行的有效保證。團體方案就像地圖，引導團體達到目標。它是實現團體輔導功能和目標不可缺少的環節，其設計要求如下：

　　（1）方案設計要具有預見性，對團體輔導效果有評估作用。團體心理輔導正式運作之前，在方案設計裡已擬定團體心理輔導的最終效果，並以此對比團體心理輔導的現行效果，及時找出差距並修正，以保證團體心理輔導的最終效果。

（2）方案設計要具有指導性，對團體心理輔導目標有定位作用。方案設計立足於團體心理輔導的性質而提供理論指導。對團體心理輔導的領導者而言，解決自我認識，為實施策略提供方法參考，對團體心理輔導的參與者可為其確定自我探索、人際互動等明確方向，方案的影響性以及成效評估能夠指導方案要素的確定。

（3）方案設計要具有規範性，對團體心理輔導過程和結果有保障。由於方案設計對活動的可行性進行了考究並準備了應急方案，它最大限度進行了活動的規劃，並明確制訂了活動項目在功能、成效上的有序連接；還由於方案設計確定了活動執行的具體步驟，從而保證活動的順利進行。因此，正確認識和把握方案設計，對實現團體心理輔導功能和目標意義重大。

二、團體心理輔導方案設計的原則

（一）系統化原則

指方案的設計要有一致性，前後連貫，在不同單元活動之間體現循序漸進性。從內容、形式等方面來看，一般要求由易到難，由淺而深，由人際表層互動到自我深層經驗，由行為層次、情感層次到認知層次，漸進式引導成員融入團體。因此，領導者在團體心理輔導方案設計時既要將每一個看似孤立的活動與團體輔導的主題相統一，又要求領導者在方案設計的內容上做到完整性和統一性。具體可按照團體心理輔導四個階段的任務特點進行設計。

初始階段——相識；

過渡階段——了解、信任；

工作階段——依賴、溝通、釋疑、維繫；

結束階段——告別。

（二）差異性原則

指方案的設計一方面要考慮成員的特性，如性別、年齡、表達能力、職業背景等因素，針對不同特性的團體，其方案設計的重點應有差異。例如，對年齡層次較高的團體傾向靜態性活動設計，對較多內向性活動者的團體可

設計催化性活動，對學歷較高的團體傾向設計認知性活動。另一方面，針對團體內不同的發展階段，在方案設計與活動選擇上也有不同的考慮重點。例如，在團體的初始期，可以設計一些溫馨的相互認識活動，如「心有千千結」。設計的自我分享活動宜偏重淺表層次和威脅性較少的主題活動，而在團體的轉換期和工作期則可以設計一些如「同舟共濟」等動態性、兼具感性分享和理性交流的活動來催化團體動力，也可根據領導者專長、成員需求、團體特殊事件來設計一些達到主題和功能的活動。但在團體結束期的設計重點則宜注重讓成員有機會回溯整個團體經驗，彼此給予和接受回饋，互相期許祝福與增強激勵，如「你說我說」「把心留下」。

（三）可行性原則

指領導者要了解自己的特質、能力、偏好及帶領風格，了解自己與所要帶領的團體及其對象的特質、目的，進一步評估自己與所要帶領的團體之間的匹配性，充分考慮彈性和安全性。它要求團體心理輔導領導者必須選擇、設計自己熟悉或有把握的活動，避免「錯誤移植」。一般來說，年齡偏低的成員適合較動態性的活動，年齡偏高的適合靜態性活動設計；同性別團體偏向於肢體性活動，兩性團體偏向於分享性活動；異質性團體活動設計儘量多元化，同質性團體傾向於情感性、支持性活動設計等。要求設計新活動時，領導者在帶領前至少自己要操作一遍，認真準備好每一次團體計劃和整個團體方案。

大陸學者樊富珉教授還從團體領導者這一角度出發，對於團體心理輔導方案的設計原則進行了進一步的闡述。她認為，不同的領導者有不同的領導理念、個性、習慣、經驗、技巧與專業訓練，因此在團體方案設計時必須加以考慮。在進行方案設計時還應遵循下列原則：

（1）領導者要了解自己的特質、能力、偏好及帶領風格。

（2）領導者要了解自己所要帶領團體及其對象的特質和該團體輔導的目的。

（3）評估自己與所要帶領團體之間的適配性。即領導者必須選擇、設計自己熟悉或有把握帶領的活動，避免帶領不了解、不熟悉的團體活動。因此，設計新活動時，領導者在帶領前至少自己要實際操作一遍，以累積實際經驗。

（4）如有多個團體領導者，設計方案時應明確各自的分工，事先要充分溝通、討論。

（5）設備設計，包括整個團體方案及每次團體計劃。

（6）方案設計要實際、具體且可行，掌握團體的目標與性質。

（7）方案內各項活動的設計要有一致性，前後連貫。基本上是由易而難，由淺而深，由人際表層互動到自我深層經驗，由行為層次、情感層次到認知層次，漸進式引導成員融入團體，使其積極參與團體活動。

（8）方案設計應考慮成員的特性，如性別、年齡、表達能力、職業背景等因素。一般而言，不同特性的團體，其方案設計的重點也有差異。

（9）方案設計要有彈性及安全性考慮，避免團體過程受阻或對成員造成身心傷害。特別是深層次、治療性的團體，方案設計更應考慮領導者的能力經驗及其危險性。

（10）方案設計時，活動選擇的標準應根據成員的需求、團體的目的和預期的結果。活動不是團體娛樂，不應只為有趣好玩、使人興奮或產生高昂的情緒。團體活動只是為了達成團體目標的一種手段和方法。

此外，方案的設計應與團體督導者、經驗豐富的領導者及同行相互討論，適時修正。任何一個團體心理輔導方案設計要達到完美無缺是非常困難的，即使是理想的方案在團體中實際運作時也可能產生問題。但是基於團體動力的運作，設計前周全的考慮、規劃是必要的，團體形成後的方案評估與修正更是不可或缺。有效的領導者應善於學習、虛心求教、反省自我、敏銳觀察，才能發揮團體輔導的功能，確保團體成員的權益。

三、團體心理輔導方案設計內容與要素

設計團體輔導活動方案指在團體輔導性質、目標與主題的基礎上,確定如何開展團體輔導,以達到相應的工作效果。一般來說,團體輔導方案設計首先要遵循匹配性強、易於操作、安全性強的總原則。其次,要落實各項具體內容,具體來講包括環節選擇與設計、場地選擇與道具儲備、確定領導者。在方案設計完成後,還應進行討論和修正,並事先開展預練,以達到最佳的輔導效果。

(一)環節選擇與設計

一次團體心理輔導好比一項工程,由一系列環環相扣的環節組成,各環節既能充分表達主題,隱藏心理表徵,營造積極團體情境,顯現內在心理動機,轉化心理衝突;又能相互之間承轉自然,張弛適度,快慢緩急,鋪設有序。這些都需要組織者事先研究,精心設計。一般來講,具體環節包括熱身與分組技巧、流程控制與轉接、作業設計、材料使用、時間掌握等,每個環節都需要結合實際情況來設計,確保操作能夠順暢而富於技巧性的完成。另外,在環節選擇與設計時,還要預備應急方案,以應對可能出現的成員不合作或不到場等情況。

(二)場地選擇與道具儲備

組織者要重視場地與道具在團體心理輔導中的促進作用。團體心理輔導場地與道具表面上看是物化的,但如果得到巧妙利用,就是促進團體動力的有利因素,甚至能發揮意想不到的效果。一般而言,場地要求寬闊、舒適、明亮,配備相應的硬體設施,能滿足成員開展活動的要求。在可能的情況下,還要運用音樂、影片營造相應的工作環境。要善於整合或節約人力、物力、財力等資源,為活動創造條件,如充分利用室外資源,如操場、廣場、畫廊等。道具儲備缺乏資金時,可以找相應替代品。

(三)確定領導者

總的來說,一個合格的團體心理輔導領導者必須具備良好的人格特質,對團體心理諮詢理論有充分的理解,具備建立良好人際關係的能力,掌握基

本的領導技能與專業技巧，有豐富的諮詢經驗並能嚴格遵守職業道德。在此基礎上，在確定領導者時，要考慮到不同主題與層次的團體心理輔導需要不同層次的領導者，以滿足不同層次、類型的團體成員需求。如大學新生適應團體，對領導者的專業技巧要求不是很高，領導者可以是二級學院心理輔導員或高年級學生骨幹。但情緒管理團體，其中涉及較多的討論環節，就需要由具備一定團體心理輔導工作經驗的專職心理教師來帶領完成。

（四）制訂團體計劃書

團體心理輔導都有事先安排、設計好的團體計劃書和程序。團體計劃書一方面可作為帶領團體時的指引，另一方面也是向相關部門申報計劃、申請經費以及對外宣傳、招募成員的重要依據。一般來說，團體計劃書應該包括以下要素：

1. 團體性質與活動名稱

團體性質包括說明該團體是結構式、半結構式還是非結構式的；是發展性、訓練性還是治療性的；是開放式團體還是封閉式團體；是同質團體還是異質團體等。團體名稱包括學術性名稱及活潑化宣傳用的副標題。團體名稱設計要符合團體性質、團體目標以及對象的特徵，力求新穎、生動，且具有吸引力，使人一目瞭然，易於接納。切記避免「標籤效應」。例如，為失戀者組織的團體心理諮詢最好不要出現「失戀者」的詞語，可以用隱喻、轉意的詞語，體現助人成長的含義，發揮創意，如「戀愛心曲」「再見溫情」「在愛中成長」「你我同行」「在路上」等。

2. 活動地點與時間

合理確定活動地點與時間，如果是系列活動，要說明具體時間安排，包括團體時間的總體安排、何時進行、所需時間、次數、間隔時間、每週幾次、每次多長等。總體來看，一個團體持續多久為好，多長時間聚會一次，每次多少時間，取決於團體的類型及成員。一般認為，8～15 人為宜，每週 1～2 次，每次 1.5～2 小時，持續 4～10 週左右。成長團體、訓練團體、人際關係團體和會心團體可以次數少一些（8～10 次），而治療性團體可多一些

（10～15 次）。對於青少年團體而言，針對他們注意力不容易集中、興趣易轉移的特點，最好活動次數較多，每次時間較短，30 分鐘左右為宜。如果成員是大學生和成年人，每週 1 次，每次 2 小時為宜。有些對象有職業的限制，如計程車司機，晚上更忙，上午 8～10 點也許更合適。

3. 參加對象與人數

團體計劃書要明確團體招募成員的類型、來源、人數、招募與甄選方式。成員的類型包括性別、年齡、身分、問題性質等。而對象的確定是與團體目標密不可分的。例如，「青少年人際交往成長營」招募的對象是 12～17 歲青少年，男女不限，有強烈的學習和改善人際交往願望的人。團體成員的來源，除了自由報名參加者外，也可由老師推薦、家長代為辦理報名，或由諮詢人員、社會工作者、醫療人員轉介或建議而加入。

4. 設計動機與目標

團體目標包括整體目標、階段目標和每次聚會的具體目標。具體而言，指經過團體輔導後，成員在認知、情緒和行為方面應達成哪些改變。團體輔導開始之前，最重要的一環就是確定團體輔導的目標。團體輔導的目標大致可以分成三大類。第一類是以開發心理潛能，促進人格成長，增進心理健康為目標的團體輔導；第二類是以敏感性訓練為主的團體輔導；第三類是治療性的團體輔導，比較重視潛意識方面的問題。

5. 活動資源

包括團體經費預算表、廣告等宣傳品、成員申請報名表、成員篩選工具、參與團體契約書、團體評估工具以及其他相關資料。比如，活動中要用到的圖、表、文章等資料，播放設備等，均應準備充分，以備使用。

6. 確定領導者

團體計劃書應明確團體領導者的基本資料。比如，領導者與協同領導者是誰，他們的基本經驗與背景是否適合，受過何種團體訓練，帶領過哪些團體等。筆者在實際工作中發現，領導者對人的看法，對輔導理論的了解程度，甚至領導者個人的性格、風格及人際溝通模式，都會影響方案設計。此外，

為保證團體的效能得以實現以及成員的利益不受損害，有條件的情況下最好能聘請具有心理輔導理論基礎，有團體經驗且曾受過督導訓練的專家擔任督導員，以隨時為團體領導者提供專業性的指導。

7. 活動環節

包括團體流程設計、單元執行計劃設計，乃至每次具體活動如何組織實施。團體計劃書必須註明各次聚會的單元名稱、單元目標、預定進行的活動名稱，並且具體詳述每次聚會的單元名稱、目標、時間安排、預定活動內容、步驟、方式及所需器材等，以便提前做好準備。

8. 評估方案

團體心理輔導是否達到預期目標，團體成員的反應是否滿意，團體領導者的工作方法與技巧使用是否恰當，團體內成員的合作是否充分，今後組織同類團體心理輔導可以做哪些改進，團體評估必不可缺。團體評估的方法因團體目標不同、層面不同、類型不同、對象不同而有所區別。一般而言，團體評估包括過程與結果評估、團體互動狀況與個別成員評估、評估方法或工具及預定評估的時間等。

（五）團體聚會計劃的案例

表 7-1 是一個自我成長和支持團體的第一次聚會，有 8 個成員，男女生人數各一半。

表7-1　中學生兩性交往支持團體的首次聚會計畫

活動	時間
1.開場 領導者自我介紹，說明本次聚會的目的、形式、目標及一些注意事項（如保密原則、準時出席、對其他團體成員友好等基本的規範）；讓每個成員依次進行自我介紹（姓名、參加團體的動機和目標）	15 分鐘
2.破冰 遊戲：心有千千結 活躍氣氛，營造一個輕鬆的環境，使成員進一步了解	10 分鐘
3.討論 討論活動感受，說說成員間齊心協力克服困難的感受	8分鐘
4.活動 (1)男生和女生成員兩兩配對，就《我欣賞的異性》活題進行腦力激盪並記錄 (2)幫助成員了解不同性別的想法，以及所欣賞的異性的特點，增加對異性的了解	10 分鐘

續表

活動	時間
5.活動分享 (1)男女生對分別欣賞的男生和女生的看法存在差異 (2)每個人都同時具有男性和女性的特質 (3)學習那些有魅力的人格特質，做受歡迎的人	10 分鐘
6.總結 (1)討論本次聚會的特殊體會、對團體的感受和一件他們計畫嘗試的新行為 (2)分發閱讀資料 (3)提醒下次聚會時間	15 分鐘

表 7-2 是一個為期六週的第二次自我肯定訓練團體的聚會,由 14 名大學生組成,其中男女各半。

表7-2　大學生自我肯定團體的第二次聚會

活動	時間
1.介紹新成員 (1)請每個成員講一下自己的名字,並談談他們記得的上次團體活動的內容 (2)領導者再簡略強調團體和團體目標	5分鐘
2.將成員分組,讓成員寫下他們交友的方法	8分鐘
3.請成員報告小組討論結果 (1)在黑板上列出這些方法 (2)討論這些方法 (3)針對某些方法進行角色扮演 (4)請每個成員都練習這些方法	15 分鐘
4.請每個成員說說在這個星期中想要嘗試做的事情	15 分鐘
5.總結 請成員完成語句:我今天學到的一件事是……	10 分鐘

表 7-3 是一個企業員工合作支持團體的第三次聚會,有 12 個成員,包括公司同級各部門員工,由 5 位女性、7 位男性組成。

表7-3 企業員工合作支持團體的第三次聚會

活動	時間
1. 報告進展、這週的觀察並發問	10分鐘
2. 用本週的一些情境來做自我肯定的角色扮演	15分鐘
3. 分享剛才角色扮演的感受	5分鐘
4. 理論學習 (1) 簡單介紹艾瑞克森自我發展理論：如果一個人不能與他人分享快樂與痛苦，不能與他人進行思想情感的交流，不能相互關心與幫助，就會陷入孤獨寂寞的苦惱情境之中 (2) 簡單介紹馬斯洛需要層次理論；每個人都渴望被別人接受、尊重或欣賞。不過現實生活中如果想得到他人的接受，尊重和欣賞，必須從自我開始，從給予別人開始	6分鐘
5. 三人一組分享對艾瑞克森和馬斯洛理論的看法	5分鐘
6. 熱身活動：滾雪球 促進成員互相了解，幫助成員懂得在交往中要關注和尊重他人	10分鐘
7. 活動分享，繞圈發言	5分鐘
8. 主要活動:同舟共濟 增強成員合作意識，提高合作能力	20分鐘
9. 活動小結 團體成員分享感受，由小組代表進行總結發言	5分鐘
10. 主題討論 請成員討論「在本週中我計畫嘗試哪些與自我肯定有關的行為」	5分鐘
11. 總結 (1)在此次聚會中，給你印象最深刻的東西 (2)對團體中其他成員的祝福	10分鐘

生活中的心理學

心理學有助於我謀求一份職業嗎

團體心理輔導
第七章 團體心理輔導的設計與實施

　　如果你曾經擁有一份不喜歡的工作，你大概就會對缺乏動機的痛苦有感觸。如果你很不喜歡匯報工作的做法，那麼一分鐘看起來就會像一小時那麼長。擁有成功職業的一個重要方面就是找到一個適合你動機需要，能提供挑戰和回報形式的工作環境。研究者已經研究了職業與人的性格、價值觀和需要之間的匹配關係，對此你應該感到驚奇。

　　要保持職業成功的動機狀態，你要有一份符合你興趣的工作並能達到你認為值得付出的目標。測量職業興趣廣泛使用的測驗就是斯特朗興趣調查量表，它是 1927 年由心理學家斯特朗（Edward Strong）提出的。為了編制這個測驗，斯特朗首先對不同職業的男性分組並要求他們回答有關他們喜歡的和不喜歡的工作項目。把那些在某個特定職業的成功男士所給出的回答與所有男士的回答做比較來產生一個表格。這個測驗的最新版本，包括 1994 年的修訂版，加入了有關婦女和新興職業的內容（Harmon et al，1994）。斯特朗量表非常成功地把人們的喜好和厭惡與適當的職業聯繫起來（Donnay & Borgen，1996）。如果你要做這個測驗，職業諮詢顧問就會告訴你和你興趣一樣的人擁有的是什麼類型的工作，因為這些是可能吸引你的工作。

　　假定你已經得到了這種關於從事何種職業的建議。那麼你如何選擇一個特定的公司加盟，並且那個公司又是如何選擇你的？最近，人事心理學研究者把注意力主要放在了個人與組織協調關係的概念上，其目的是增強員工和僱傭他們的組織之間的協調性（Bormon et al，2000）。有一個研究計劃是關注個人性格與組織「文化」之間的匹配關係的。請考慮一個被稱為宜人性的個性因素，它是指從「同情與友善」到「冷淡與爭吵」的一個連續體。也請考慮這樣一個組織文化連續體，它包括從支持他人並有團隊導向的組織文化到那些容易攻擊人並有結果導向的組織文化之間的連續變化。你明白這些衡量尺度是如何排列成一條直線的嗎？研究指出，在宜人性因素上獲得高分的人願意選擇具有支持他人文化和團隊導向的組織（Judge & Cable，1997）。這種類型的研究指出，對於職業成功來說為什麼不僅僅是你的動機狀態重要，你實現目標的選擇與組織的選擇之間的匹配程度也很重要。當你考慮一個可能一直激勵你實現目標的工作時，還要考慮一個決定性的因素。正如生活中其他許多方面一樣，職業興趣似乎有遺傳的成分。在一個研究中，

研究者要求不同家庭養育的單受精卵雙胞胎和雙受精卵雙胞胎完成兩個職業興趣調查，比如斯特朗興趣調查量表（Moloney et al，1991）。這兩個調查中，單受精卵雙胞胎的平均相關係數分別是 0.38 和 0.47，雙受精卵雙胞胎的相關係數只有 0.05 和 0.06。記住，這些雙胞胎並不是同一個家庭養育的。如果你決定沿著父母的職業道路前進，這可能並不僅僅是環境教化的結果。

　　因此，什麼樣的職業生涯道路能激勵你取得成功？與許多生活中的兩難選擇一樣，心理學家已經進行了能幫助你做出重要決定的研究。

複習鞏固

1. 團體心理輔導方案設計的作用。
2. 團體心理輔導方案設計的原則。
3. 團體心理輔導方案設計的內容。

第二節　團體心理輔導方案設計的步驟與各階段活動要點

一、團體心理輔導方案設計的步驟

　　團體心理輔導方案設計的步驟並無統一的規定和程序。根據樊富珉教授的經驗，團體心理輔導方案設計的步驟一般有以下幾個關鍵點：

　　（一）了解服務對象潛在需要

　　要舉辦團體心理輔導，必須先了解輔導對象（中小學生、大學生、企業員工、教師、公務員、精神官能症患者等）對團體的需求有哪些。輔導老師可以透過所接個案的困擾問題，或各類輔導對象常見的比較普遍的問題，看看團體輔導方式是否有組織的必要。例如，對那些人際關係欠佳的人透過團體輔導進行社交技巧訓練，為他們提供更豐富的人際互動和模仿及演練的機會，較易獲得顯著的成果。

團體心理輔導
第七章 團體心理輔導的設計與實施

最有效的需求了解方式是直接對相關人群進行觀察或評估。例如，中學生青春期面臨哪些困擾，大學生新生環境適應有哪些課題，兒童是否經常出現某些不適應行為，企業員工工作壓力過度會帶來哪些身心症狀等問題，透過觀察、問卷調查、心理測驗等方法，可以有效辨識出心理輔導的需求。還有一種需求了解的方法是透過服務對象相關人員間接的調查。例如，學校心理輔導人員在與教師和家長接觸的過程中，企業心理輔導人員在與管理者接觸的過程中，透過訪談或問卷調查的手段，也可以找出他們所關心的員工或學生的適應問題。此外，在短時間內重複聽到多人對同一問題表達關切，就表示該問題值得進一步探討，並且有較大的服務需求。這樣組織團體心理輔導就能為更多的人提供幫助。

（二）確定團體的性質、主題與目標

針對服務對象，了解與評估他們的需要，然後再決定你所要設計的團體是針對什麼人；他們的年齡、職業、性別以及存在哪些問題；要解決什麼問題；希望達到什麼目標；哪種類型的團體心理輔導適合你要幫助的對象；團體屬於發展性的、訓練性的還是治療性的；同質團體有利還是異質團體有利。例如，當面對一群心理發育滯後的青少年時，可以決定建立一個教育團體，其教育的內容包括性、金錢以及怎樣找工作；當成員是一群離異後的婦女時，則可以建立一個支持成長團體。

（三）蒐集相關文獻資料與方案

團體性質和目標確定後，輔導老師就要透過查找相關資料、閱讀書籍和雜誌，為團體設計提供理論支持。同時，也要了解和蒐集同類團體是否有人帶領過，有哪些可以借鑑的經驗，有哪些需要注意避免的問題等。

（四）完成團體方案設計表

材料準備充分後，設計者就要思考和討論解決問題所涉及的各類因素。例如，明確帶領團體心理輔導的人員及其助手的要求及條件，領導者與助手如何分工；團體心理輔導以何種形式進行；什麼時候組織團體心理輔導為宜；團體心理輔導進行的地點在哪裡；環境條件如何；有無後備場地；團體成員

第二節 團體心理輔導方案設計的步驟與各階段活動要點

招募採用哪些方法;是否實施甄選;採用什麼方法進行團體心理輔導效果評估;所選測驗量表是否容易獲得;需要哪些花銷;有無財政預算;團體活動各種道具是否具備。在此基礎上,完成團體方案設計表。如表7-4:

表7-4 小學生團隊合作團體心理輔導方案設計表(部分)

一、團體名稱:有你相伴
二、團體性質:封閉式、結構式團體
三、團體目標
1.培養成員初步的合作能力,增強成員的合作意識。
2.幫助成員增強交往意識,掌握交往技巧,提高交往能力,構建和諧的人際關係。
四、團體對象:在校小學生
五、團體規模:30人
六、成員招募方式:三(3)班全體學生
七、團體活動次數及時間
總共4次:2011年5月12日、5月16日、5月19日、5月23日下午13點30分至14點10分
八、團體活動地點:教學樓舞蹈教室

續表

九、領導者介紹
領導者學習過《心理諮詢與輔導》《團體心理諮詢》等課程,具有較扎實的心理學理論基礎和開展團體心理輔導的經驗;性格開朗,善於溝通,有較強的表達能力和組織能力。
十、理論依據
1.艾瑞克森自我發展理論
根據艾瑞克森自我發展理論,如果一個人不能與他人分享快樂與痛苦,不能與他人進行思想情感的交流,不能相互關心與幫助,就會陷入孤獨寂寞的苦惱情境之中。
2.馬斯洛需要層次理論
馬斯洛需要層次理論揭示,每個人都渴望被別人接受、尊重或欣賞,不過現實生活中如果想得到他人的接受、尊重和欣賞,必須從自我開始,從給予別人開始。
十一、團體方案
⋯⋯

（五）規劃團體整體框架及流程

透過完成團體過程設計表和團體活動單元計劃表，編制出團體輔導詳細過程計劃，認真安排每次聚會活動，即進行方式及活動的設計。活動的設計是為了要引發成員在團體中經歷學習的四個階段，即個人的經驗、個人回顧、個人歸納、自我了解，應用到團體之外的情境中，以達到預定的目標。

由於領導者的帶領、成員的反應、活動引發及累積的效果均自然而然地影響團體的過程發展，所以同樣的設計對不同團體實施時，可能會有不同的內容及結果出現。領導者需要準備一些備用的活動，根據團體發展的狀況來有彈性地調整原先的計劃。同時，還要準備每一次活動進行的大綱及必需的材料。

（六）設計招募廣告

團體計劃書完成後，就要開始設計團體成員招募廣告。一般情況下，發展性、教育性、預防性的團體針對人格健全者，團體目標也是比較共性的，廣告招募可行。例如，增強自信心、提高社交技巧、學習溝通方法、提升生活適應能力等團體，可以透過設計精美的廣告（包括有吸引力的廣告詞、有視覺效果的畫面等）以獲得團體成員的來源。而對於治療性的團體，除了廣告外，可以透過專業人員的介紹、團體領導者的面試而招募。

（七）對團體方案進行討論或修訂

將設計好的團體方案在同行之間或先行組成的一次試驗性小團體中試用一次，從而找出在過程中存在的問題，並與同行、督導者討論、評估試用結果，再加以修改完善。儘量使該方案最大限度地幫助團體實現目標，保障成員的利益。

二、團體心理輔導各階段設計的重點及注意事項

（一）關係建立階段的設計重點

1. 塑造溫馨氣氛以開始團體

針對成員在團體初始期的心態，領導者可設計一些團體成員的「課前」作業，以加強其進入團體前的心理準備。成員第一次到團體輔導進行地點時，

領導者可以播放一些配合團體第一次活動性質的音樂,同時設計一些小物件,例如小卡片等,避免成員在尷尬情境下進行第一次團體活動。

2. 設計無壓力狀態下的相互認識活動

團體初始,成員彼此不熟悉,基於團體的運作與動力的開展,團體初始期要設計相互認識的活動,且必須在輕鬆、溫馨等情況下進行,例如「微笑握手」「牽手找伴」等活動。

3. 澄清成員期待與團體導向

為了使團體有效運作並了解成員需求,同時作為修訂方案的參考,團體初始期宜設計催化性活動來整合成員的參加動機,並使領導者有機會說明團體性質、功能、目標等,從而建立團體共識。

4. 擬訂團體契約,建立運作規範

團體初始期必須要建立團體規範,在活動設計上可採取較生動的方式。例如,讓成員用句子完成法來制定規範,「在一個團體中,當……時,我覺得最舒服」「在團體中我不喜歡看到……」。

5. 設計的活動不要導向深層次的分享

團體初始,成員大都互不認識,彼此的人格特質與人際互動模式缺乏了解,縱有一兩位成員能立即表露自我,但領導者仍宜謹慎,避免成員開放程度不一,自我表露太多太深,以致產生受傷或洩密的後遺症。

6. 設計的活動要符合團體對象的生理年齡與心理特點

成人團體破冰之時,切不可隨意使用過於簡單或兒童化的遊戲;否則,有可能導致破冰失敗,成員從一開始就失去對團體的信任。破冰一旦有失敗的跡象,就要啟用備用項目,重組團體氛圍。

(二)主題實施階段的設計重點

1. 設計分享性環節,引發成員中層次自我表露

團體心理輔導
第七章 團體心理輔導的設計與實施

　　基於解決不信任問題或凝聚團體向心力的需要，領導者應多設計一些在團體中分享感受的活動，並善於提問，既要充分使用技術引導成員投入討論，又要處理好成員分享後的情緒與團體氣氛。隨後，領導者要適時運用並設計中層次分享活動，這樣有助於成員認同團體，促發更多自我探討、自我了解的機會。

　　2. 設計催化團體動力的活動

　　有時團體會面臨動力發展遲緩，領導者能力有限，或者成員的心理防衛與身心狀態不佳等問題，領導者可借助團體環境的布置、視聽器材的運用、團體活動的設計來催化。音樂是很有效的團體催化工具，不論是團體進行前後、中場休息時間及團體進行過程中，都可選擇適當的音樂來催化。還可以設計一些動態性的，兼具感性分享與理性交流的活動，例如「同舟共濟」「突圍闖關」等。

　　3. 針對團體目標來設計活動

　　團體動力增強後，領導者要掌握「工作契機」，將團體的進行架構重新引導回原先設定的團體目標上，針對團體原設定的主題、功能來設計活動。

　　4. 針對成員需求來設計活動

　　每位成員有其不同的行為動機，不同的行為動機來自不同的內在需求，因此領導者有必要在達成團體目標的同時，兼顧多數成員伴隨團體互動過程中所發展出的「非預期性的需求」，準備相應的設計活動。

　　5. 針對團體特殊事件來設計活動

　　團體在轉換期或任何發展階段可能會發生特殊事件，因此有效的領導者不應執著於原先的團體計劃，應該適時地進行應變設計。例如，領導者帶領自我探索成長團體時，當有成員情緒失控時，領導者可以考慮臨時變更相應環節，抓住其情緒釋放的突破口，幫助成員利用原有的較好的團體氛圍實現認知上的改變。

　　6. 針對領導者專長來設計活動

團體進入工作期，成員開始有意識地探索個人的困擾，分擔團體催化的責任。領導者不妨多配合個人的專業背景、訓練導向、經驗技術與個人專長來設計活動帶領團體。

(三)鞏固結束期的設計重點

1.針對回顧與反省來設計活動

主要內容是讓大家一起回想一起做了些什麼，有哪些心得體會，有哪些意見。領導者也可以用提問的方式來引導成員對活動過程及結果進行反思，儘量以開放式的問題來展開團體間的討論，並在最後做出點評。在此過程中要兼顧不同特點的成員，誘發互動性總結。例如，你們在活動中感觸最深的一點是什麼？你認為是什麼原因導致你們最後的結果？你覺得你今後會如何去做到這一點？

2.針對祝福與道別來設計活動

祝福與道別可以更多地用行為來表示，如可以自製一些小禮物，如在卡片上寫一段話，或畫一幅畫互相贈送，也可以說一些鼓勵與祝福的話，並輔之握手、擁抱等，維持並增進已建立的友誼。過程中可以播放一些符合主題的歌曲來烘托氣氛，從而使團體成員間產生更多的情感共鳴。

3.針對計劃與展望來設計活動

計劃與展望內容並非是每個團體結束期都要求實施的部分，而是依團體主題而定，主要內容是討論今後的打算，應該定什麼計劃，對未來有什麼展望等，鼓勵成員尋找繼續支持與挑戰的途徑。這當中可以設計一個小活動，如「真心話」「漂流瓶」等，讓團體成員表達出個人在本次團體輔導結束後的收穫和對自己未來所設定的目標，從而達到這次團體心理活動的目的。

4.針對評估與回饋來設計活動

評估與回饋應該事前設定，主要途徑有標準化測驗、問卷調查、電話回饋等。在必要的情況下，評估團體心理輔導成效後可以為個別成員提供個體輔導。

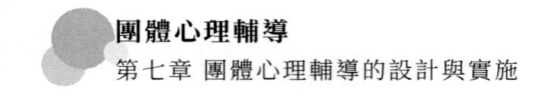

5. 在方案設計中加入追蹤輔導或聚會等活動

讀書會、談心會、郊遊，領導者藉此來評估團體成效，同時也可鼓勵及督促成員繼續成長。總之，團體心理輔導因成員特性、問題性質、目標功能等不同而形成豐富複雜的團體動力，每一個團體發展階段的活動設計皆應有特殊的考慮。同時，方案設計也必須與團體的整個目標功能緊密結合，相輔相成以發揮其效果。

（四）每次團體活動的設計步驟

團體心理輔導全過程可以分為四五個不同的發展階段。而每一次團體聚會也可以分成開始、中間和結束三個部分。為此，每次團體聚會可以根據過程設計相應的活動。

1. 熱身活動

目的是為團體開場打破僵局，促使成員進入團體，增加團體凝聚力，增進成員彼此互動。同時將成員進行分組，為主要活動做準備，如「微笑握手」「成長三部曲」「颳大風」「松鼠與大樹」「無家可歸」「解開千千結」「小時候的歌」「天氣報告」等。熱身活動切忌過多過長，一般 15～20 分鐘。熱身不足，團體難以有效啟動；熱身過度會本末倒置，影響團體活動正常進行。

2. 主要活動

主要活動是團體的核心活動，是關乎團體目標是否達成的關鍵，應按照團體內容目標而設計，因團體階段、目標不同而不同。常用的活動類型有繪畫、深入討論、角色扮演等。

3. 結束活動

一般每次團體結束前 5～10 分鐘，領導者對該次活動進行總結，透過讓成員分享心得與鞏固所學，預告下次的主題，並安排家庭作業使成員實踐所學。

複習鞏固

1. 團體心理輔導方案設計的步驟有哪些？
2. 團體心理輔導主要階段有哪些？
3. 根據團體活動階段的發展，每階段主要有哪些團體聚會活動？

第三節 團體心理輔導方案的組織與實施

一、確定團體心理輔導的主題

主題是團體心理輔導的靈魂，團體的一切工作都必須圍繞著主題來開展。一般而言，團體心理輔導涉及的主題主要包括人際交往（同學、師生、親子）、異性交往、情緒管理、壓力應對、認識自我、自信心提升、潛能開發、生涯發展、婚姻家庭、重大創傷等與個體心理成長相關的問題。確定團體心理輔導的主題首先要確定團體的性質和目標。

（一）團體的目標

目標是團體的航向，是對團體心理輔導整個過程的預期。團體目標必須清晰、具體、可操作，這是確保團體心理輔導成功的關鍵。另外，目標與團體成員的主觀需求一致性越高，團體的凝聚力就越強，輔導的效果也就越明顯。

在團體心理輔導過程中，團體目標具有四個功能：

（1）導向性，團體目標引領著活動過程的方向，是領導者與成員經過共同努力要實現的狀態；

（2）聚焦性，團體目標可以協助成員將自己的注意力集中在團體主題上；

（3）激勵性，團體目標有助於調動成員積極性，努力克服暫時困難，而最終達成目標；

（4）評估性，團體目標為領導者評價團體的效果，以及適時調整團體活動主題提供了一個參照標準。

（二）團體主題名稱

團體心理輔導的主題要與個體的學習生活、成長發展密切相關，也就是說，要選擇團體成員密切關注的主題。為了達到這一目標，在確定主題和名稱前，可以與相關團體成員一起討論。在給主題命名時，還要注意以下兩點：第一，名稱要通俗易懂，並準確尋找心理需求切入點。一般來說，名稱要符合團體成員的語言習慣和審美標準，晦澀難懂、教育命令式或「貼標籤」的名稱都會導致團體成員不敢或不願參與。如高職高專學生普遍存在學習動力不足的心理特點，組織學習策略類團體心理輔導非常有必要，但如果將名稱定為「學習集中營」，可能會沒有人參加，但是把名稱改為「那些逃課的歲月」，可能會吸引一部分成員。總之，主題及名稱既要清晰、具體，又要通俗易懂，並迎合團體成員的心理需求，確保團體成員參與的興趣。

第二，名稱要與實際解決的核心問題緊密結合。大且不切實際的名稱，會使團體成員失去對團體心理輔導的信任。有的組織者存在為了吸引更多的成員參加，可能會在前期宣傳中誇大活動效果。如「革新未來」可能只是一個生涯探索團體，但名稱裡卻包含了更廣泛的內容，結果會造成成員的過大預期，不利於達成宣傳教育效果。

二、甄選團體成員

針對大學心理教育部門提供的團體心理輔導服務，大學生的態度一般表現為兩種趨勢，一是不願或不敢參與活動；二是過於依賴，沒有選擇性地參加。大學生自主獨立意識強，既不能簡單透過強制的方式要求他們參加，也不能沒有篩選，違背心理教育原則，讓所有有意願的學生任意參加。在開展團體心理輔導前，組織者必須做好甄選團體成員的工作。

（一）成員招募

1. 宣傳

透過海報、校園廣播、校園網、校園電視臺、校刊校報、學生網路社群、部落格等各種校園媒介，讓全體學生了解將要開展的團體心理輔導的主題和有關事項，招募團體成員。

2. 動員

包括三類：一是輔導員、班主任、任課教師在日常的教育教學中認為某個或某些學生有必要參與團體輔導，動員他們來參加；二是動員透過心理普查篩查出的有同質性心理成長問題的學生，讓其參加團體心理輔導；三是心理專職教師在日常諮詢接待時發現某些個案情況適合參加團體心理輔導，因而建議其參加。

（二）篩選成員

與成員構成問題密切相關的是關於篩選成員的決定。在團體心理輔導中成員的篩選是必要的，因為不是每個人都適合每一個團體。

1. 篩選原則

團體成員的選擇應該具備三個條件：自願報名參加，並有改變自我現狀的強烈需要；願意與他人交流，並具有與他交流的能力；能夠堅持參加團體活動，並遵守團體的各項規則。該類成員組成團體，才能有利於參與交流，最大化促進團體動力形成。

2. 篩選方式

在報名結束後，要根據團體心理輔導的性質、目標、主題和報名者具體情況，如參與動機、心理狀況以及成員與領導者的匹配情況等，確定哪些報名者可以參加相應的團體心理輔導活動。具體有以下幾種方式：

第一，個體面試。領導者對意向成員進行面對面的交流，並向他們提問，如你為什麼想要參加這個團體？你有什麼問題需要幫助？你認為你會對此團體做出什麼貢獻？你曾經參加過類似的團體心理輔導嗎？有什麼收穫？該方式的好處在於領導者能與候選成員進行直接的接觸，從而更多地了解候選成員，但通常需要耗費大量時間。

第二，書面篩選。該方法則是讓候選成員填寫一張表格，內容涉及年齡、性別、婚姻狀況、生活環境等一般性訊息。同時也可以將個體面試列出的一些問題用作書面篩選表內容的一部分。當篩選僅僅是依據書面材料時，領導者必須盡可能地把所有相關問題包括在表格內。有效篩選的關鍵在於找到某種訊息以選出一群可以共同交流和學習的人構成一個團體。

第三，推薦篩選。這種類型的篩選通常是透過學校教師、醫院醫師和其他從事心理研究工作的諮詢師或治療師等有關團體推薦而產生的。這些人透過推薦合適的，有可能被團體容納的成員，從而也進行了篩選工作。當按照這種方法來對團體成員進行篩選時，領導者需要確保該推薦人完全理解團體的目的及所期望成員的類型。

第四，應用綜合團體程序篩選。如果領導者在一個機構，如學校、醫院、監獄或公司內指導多個團體，那麼他可以透過將成員分派至某一組進行「篩選」。依據成員們的年齡、知識、閱歷，或某些人格特徵將其分入不同團體，也可以依據成員的相互作用風格或精神健康水平來區分成員，從而使團體對其成員發揮更大的價值。

第五，在團體組建開始後篩選。如果在事先不能進行篩選或者事先篩選不夠徹底時，領導者可以在第一次會面時告訴團體成員，並計劃與每位成員單獨會面來討論他以後是否繼續參加。這種類型的篩選是一種篩除不適合這一團體成員的好方法。

三、開展團體心理輔導活動

團體心理輔導的各項準備工作就緒後，便進入到輔導活動開展階段。無論是什麼主題、目標、規模的團體心理輔導，或一個完整的團體心理輔導分為幾次完成，每次的輔導活動都要經歷以下四個過程，而且每個過程都是連續的，相互影響的。

（一）團體初創階段

1. 階段任務

在團體創始階段，成員一般缺乏安全感，並有較多的依賴、陌生與困惑。因此，創始階段的主要任務是營造安全、溫暖的團體氛圍，消除成員的疑問、困惑，幫助成員相互認識，強化團體規範，訂好團體契約。

2. 實施要點

領導者要準確把握團體成員的心理特點，以有效掌控初創階段。首先，可透過微型演講，協助成員明確參與動機，同時緩解部分成員的焦慮或緊張。演講風格要自然、溫暖，而非假、大、空。其次，領導者可透過組織比較簡單的遊戲促進成員互相認識，這又稱為熱身運動、破冰運動。動態的遊戲不僅能使成員緊張的情緒得以放鬆，而且還能拉進彼此的心理距離。當成員之間能比較舒適地溝通並願意開放自己時，領導者便可以引導團體成員進入討論階段，透過自主討論訂團體契約。需要指出的是，破冰階段雖然較好操作，但如果領導者的開場白不能說服成員，或語言內容過於簡單，有可能導致部分成員不合作，從一開始失去對團體心理輔導的信任。

（二）團體轉換階段

1. 階段任務

在團體轉換階段，團體成員心理行為表現是試圖積極地融入團體中，在團體中找到自己的位置，但是擔心自己不被接納，而且對其他成員還缺乏信任，害怕受到攻擊和傷害，團體中會有抗拒和焦慮的情緒。這一階段的主要任務是增強團體凝聚力，促進團體成員建立合作互助的信任關係，鼓勵成員表達和處理衝突。

2. 實施要點

面對這一階段成員之間的心理與行為表現，領導者首先要創設寬鬆的心理環境，鼓勵成員討論團體中出現的問題，主動解決矛盾，使團體成員在互動中逐漸相互接納，相互認同，相互信任。其次，要理性分析部分或個別成員想融入又擔心被傷害的矛盾心理，謹慎、準確地選擇恰當時機採取有效的介入措施，既給成員必要的支持，又施加適度的壓力，幫助他們融入團體。第三，要及時處理成員的焦慮、抗拒等情緒。領導者覺察有團體成員衝突時，

要給予積極解釋，轉化矛盾，將議題轉換到帶有積極象徵的內容上來。第四，領導者要適當自我開放，真誠接納成員，其行為對團體成員具有較強的示範作用。

（三）團體工作階段

1. 階段任務

團體工作階段是團體心理輔導的關鍵階段。這一階段的任務是在積極、和諧的團體氛圍中，透過成員個體的全身心投入，成員之間合作、學習並嘗試新行為，達到認知重建的功效。

2. 實施要點

在這一階段，領導者一是要調動成員的參與行為，促使成員充分談論自己或他人的心理問題和成長經驗，在獲得他人的理解、支持的同時也獲得指導。在此過程中，一要識別成員的偽認同，並及時提問，具體化討論的議題，確保成員經歷了真正思考與分析的過程；二要透過團體人際互動反應，幫助成員發現自己的優缺點，並把團體當成一個安全的實驗場，練習、改善自己的心理行為，以期能擴展到現實生活中。這一階段採取的團體活動形式和技能因輔導目的、類型、對象的不同而不同。有的團體採用講座、討論、寫作會、寫日記等形式；有的團體採用自由討論；有的團體主要採用行為訓練、角色扮演等方法。

（四）團體結束階段

1. 階段任務

在團體結束階段，成員會出現失落的情緒，存在對未來面對衝突的擔心，或出現行為的退縮，團體情境呈現鬆散現象。所以，此階段的主要任務是鞏固輔導成果，強化成員已經做出的改變，幫助他們將體驗到的方式方法遷移到其他社會實踐活動中，以積極的狀態適應外界環境。

2. 實施要點

雖然團體輔導的團體是臨時的，但領導者要在結束階段鼓勵成員保持聯繫，相互交流參加團體後的心得，以鞏固團體心理輔導效果。因此，在此階段要再次加強團體成員的聯繫點。一是協助團體成員回顧整個輔導過程，鞏固成員獲得的經驗；成員在領導者的帶領下反省自己的心路歷程，表達個人感受並對自己的成長和變化進行評價；二是透過進行一些祝福與道別的活動，如互相贈送自製小禮物或說一些鼓勵與祝福的話，可加深成員情感交流；三是引導成員商議大家已建立的團體關係，今後的打算，應該定什麼計劃，對未來有什麼展望；四是領導者透過總結性演講方式總結整個輔導過程和目標達成情況，尤其是鼓勵團體成員把體驗到的經驗應用到現實生活中，並鼓勵相互見證。

四、注意事項

（一）避免為活動而活動

任何一種方案或一項活動，都只是團體輔導的工具或手段，而不是目的。應儘量避免活動過多，而不注重交流分享的問題。為了發揮活動的功能，領導者必須能適當地運用領導效能及發展團體動力，有時更需要外在條件的配合，例如環境設備、成員參與、行政支持等。

（二）避免依葫蘆畫瓢

某些團體領導者在設計方案時，依樣畫葫蘆，參考或抄襲他人的團體方案與活動，對於團體方案設計的概念及活動進行的操作方式並不清楚，且帶領團體時缺乏彈性和靈活性，以致團體發展過程出現問題，成員權益受損，參與意願不高。嚴謹的做法是事先找到同行組成一個團體，將所設計出的方案、不熟悉的團體活動，在團體中實際操作一遍，共同探討實施過程的經驗感受及問題焦點。

（三）避免不適當的活動

團體發展需要循序漸進，由表及裡，由淺入深。團體成員的心態也需要有一個適應和轉變調整的過程。如果領導者對各類活動的應用範圍和功能了

解不足，常常會設計或安排不適當的活動，如開始階段安排負向的活動等，常常會阻礙團體發展。

（四）避免活動銜接不當

團體是一個不斷發展的過程，團體中使用的各種活動不是孤立、分離的。活動之間應該有內在的邏輯聯繫，應配合團體目標，巧妙銜接，連貫流暢，一氣呵成。如果活動銜接不當，會使成員有一種跳躍、不確定的感覺，影響團體效能。例如，使用「贈送禮物」的練習前，如果有「樂趣分享」活動鋪墊，成員之間有了一定的了解，贈送的禮物就有針對性、個別化，能配合和滿足不同成員的需要。

（五）接受督導與同行探討

方案設計後應該先向有經驗的領導者或督導者請教，認真思考究竟此團體方案或活動帶給成員何種感受，何種經驗，何種認知收穫，對個人及團體有哪些益處，針對上述問題仔細思考，或者透過與同行探討交流，激發思考。

擴展閱讀

投射效應：以自我之心，度他人之腹

投射效應是指以己度人，認為自己具有某種特性，他人也一定會有與自己相同或者相似的特性，從而經常把自己的感情、意志、特性投射到他人身上，並認為對方也應該有同樣的感受和認知。簡單來說，這就是強加於人的一種認知障礙。

用你的喜好往往無法正確衡量別人！

俗話說：「物以類聚，人以群分。」生活中這不僅僅是一句俗語，更是人們心理活動的一種折射。在眾人眼裡，同一個群體的人總會具有某些共同的特徵。所以，在影響人的過程中對於那些身分、地位、年齡、性格與自己相同或者相似的人，便會習慣性地用自己的喜好去認識、評價、判斷、衡量，認為他們也應該有著和自己同樣的想法、觀念、處事原則等。但事實上，在

這種心理的驅策下，人們的行為往往有失偏頗，進而不能更好地影響他人為自己做事情。對此，心理學家曾做過如下實驗：

　　為了驗證個人喜好的影響力，心理實驗者曾在一家出版社的選題討論中做過這樣的實驗。參與實驗的研究者說：「為了更有效地影響受眾關注我們出版社，你們策劃出自己認為最重要並且最具影響力的一個選題。」但最終的結果卻出現了這樣有趣的現象：

　　正在攻讀第二學位的編輯認為，現在是知識競爭的時代，每個人都在試圖獲得高等院校以及更高的學歷證書，所以他的選題為《怎樣寫畢業論文》。

　　一個正準備將女兒送到幼兒園的女性編輯認為，中國一向有「教育是先機，教育孩子應從娃娃抓起」的教育理念，所以她的選題是《學齡前兒童教育叢書》。

　　一個託朋友辦事情的編輯認為，任何人做任何事情首先要獲得他人的鼓勵、支持、幫助才能成功，所以他的選題是《教你影響朋友的法則》。

　　一個忠實愛好圍棋的編輯認為，現代人們的生活壓力大，需要適當地放鬆緊張的情緒，所以他的選題是《聶衛平棋路分析》。

　　心理學上認為，這些編輯的選題都各有道理，但是透過他們的經歷、喜好、觀念和所做選題的關係，能夠發現這樣的規律──他們在做選題的時候，往往是參考了自身的需要，也就是說受到心理學中投射效應的影響。他們習慣性地認為，自己的喜好便是受眾的喜好，自己目前需要的東西便是受眾需要的東西。而事實上，受眾為了緩解緊張的壓力，真的只會選下圍棋嗎？不一定。他們多數會選擇自己喜歡的放鬆壓力的方式，如象棋、乒乓球、保齡球、高爾夫球等。一位六七十歲的老人，會更多地關心兒童教育嗎？也不見得。多數情況下他們更關心的是自身的健康……從影響力的角度而言，這些選題若是真的實行後，顯然不能夠有效地影響受眾關注自己的出版社，因為他們不知道多數受眾真正需要的是什麼。這些事無不向人們反映出這樣的道理：用自己的喜好往往不能正確地衡量別人，也不能有效地向他人施加影響。

　　對此，剛從海軍學院畢業的吉米‧卡特曾有如下經歷：

團體心理輔導

第七章 團體心理輔導的設計與實施

1964 年，剛從海軍學院畢業的吉米·卡特，遇到了海軍上將里科弗將軍。當將軍讓他談談自己的事情時，吉米·卡特為了獲得將軍的喜歡，自豪地提起自己在海軍學院的成績，他說自己在全校 820 名畢業生中，名列 58 名。他以為將軍知道他的成績後一定會對他刮目相看，沒想到將軍沒有任何反應地問道：「你盡力了嗎？為什麼不是第一名？」這句話讓吉米·卡特不知如何回答。他與里科弗的這次對話給了他很大的啟示。吉米·卡特不是別人，正是美國第 39 任總統。

心理學研究發現，在日常生活中，人們總會不自覺地把自己的心理特徵，像經歷、好惡、慾望、觀念、情緒、個性等加在他人身上，認為自己這樣想的，他人也應該有同樣的想法，並試圖透過自己的想法去影響他人，結果往往事與願違。

特別當自己在某方面試圖影響對方的時候，往往為了恭維或接近對方，向對方施加某種拉近距離的方法，但其方法往往會受到自我思維定勢的影響，不是實事求是地根據自己觀察所得到的訊息去判斷對方的喜好、性格、特徵，而是想當然地把自己的特性投射到別人身上，這樣必然不能達到有效影響他人的目的。

複習鞏固

1. 在確定團體心理輔導的主題前需要先確定什麼？
2. 團體目標功能是什麼？
3. 在甄選成員時，團體成員需要具備什麼條件？
4. 在團體活動中，應該注意什麼？

本章要點小結

團體心理輔導方案設計的概念

1. 團體心理輔導方案設計的作用有：評估作用、定位作用、保障作用。
2. 團體心理輔導方案設計的原則有：系統化、差異性、可行性。

3.團體心理輔導方案設計的內容：環節設計與選擇、場地選擇與道具儲備、確定領導者、制訂團體計劃書。

團體心理輔導方案設計的步驟與各階段活動要點

1.團體心理輔導方案設計的步驟包括：了解服務對象潛在需要；確定團體的性質、主題與目標；蒐集相關文獻資料與方案；完成團體方案設計表；規劃團體整體框架及流程；設計招募廣告；對團體方案進行討論或修訂。

2.團體心理輔導各階段主要有：關係建立階段、主題實施階段、鞏固結束階段。

團體心理輔導方案的組織與實施

1.確定團體心理輔導的主題首先要確定團體的性質和目標。

2.給主題命名時，要注意以下兩點：名稱要通俗易懂，並準確尋找心理需求切入點；名稱要與實際解決的核心問題緊密結合。

3.甄選團體成員包括成員招募和甄選成員。其中成員招募包括宣傳和動員。甄選成員時還要注意篩選原則和方式。

4.組織團體活動時應該注意：避免為活動而活動，避免依樣畫葫蘆，避免不適當的活動，避免活動銜接不當，接受督導與同行探討。

關鍵術語

方案設計 成員甄選 團體目標 發展性團體 治療性團體 同質性團體 團體契約

複習思考題

一、判斷題

1.在團體輔導的關係建立期要以塑造溫馨氣氛開始。（　）

2.在團體初始，設計的活動不要導向深層次的分享。（　）

3.確定團體心理輔導的主題首先要確定團體的性質和目標。（　）

4. 任何時候當團體組建已經開始時就不能再將成員篩除了。（ ）

二、選擇題

1. 下列要素中，哪些屬於團體計劃書應該包括的（ ）

A. 團體性質

B. 活動地點

C. 活動資源

D. 活動時間

2. 團體心理輔導的寫作一般分為哪三部分（ ）

A. 情況概述

B. 體會或感受

C. 改進措施

D. 人員情況

3. 團體成員的篩選方法中最耗時的是（ ）

A. 推薦篩選

B. 應用綜合團體篩選

C. 個體面試

D. 書面篩選

E. 團體組建開始後篩選

第八章 團體心理輔導的評估

　　對團體的效能做評鑑是團體心理輔導工作中的重要環節。團體評估不單指每次團體結束後的自我評估，還包括整個團體結束後的評估。在團體心理輔導的一般環節結束後，我們需要對這次團體輔導做一個總結性的回顧，包括：此次團體心理輔導是否達到預期目標，團體領導者的工作方法與技巧運用是否恰當，團體成員對輔導效果是否滿意，團體成員是否合作充分，在今後組織類似的團體輔導活動時能夠做出哪些改進等。這些都是團體輔導結束後必須做的不可或缺的一項工作。本章就來學習團體評估的相關內容。

第一節 團體心理輔導評估的基本內容

一、評估的含義

　　其實，從團體心理輔導開始到結束，團體評估是同時進行的，只是在團體結束時，更需要做整體的評估。團體評估包含的內容相當廣泛，評估目的不同、層次不同、類型不同、對象不同，評估的方法就會有區別。團體心理輔導的評估不是一個可有可無的環節，它對整個輔導過程非常重要，特別是對於領導者，了解和掌握評估方法是必備的領導技能。

　　在過去，美國的心理輔導人員不太重視對心理輔導工作的評估，主要有以下原因：第一，沒有足夠的時間來進行評估；第二，助人關係的成效不易評估；第三，對評估的理論知識了解不足；第四，對於評估結果會如何呈現個人效能感到焦慮。除以上原因，工作理論依據與實際方案落差太大，或欠缺良好理論依據的方案也是評估難以進行的理由。但 20 世紀 80 年代後，越來越多的心理輔導研究者和實踐者開始關心並重視心理輔導的評估。

　　評估又可以被稱作評鑑、評量，是一個動態的歷程，具有長期性和系統性的特點。團體心理輔導中的評估是指透過不同的方法，蒐集有關團體目標達成的程度、成員在團體內的表現、團體特徵、成員對團體活動的滿意程度等，幫助團體領導者及團體成員了解團體輔導的成效。由於不同的團體評估

的重點不同，選取的評估方法也會有區別。例如，在治療性團體評估中，領導者更關注成員思維和行為的改變；在互助和成長性團體評估中，領導者會更關心成員間的溝通狀況，人際關係和相互支持網絡的建立。因此，團體領導者進行團體評估時必須根據團體的目標來制訂一套適合的評估步驟與方法。評估的重點是解釋、考核、檢視，所以它的標準需要有依據，沒有標準是難以進行評估的。

大部分團體領導者是不會進行團體評估的，一是要花費額外的時間，二是進行評估會迫使他們面對他們專業工作的結果。儘管這樣，定期的評估可以給他們提供有用的回饋訊息，讓他們了解他們與團體的關係以及最能滿足成員需求的經驗類型。在團體輔導進行的各個階段都可以進行團體評估，但是每個階段評估的重點不一樣。比如說，在團體進行前的評估重點就是對團體目標的評估、成員特性以及起點行為的評估。而在團體輔導進行中的評估重點則是領導者對團體動力的覺察、團體目標與進度的掌握、成員參與行為的分析，甚至包括特殊事件的處理效果、成員觀察等。在團體結束後的評估主要就是對團體成效的評估、領導效能的評估及對成員行為發展變化的評估。

二、評估的目的及作用

團體心理輔導評估的作用可以從三個方面來加以說明：

第一，成效評估。成效評估是最基本和普遍的功能，透過事前事後評估，衡量參加者在完成團體輔導後的轉變。

第二，指引實務工作。讓團體輔導領導者掌握組員的進度，反映團體輔導治療策略的有效程度，從而立即改善介入手法和技巧，使團體輔導更能幫助組員達到個人目標。

第三，在此期間，領導者可以與團體成員建立相互信任的關係，尋找共同期望，讓團體成員感到團體領導者明白他們的問題和需要，而團體輔導是對應他們的目標而設計的。有了這種互相信任的關係，就能夠增強團體輔導的治療性元素。

（一）評估的目的

樊富珉認為可以將團體心理輔導評估的目的分為四種：

（1）能有效監控輔導方案的執行狀況，辨明問題並及時修正；

（2）能檢驗諮詢目標達成狀況；

（3）能改進今後同類輔導方案的設計、訓練策略；

（4）協助團體領導者了解和改進領導技能，提升專業水平。

（二）評估的作用

特斯蘭德和瓦利斯（Toseland & Rivas，1955）認為團體心理輔導評估的作用包括以下七個方面：

（1）評估可以滿足領導者對介入團體工作效果的好奇與專業上的關心；

（2）透過評估獲得的資料，可以幫助領導者改善領導技巧；

（3）評估可以向機構、資助者或者社會顯示和證明團體工作的有效性；

（4）評估可以幫助領導者評價團體成員的進步狀況，並從整體上了解是否達到團體預定的目標；

（5）評估允許團體成員及其有關成員自由地表達他們對團體的滿意和不滿意；

（6）評估可以協助領導者收集能與其他團體工作者一同分享具有類似團體目標和特點的相關知識和訊息；

（7）評估可以幫團體領導者驗證團體所做的假設。

三、評估的類型

團體心理輔導評估的內容具有廣泛性特點，它是訓練過程各要素、各環節和訓練效果各方面的評估，是一種全程、全域評估。根據團體心理輔導的發展過程，我們將團體心理輔導評估分為預測性評估、過程性評估、總結性評估和追蹤性評估。

（一）預測性評估

預測性評估是對團體心理輔導的目標、成員、內容、形式、方法、紀律等方面進行的前瞻性評估。以上各方面是保障團體心理輔導正常進行的前提基礎，它們是否合理、實效，對團體心理輔導是十分重要的。在制訂過程中，需要團體領導者、心理學專家對各項內容進行預測性評估。在訓練活動開展前，一般要進行效度性評估，即評價團體心理輔導的目標是否合理，內容是否科學，形式是否豐富，方法是否得當，紀律是否有約束力，等等。根據評估情況，可以對其進行適當地修改，使團體在理論上達到最優化。團體心理輔導的目的是為了促進個人的發展，並協助個人面對及處理有關個人煩惱的問題。因此，應給予團體成員機會以確定和澄清在團體範圍內個人的獨特目標。因為一旦個人的目標得到澄清和建立，行為契約就可以成為評估方法。

（二）過程性評估

普遍認為評估只是對團體輔導活動的結果進行評估，但是對過程的評估同樣非常重要。團體評估工作是一種連續性的工作，是貫穿於團體心理輔導的整個始末的，而不是團體心理輔導結束後的特定任務。過程性評估是指在團體心理輔導進行過程中所做的評估。過程性評估主要評估內容包括團體的關係、氣氛、計劃執行、團體時間處理、團體結束是否合理等方面。

團體進行過程中，領導者可以透過觀察、提問、問卷等方式，了解成員在團體內的表現和團體的總體情況，以確定團體心理輔導下一步如何進展，是按計劃進行，還是進行適當的改變，抑或是中止團體。在團體進行到三分之一或一半時，領導者可以根據活動的開展情況設計自我評估量表，了解團體成員的反應，以便有針對性地改進下一步的活動。以下的評估量表，就是過程評估所用的評估工具。

第一節 團體心理輔導評估的基本內容

表8-1 團體成員自我評估量表

利用下面的句子，以1到5的尺度等級估量你自己參加團體的狀況。1代表「我絕不是這樣」，5代表「我總是這樣」。

選項	選項				
	1	2	3	4	5
1.在團體裡，我是一個積極投入的成員					
2.我願意完全地投入團體，並且與大家分享目前的生活問題					
3.我認為自己願意在團體中嘗試新行為					
4.我願意盡力表達自己的感情，就像其他人一樣					
5.在每次團體討論之前，我總會花一些時間準備；結束後，我也會花一些時間反省自己的參與情況					

續表

題項	選項				
	1	2	3	4	5
6.我儘量以真誠的反應面對其他人					
7.在團體中，我總是不斷地追求澄清我的目標					
8.我總是注意傾聽別人在說什麼，也會把我的感受直接地告訴他們					
9.我會與別人分享我的想法，將自己如何看他們，及如何受他們的影響告訴他們					
10.在團體中，我盡量使自己做別人的模範					
11.我願意參加團體各種不同的活動					
12.我常想要參加團體的講座					
13.不必等他人開口，我就會主動幫助他們					
14.在團體建立信任感的過程中，我是積極主動的角色					
15.我是在沒有防衛心理下，坦誠地接受別人的反饋					
16.我盡量把團體裡所學到的東西，應用到外面的生活中					
17.我會注意自己對主持人的反應，並說出他們是個怎樣的人					
18.我會避免自己和團體其他的人					
19.我會避免詢問別人問題和給予他們忠告					
20.我對自己在團體裡的學習負責					

團體領導功能的評估是過程評估的重要內容，有助於領導者了解自己在團體過程中的領導類型、功能、角色，以便改善。

（三）總結評估

總結評估是在團體心理輔導結束後進行的評估，是整個團體心理輔導活動的有機組成部分之一。一般情況下，在團體心理輔導結束後，領導者組織成員填寫事先設計好的評估表。評估表可以涉及團體的各個方面，包括團體成員對團體的滿意程度、對團體活動的看法、對團體的感受、自己行為的變化、對領導者的評價等。領導者在統計分析的基礎上進行總結，以便今後改進工作。領導者也可以根據自己的觀察對團體進行分析，還可以組織成員寫總結，談感想，以此評價團體心理輔導的效果。

和過程性評估相比，總結性評估一般比較正式，多以文字的形式出現，也多半與研究產生關係，一般是在團體的最後一次聚會當中。如果是研究的情境，還得加上追蹤評估的設計。總結性評估的重點是驗收成果，即團體心理輔導活動所取得的成效，主體可以是團體，也可以是領導者或者是團體成員，但是多以成員為主體，評估成員在團體輔導中是否取得了進步或者改善。為了能夠順利完成任務，領導者往往需要事先設定團體工作的具體目標，選擇恰當的評估工具，注意到評估所應了解的內外在效度等。

在中外，大多數學者專家將團體評估分為以上類型，但是有的學者也將團體評估分為以下三種類型：對真正發生於成員生活中使之改變的評估；領導者進行的評估；由成員們進行的評估。這兩種分法的大致內容是一致的，但是在方式上有一定的差別。上述的分類方式主要是以團體的進程來分，下面我們來了解一下以團體中不同主體來分的分類方法：

1. 對真正發生於成員生活中使之改變的評估

最為重要的一種評估可能就是團體經驗對成員行為產生了怎樣影響的評估。學生們在學校成績是否有所提高？不良行為是否有所改善？夫妻們是否可以更為有效地溝通？那些不能很好在社會中生活的人在參加完此次團體輔導後，是否能夠更好地應對生活？對於以上的問題，有的很容易回答，但是

有的則難以回答。對於以結果為依據的評估的需求正在不斷增長。各種社會團體、機構希望看到資料顯示團體工作在引起行為的改變中是有效的。

有的團體非常容易進行以結果為依據的評估。但是對於另外一些團體，想要定量分析成員所發生的改變可能相當困難。這就要求領導者在團體活動進行當中，請團體成員們評價他們正在做出的改變。雖然這些反應不完全真實，但是至少領導者可以從這些數據資料中了解到團體對成員影響的一些訊息。要評估成員行為是否改變，另一種更為客觀的方法就是請和成員生活在一起的其他人給出評估。這些評估者可以是老師、父母、配偶、朋友等。

在對成員行為是否發生改變的評估中，為了收集資料測量結果，領導者需要做以下步驟的工作：

（1）收集團體開始前的資料。例如：一週逃課的次數、誤工的次數、驚恐發作次數等。

（2）確定特定團體的目標。例如：學生減少逃課的天數、成績提高，成員減少誤工次數，驚恐次數減少或者消失。對於個別團體，領導者還需要對個體成員制訂特定的目標。

（3）團體聚會時將注意力集中於期望獲得的結果，允許成員們針對自己的目標加以努力。

（4）制訂一張關於成員向既定目標前進情況的表格讓成員們填寫。需要注意的一點是這張表格應當包括有助於對團體結果進行測評的問題。

（5）確定除了團體成員以外，是否還有其他人可以介入到評估結果的工作中來。如果有，獲得成員們的許可並與那些人聯繫。

（6）應用表格定期收集資料。

（7）在團體結束時應用表格收集資料。

（8）為資料的追蹤收集制訂計劃。可以在一定的時間後，將表格寄給成員，或者是給成員們一些額外的表格請他們在指定時間將填完的表格送回來。

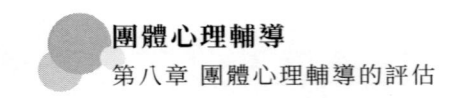

分別在團體結束後的三個月、六個月和一年後收集資料最為恰當，可以依據成員們的持久變化來評估團體。

2. 領導者進行的評估

領導者一般在每次會面後都會進行自我評估，通常自我評估都簡單而直截了當。領導者需要回憶那些似乎特別重要的動力學情況，並評估自己在團體中的角色。領導者可以問自己以下問題：

（1）我是否嚴格遵循了我的計劃？

（2）當我偏離了我的計劃時，是因為在那個時刻我想到了一個更為適宜的策略，還是因為我感到迷失了方向或者感到被團體壓倒了？

（3）我能在多大程度上滿足成員們個體的需要？

（4）團體中是否出現了我未曾計劃或預期到的事情？

（5）從這次聚會中我學到了哪些東西可以讓我在下一次實施？

（6）在量表上，我怎樣評定對這次聚會的總體滿意度？和上次相比，滿意度是高了還是低了或者是相等？

領導者應當保留這些自我評估，並週期性地回顧它們以觀察自己的進展。如果在某些領域內，領導者感到自己沒有提高，他就要對它們特別加以注意或請求做團體領導者的同事或獲取督導的幫助。

3. 由成員們進行的評估

讓成員來評估團體對團體輔導的進展很有幫助。非正式的評估可以作為任何一次聚會結束階段的一部分工作來完成。正式的評估可以在團體進展到三分之一或一半時進行。可以用一張檢查表，其中所提問題是關於團體的過程、內容以及團體提供的幫助等方式。團體進行到一半時的評估使得領導者可以依據成員們的回饋做出適宜的改變。最後的書面評估對於領導者計劃以後的團體非常有幫助。

在團體結束時可以應用的有效評估表格應當包括以下問題以及另外一些特定群體的特異問題：

（1）你在參與這個團體的過程中獲得的最重要的東西是什麼？

（2）哪項活動、討論或話題讓你印象深刻？

（3）對這個團體，你最喜歡的和最不喜歡的分別是什麼？

（4）什麼可以使這個團體對你更有價值？

在閱讀成員們的評估表時，領導者應該謹慎。因為有些成員可能不喜歡領導者，從而給出不真實的回饋。有的成員可能還有些需求要滿足，所以只給出積極的回饋。有些成員給出不誠實的回饋意見是因為他們感到受到威脅，或者他們為領導者擔憂。例如，如果領導者在活動結束後不停地問這個團體對他是否有幫助，成員可能會認為領導者在「釣取」正性回饋，因而不願意提出建設性的批評意見。尋求積極回饋是一種天性，所以這樣的回饋訊息會誘導領導者認為他們的團體棒極了，而實際上還存在著一些需要更正的問題。

評估團體的好處是怎麼強調都不會過分的。應用前面提到的評估方法，你可以從評估中學到許多東西。

四、團體效果評估的不同層面

團體效果的評估主要包括以下四個層面：反應層面、學習層面、行為層面和結果層面。

（一）反應層面

反應層面是最基本、最普遍的評估方式。主要評估內容有：領導者、方法、材料、設施、場地、招募的程序等。反應層面的缺點顯而易見，有：因為對領導者有好感而給高分，因為對某個因素不滿而全盤否定。要解決上述弊端，需要做的就是儘量使評估公正客觀，可以透過以下的方法實現：強調評價的目的，請求成員配合；鼓勵成員寫意見、建議；結合使用問卷、面談、座談等方式；要及時回饋，馬上填問卷等。

（二）學習層面

主要的評估方法有：演示、討論、角色扮演等。評估的優點是：對成員有壓力，使他們更認真地投入團體學習；對領導者也有壓力，使他們更負責，更精心地準備每一次聚會。採用合適的評估方式是應對這些問題的主要辦法。具體可採用以下方式：對那些基於技能提升的訓練團體可以採用考核的方式；可以直接觀察成員的行為改變；在團體內展開討論，或採用講演、分享、角色扮演等方式，也可以觀察到團體成員透過團體學習而產生的改變。

（三）行為層面

行為層面的評估主要是觀察團體成員的行為表現，可以來自領導者的評價、督導的評價，也可以來自成員之間的評價、成員自我的評價等。這個層面評估的優點是可以直接透過成員的行為來反映輔導的效果，可以使機構、資助者直接看到輔導的效果，從而使他們更加支持團體工作。此層面的缺點是：評估要花很多時間、精力；問卷的設計非常重要但卻比較難做；行為的表現多因多果；如何剔除其他非團體因素的影響，也有一定的困難。一般解決的方法有：注意選擇合適的評估時間，即在團體結束多長時間後進行評估；注意選擇適當的評估量表或方法。

（四）結果層面

結果層面的評估是將成員在團體結束後與參加團體前進行對照比較，主要是透過一些可測量的指標，如自信心、學習態度、學習成績、工作業績、家庭關係等，以反映團體輔導的效果。這種評估方式的優點是可以拿出詳實的、令人信服的調查數據，證明團體的成效。這個層面的評估缺點是：需要時間長，在短期內是很難有結果的；對這個層面的評估還缺乏必要的技術、手段和經驗；必須取得相關人員和部門的合作，否則你就無法得到相關的數據；必須分辨出哪些「果」與團體工作相關，在多大程度上相關。可以用一個其他條件相同，只是未參加團體的參照組來進行對照評估。

五、評估執行者

對團體心理輔導的過程和效果進行評估，就需要考慮由誰來評估。一般而言，可以由以下五種人來從不同角度評估團體的過程和效能，即團體督導、領導者、團體觀察員、團體成員以及成員相關的重要他人（如教師、家長等）。但是由於不同的人看待團體的角度會有差別，所以評估的重點也有所差別。

（一）團體督導者

心理諮詢督導是指在專業工作中由資深工作者對資淺工作者所提供的一種介入。此種介入關係的性質是評估性的，持續一段時間的，並具有提高受督導者專業水平的功能。團體督導者是團體領導者的老師，承擔著觀察、分析和幫助團體領導者提高專業水平，並對團體成員負責的責任。團體督導者可以透過現場過程、事後觀看錄影帶，或閱讀團體領導者的團體單元記錄表等方法找出需要進一步討論的內容和議題，與領導者進行討論。

（二）團體領導者

團體領導者的評估可以分為兩類：對自我的評估與對團體的評估。

領導者自評指領導者對自己的工作狀況進行評估，主要是對領導過程的評估。如，評估自己的領導風格，所採用的技巧是否合適；發現和處理團體事件的能力與效果；維持團體氣氛的功能如何；催化團體成員參與團體程度的狀況等。團體領導者自我評估可以在每次團體聚會結束時進行，也可以在整個團體心理輔導結束時進行。一般常用評估題目有：我是否嚴格遵循團體心理輔導的計劃？我對自己的領導行為滿意程度有多大？我能在多大程度上滿足成員個體的需要？團體心理輔導過程中是否出現未曾計劃或預期的事情？團體心理輔導過程中有哪些地方可以改善？

對團體的評價主要是對領導內容的評估以及對團體成員的評估。包括團體目標是否達成，團體成員之間的關係如何，是否有效地協助成員改變等。因團體性質不同，評估重點也有一定區別。例如，在治療性團體心理輔導評估中，團體領導者著重關注的是成員思維和行為的改變；在互助和成長性團體心理輔導評估中，團體領導者就會更關心成員間的溝通狀況、人際關係和

相互支持網絡的建立。因此，團體領導者進行團體評估時必須根據團體的目標而制訂一套適合的評估步驟與方法。

（三）團體觀察員

團體觀察員的角色可以更加客觀地反映團體的狀況。團體觀察員透過現場過程觀察記錄，從團體成員的行為表現、團體領導者的領導技巧以及團體效能三個方面進行評估。在成員行為表現上，主要是對成員的協助性行為（傾聽、自我表露、理解、尊重）以及阻礙性行為（防衛行為、破壞行為、阻斷、獨占）的觀察、記錄並分析其影響程度。對於團體領導者的領導技巧的評估主要是觀察、記錄和分析領導者在輔導過程中所運用的技巧（無條件積極關注、尊重、接納、同理的反應等）是否及時並且有效。而對於團體效能的評估，主要是考察團體計劃的可行性與有效性。有的團體同時採用其中兩種或三種，從不同角度來做多元評估，然後再決定選擇用什麼樣的方式或者工具來進行評估。通常團體會選擇問卷或評估表，可以有選項選擇、量表選擇、描述回答等。有時也會用面談的方式，由領導者或觀察員以團體或個別的方式與成員面談，進行了解、評鑑。除此之外，還有一種資料可以用作評估材料，即領導者的團體記錄。記錄的方式可以以文字（摘要記錄、逐字記錄）及視聽方式（錄音、錄影）進行。透過這些資料，由觀察人員、專家或者督導員來評鑑。還可以利用心理測試、量表或有關問卷進行參加團體後的比較，作為評鑑參考。

（四）團體成員

團體成員的評估即自評，是對自身行為表現等方面以及對團體效能的評估。其中，對團體效能的評估包括對團體過程、團體效能、領導者行為的評估。成員自評又分為兩個方面：一是參加團體的目標、期望是否達成，也就是在團體心理輔導活動過程中收穫、學了或者改善了什麼；二是參加的過程如何，如自己是否積極參與到輔導活動中，是否去探索一些問題，有無掙扎或者防衛心理以及這些心理的程度如何。在對團體效能評估上也可以分為兩個層面：一是團體內容是否有效、恰當，自己的目標是否達成；領導者的引領介入如何幫助自己實現期望；二是團體過程是否有意義，比如團體過程中

發生了哪些印象深刻的事件；團體氣氛如何，對團體領導者的滿意程度等。團體成員評估所用的工具可以是量表、調查問卷、成員的日記、自我報告等。成員評估可以以個人前後測分數的差異情況來反應，也可透過文字或簡短的量表來了解。有些團體領導者的做法是要求成員對每次聚會都進行記錄，一段時間後收回整理。評估工具可以是開放式問題，也可以是量表等。

（五）團體成員相關的重要他人

團體成員參加團體心理輔導後，行為表現是否有改善，可以透過其相關的重要他人，如家長、家屬、老師、朋友、同學等反映或報告來評估。評估方法可以是正式或非正式的。正式的方法包括設計一個簡短的評估表，重點放在成員的特別問題上，定期請與團體成員關係密切的人填寫，不僅可以獲得成員在現實生活中的第一手資料，也可以使相關人員看到成員的努力與進步，並給予積極的回饋和建設性的期望。非正式的方法有面談、電話、訪問等，以了解成員的行為與表現。

複習鞏固

1. 什麼是團體評估？
2. 團體評估的目的是什麼？
3. 團體評估的評估者主要有哪些？

第二節 團體心理輔導評估的理論模式

一、陸弗的評估模式

陸弗（Luft，1969）認為，觀察團體互動過程中成員的溝通形態，有助於評估團體的發展結果與成效。一般而言，有效團體的成員應能增進對自己與其他成員的了解，願意開放自我，表達正向與負向的各種感覺，提高個人的心理健康水平及改善人際關係。如果團體互動過程中，成員只是有選擇性地分享個人感受與經驗；或只做表層次分享，缺乏中、深層次的自我表露；或被動、拒絕給予其他成員回饋，自我防衛心重，則反映團體動力缺乏，團

體凝聚力不強，團體信任感不足，團體的效果極其有限。喬韓窗口以「自我察覺程度」與「他人了解程度」兩個方向來說明團體成員察覺自我的行為與感覺的程度，以及探討對其成員對自己行為與感覺的了解程度。針對「個人是否覺察」與「他人是否覺察」兩個方向，交互作用產生四種團體內人際互動的狀況。這四種狀況分別是：

公開區（I）：當事人了解自我並開放自我，使團體其他成員也能了解當事人的想法、感覺和行為。

盲目區（II）：當事人對自我缺乏了解，由其他成員對其所觀察的想法、感覺和行為回饋予當事人，促發當事人的自我探索。

祕密區（III）：當事人有意識地隱藏自己內在真實的想法、感覺和行為，其他成員無法了解當事人，呈現表層次的人際互動。

未知區（IV）：當事人無法了解自己的想法、感覺和行為，其他成員對當事人也缺乏了解。

基本上，團體內所有成員，包括領導者的人際溝通與互動關係可能出現在任何一區，團體動力與團體成效也可經由大多數成員溝通互動的所在屬區來加以評估。有效的團體，其領導者與成員互動的屬區較多呈現在開放區（I），或者是團體形成前，成員的開放度與互動性原來在未知區（IV）較多，經過團體運作後成員的狀態發展至開放區（I）。由此顯示，團體動力發展與團體運作的結果，有助於成員的自我了解與人際互動，促進成員建設性、開放性的身心發展與行為反應。

陸弗研究喬韓窗口察覺模式，是為了促進團體的運作及領導效能的發揮，使成員產生導向性的改變，並達成團體的目標與功能。陸弗特別提出以下幾點說明：

(1) 上述四區關係密切，任何一區的改變會引起其他三區的變化；

(2) 團體的人際互動中，II、III、IV三區的成員能量消耗較大；

(3) 團體信任感增加有助成員 I 區的發展；

（4）領導者及成員企圖以非理性的手段去強迫成員開放或察覺，成效有限；

（5）團體的人際互動與學習，有助於擴大成員Ⅰ區的自我狀態，縮小Ⅱ、Ⅲ、Ⅳ區；

（6）團體人性化活動有助於成員學習知識技能，獲得訊息，以達成團體目標；

（7）團體內傾向Ⅰ區成員越少，團體溝通越困難；

（8）團體成員對Ⅳ區好奇雖是很普遍的現象，但它會受到成員不良的成長背景、不當的習慣反應、反社會化行為及各種負向（如恐懼）心理因素的影響而存在、擴大；

（9）Ⅱ、Ⅲ、Ⅳ區很敏感，為了確保團體成員的隱私權，領導者有必要適當尊重該區域；

（10）團體過程的運作效果將影響成員各區的變化。有效的團體有助於成員擴大Ⅰ區；

（11）當成員Ⅳ區較多且干擾到團體運動時，適度的面質有助於成員澄清個人價值觀，開放自我。

可見，陸弗模式較注重過程評估，但由於影響團體發展的因素相當複雜，只以過程及成員互動觀察作為團體評估的方法，將影響團體評估的完整性。

二、戴伊的評估模式

戴伊（Dye，1968）認為要評估團體效果或成員的個人成長，可採取多元化的方式，從人員、方向兩個方面、四個部分來進行評估。

表 8-2　戴伊的評估模式

項目	團體內	團體外
自我報告	(1)行為檢查、個人行為與反應評估、Q排列等 (2)團體經驗的日記 (3)自我成長進步的報告	(1)輔導前後有關問題檢查、人格測驗 (2)自傳 (3)職業及生涯決定 (4)個別向領導者、成員的諮詢 (5)團體的評估、問卷調查
他人回饋	友伴、領導者、觀察員 (1)團體成員行為、態度的評估 (2)團體行為的評估 (3)社會測量法 (4)分析錄音帶、錄影帶	教師、父母等 (1)評估及檢查方法 (2)非正式、開放性報告 (3)親友與教師的回饋 (4)出席率、成績、操行及勤奮情形等

團體內自我報告：由團體成員透過各項書面檢核資料及口頭報告來做個人評估或團體評估。

團體內他人回饋：由參加團體的領導者、觀察員、督導者及其他成員透過書面檢核資料及口頭報告來做個人評估或團體評估。

團體外自我報告：成員在參加團體之前或之後，透過書面檢核資料及口頭報告來做個人評估或團體評估。

團體外他人回饋：成員在參加團體之前或之後，由成員的關係人（教師、父母、朋友等）透過書面檢核材料及口頭報告來做個人評估與團體評估。

這四種評估各有其特色及優缺點。

「團體內自我報告」雖可用不同工具、形式及方法來獲得成員直接具體的評估資料，但因涉及行為科學研究中「內省法」「自陳量表」的不足，故所得資料宜謹慎評估。「團體內他人回饋」的評估資料經常被運用在諮詢研究與臨床治療效果的評估上。通常成員的自我報告可能會受個人評估態度及內在動機的影響而降低其真實性。團體內其他成員的回饋可避免此不足，由領導者、觀察員、其他成員等人的綜合性評估較為客觀，也可由其他成員的心得報告、團體記錄來加以分析。「團體外自我報告」較常用於實驗研究的

效果評估,透過對成員前後行為的測量資料,來探討或驗證影響效果,此評估方式涉及統計學問題,難度較高。「團體外他人回饋」是假設團體輔導對成員行為的影響必為其關係人所察覺,所以可由關係人對成員的回饋意見來評估團體效果。此模式經常用作評估團體的輔助方式,但前提是必須確認成員行為與團體目標有直接相關。

三、卡爾卡的評估模式

卡爾卡(Kolk,1985)認為從不同的層面收集資料,可以獲得更多不同反應的資料,並運用於不同目的。

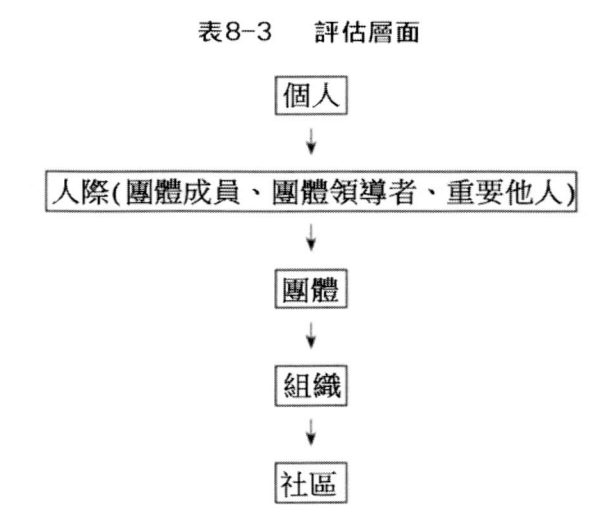

表8-3　評估層面

```
        個人
         ↓
人際(團體成員、團體領導者、重要他人)
         ↓
        團體
         ↓
        組織
         ↓
        社區
```

在上面的模式中,個人層面包括個人的態度、自我概念、自尊、個人滿意度、各種行為、價值觀等。人際層面則包括三方面:一是成員之間一對一的關係,二是成員與領導者互動部分,三是各個成員在團體外與重要他人之間的人際關係。團體層面則指團體凝聚力、目的,團體大小、角色、規範、歸屬感等。組織層面指機構、學校等,團體通常在機構內成立或組成。社區層面則指一個市、鎮或區,社區通常包括一些學校、機構或公司。學校的團體輔導計劃有些會與社區其他機構有關。若從社區層面處理時,社區內的機構需有合作才能成功。如,學校有濫用藥物的初級預防團體輔導方案及次級

預防的高危群體諮詢方案，而家庭教育服務中心可以提供使用藥物的青少年父母支持團體，戒毒中心可提供藥物用於少年戒毒治療。因此，團體諮詢與輔導方案評估，應視方案在這個系統中的位置而決定評估什麼和如何評估。

評估如果放在個人層面，則目的在於了解個人參加團體輔導的獲益或滿意度。必須評估個人參加團體前、後的狀況或行為。以參加團體前的狀況作為一個基準線，這個基準線供個人參考，決定要不要做改變，改變的目標是什麼。所以，一般用以評估個人的方法常採用量化的研究法，如：行為量化，即被試出現目標行為的次數，如表達情感情緒行為的次數、完成家庭作業的次數等；自我評估表；目標達成量表；心理評估工具，如標準化的人格測驗。

評估如果放在人際層面，則目的在於了解團體對成員人際互動的影響。

評估如果重點放在團體層面，則目標在於了解團體方案對於團體情境的影響，或對於整個團體進行記錄並收集資料。前者指實施方案後團體內改變狀況，可以使用團體記錄收集資料。團體記錄可分三種：

(1) 過程記錄，即記錄團體過程最重要的一些事；

(2) 重要事件記錄，為節省時間，只對團體聚會中一件領導者認為重要的事加以記錄；

(3) 摘要記錄，團體領導者就聚會中的主要事件簡要描述。

另外，團體領導者也常用「社交測量」方法了解團體結構改變狀況。

四、斯塔夫萊比姆的評估模式

斯塔夫萊比姆（Shlfflebeam，1971）與其同事共同提出一種過程評估模式。這種模式包括四個階段：背景評價（context evaluation）、輸入評價（input evaluation）、過程評價（process evaluation）、結果評價（product evaluation）。它們共同構成了 CIPP（context-input-prcess-productmodel）評價模式。CIPP 模式的基本觀點是：評價最重要的目的不在證明，而在改進。它主張評價是一項系統工具，為評價聽取人提供有用訊息，使得方案更具成效。在做好評價活動中，評價設計大綱和實施流程是必

要的。在這種模式中,前一階段是後一階段的基礎,有因果影響關係;最後一階段實施後宜再循環回到第一階段,作為修改原始工作計劃的參考依據。

(一)背景因素的評估

背景評價就是在特定的環境下評定其需要、問題、資源和機會。該階段的評估內容主要是探討與團體工作前後相關的一些重要決定因素,其中包括團體工作的計劃決定,團體工作整體目標和個別目標的制訂,設定團體工作計劃的走向。

(二)輸入變量的評估

輸入評價是在背景評價的基礎上,對達到目標所需的條件、資源以及各被選方案的相對優點所做的評價,其實質是對方案的可行性和效用性進行評價。這一階段評估的內容是檢視團體工作的輸入變量,其中包括:團體工作計劃決定的結構化,團體工作計劃如何設計,了解所有可能會影響到團體工作的因素。

(三)過程變量的評估

過程評價是對方案實施過程中做連續不斷的監督、檢查和回饋。這一階段的評估內容主要是檢視團體過程中會影響到團體工作實施的各種因素。比如,有關團體工作的計劃執行,找出團體工作計劃的優缺點,團體工作過程中會碰到的一些問題和困難,確認團體過程中有哪些阻撓因素。

(四)實施結果的評估

結果評價是對目標達到程度所做的評價,包括:測量、判斷、解釋方案的成就,確證人們的需要滿足的程度等。這一階段的評估,一方面是了解團體工作計劃實施後的結果,另一方面也可以為未來的團體工作計劃提供改進的意見。其中包括:評析目標達成的狀況;評估團體工作計劃的效力、效率;可以對整個團體工作計劃提供完整的成果訊息,以供繼續、修正或剔除未來工作計劃的參考;做成再循環的決定,以使未來工作計劃更完善。

這四種類型的評價目的、方法與功效各不相同。在 CIPP 模式運用中，評價者可根據需要採用不同的評價策略。各種評價既可以在方案實施前使用，也可以在方案實施中使用。可以實施一種評價，也可以實施幾種評價。這完全取決於評價聽取人的需要，它是一種十分靈活的模式。

五、綜合評估設計模式

布林克霍夫（Brinkerhoff，1983）建議六種評估設計：

（一）固定式評估設計與湧現式評估設計

固定式評估設計（fixed evaluation design）是根據方案的目標產生具體的評估問題，將資料收集、資料來源、分析、統計均事先系統地規劃好。由於屬於正式的評估，因此採用測驗、問卷、評估表、調查表等工具，並在研究方法、資料收集和結果的呈現上均採用量化研究方式。

湧現式評估設計（emergent evaluation design）不採取事前固定規劃的評估方式，而是去與評估對象溝通，重點放在觀察方案與對未來的探詢上，根據評估對象的反應決定重要課題和設計。所以評估的對象是繼續成長、改變、對情境反應，不斷調整以配合不斷改變的問題和方案活動。因此，在這種評估設計中通常使用個案研究法、觀察法或觀察團的報告等較欠缺客觀而嚴謹的資料收集方式。資料收集結果通常採用質化研究方式。

（二）形成性評估與總結性評估

形成性評估（formative evaluation）主要用於收集效益和改進方案之用。評估者通常為方案工作人員之一，以便與方案實施人員密切合作。評估資料主要來自方案工作人員所辨識出來的需求和問題。任何資料收集方法都可以採用，重點在於將收集到的有效資料用於方案改進。形成性評估在設計方面，可以採用固定式設計或湧現式設計，最好與方案工作人員共同討論後修改，以配合工作人員的需求。因此，評估者一定要與設計諮詢師或設計小組以及實施該方案的團體領導者密切合作，才能進行評估。

總結性評估（summative evaluation），用於評估方案的成果，重點是在方案或決策者所重視的所謂「成功」的變量，作為認定該方案是否有價值的依據。所以，一個方案通常是既進行形成性評估，又進行總結性評估。前者在於改進方案，以便方案得以繼續實施，後者主要用於決定一項方案是否值得繼續實施，兩者目標不相同。

（三）實驗設計、準實驗設計以及嚴謹的詢問法

實驗設計（experimental design）和準實驗設計（quasi-experimental design）都是很典型的研究方法，被試必須經過隨機抽樣獲得，然後施以方案訓練，並評估方案對其影響。這類評估的目的在於判斷方案的價值，看它是否有推廣的價值。

嚴謹的詢問法（unobtrusive inquiry），在不能夠加以實驗的情境下多使用這種評估設計。或者是當方案已實施，然而卻必須加以評估以便改進方案時，可採用嚴謹的詢問法去觀察並與方案有關人員交談，以便收集評估資料。採取這種方法，評估者必須先閱讀文獻，分析已有研究，以便知道如何去觀察。最好採取多重評估策略和多種資料收集來源，以增加資料的可靠性。

實驗設計和準實驗設計主要採取標準評估工具，為量化研究。而嚴謹的詢問法則採取觀察、個案研究、觀察團報告等策略，所以常用質化研究。由於質化研究常常被支持量化的研究者質疑其客觀性和可靠性，因此，過去心理諮詢與輔導的評估很少使用質化研究。然而，因其可以對於所研究的現象提供描述，提供具有深度性、豐富性和精緻性的資料，作為形成觀念、發展假設和產生反應的參考，因此，近年來諮詢與輔導方面使用質化研究有增加趨勢。

生活中的心理學

認識自我的三條渠道

第一條，從我與人的關係認識自我：與他人比較，標準如何。

第八章 團體心理輔導的評估

人在社會，人與人交往，他人就是反映自我的鏡子。與他人交往，是個人獲得自我認識的重要來源。

一般來說，當局者迷，旁觀者清。認識自己有時候的確比較難。周圍的人對我們的態度和評價能幫助我們認識自己，了解自己。我們要尊重他人的態度與評價，冷靜地分析。對他人的態度與評價我們既不能盲從，也不能忽視。

有自知之明的人能從與人相處中用心向別人學習，獲得足夠的經驗，然後按照自己的需要去規劃自己的前途。但是透過和人比較，認識自己應該注意比較的參照系。

(1) 跟別人比較是行動前的條件，還是行為後的結果？比如，大學生來大學學習，如果認為自己來自農村，條件不如別人，開始就置自己於次等地位，自然影響心態和情結，而大學畢業後看行動後的成績才有意義。

(2) 必須明白，跟人比較是看相對標準還是絕對標準？是可變的標準還是不可變的標準？經常有一些人，認為自己不如他人。其實，他們關注的可能是身材、家世等不能改變的條件，沒有實際比較的意義。

(3) 比較的對象是什麼人？是與自己條件相類似的人，還是個人心目中的偶像或極不如自己的人？所以，確立一個合理的參照體系，明確一個合理的立足點，對於自我認識尤為重要。

第二條，從我與事的關係認識自我：成敗經驗。

(1) 透過自己的成就經驗了解自己。透過自己所取得的成果、成就，從做事的經驗中了解自己，也是一種學習。不經一事，不長一智。成敗得失，其經驗的價值也因人而異。

(2) 透過自己的失敗經歷認識自我。對聰明又善用智慧的人來說，成功與失敗的經驗都可以促他再成功，因為他們了解自己，有堅強的人格特徵，善於學習，因而可以避免重蹈失敗的覆轍。

（3）透過自己的成敗經驗獲得自我意識。對於某些自我比較脆弱的人來說，失敗的經驗更使其失敗。他們往往不能從失敗中學到教訓，改變策略，追求成功，而且挫敗後形成怕敗心理，不敢面對現實去應付困境或挑戰，甚至失去許多良機；而對一些自我狂大的人而言，成功反可能成為失敗之源。他們可能幸得成功便驕傲自大，以後做事便自不量力，往往遭失敗的多；或由於成長過於順利，又有家世、關係，而一旦失去「保護源」，便一蹶不振，不能支撐起獨立的自我。因此，一個能夠透過自己成敗經驗獲得自我意識的人，其由成敗經驗中所獲得的自我意識也要細加分析和甄別，那麼，他才有可能成功。

第三條，從我與己的關係中認識自我：自己眼中的我、自己心中的我（理想我）。

古人曰：「吾日三省吾身」，即透過自我觀察認識自己。要認識自己，我們必須要做一個有心人，經常反省自己在日常生活中的點滴表現，總結自己是一個什麼樣的人，找出自己的優缺點。自我觀察是我們自己教育自己、自我提高的重要途徑。

（1）自己眼中的我。個人實際觀察到客觀的我，包括身體、容貌、性別、年齡、職業、性格、氣質、能力等。

（2）別人眼中的我。與別人交往時，由別人對你的態度、情感反映而覺知的我。不同關係的人對自己的反應和評價不同，它是個人從多數人對自己的反應中歸納出的。

（3）自己心中的我，也指自己對自己的期許，即理想我。我們還可以從實際的我、自覺別人眼中的我、自覺別人心中的我等多個角度來全面認識自己。

複習鞏固

1. 簡述喬韓窗口理論。

2. 簡述 CIPP 模式的四個階段。

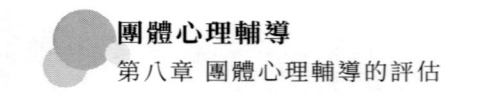

3. 綜合評估設計模式中有哪幾種評估設計？

第三節 團體心理輔導的評估方法

一、評估前需要考慮的問題

豪斯（House，1987）曾提出「評估前的六問」，即：

評估的目的何在？

評估要回答的問題是什麼？

評估者願意或能夠做到的「眾意假設」是什麼？

評估的對象是誰？

完成此評估之最有效的方法為何？

評估者是否已具備所要求的能力和技術？

可見，在進行團體評估之前，需要認真思考一些問題，以便為評估的實施打下基礎。

尼沃（Nevo，1983）認為，要設計出合適的評估計劃，進行評估之前先做好下列考慮是必要的：

（1）怎樣界定這個評估？其特徵何在？與研究或測量有何不同？是為決策者提供資訊還是用以了解被評估者的狀況或其他用途？

（2）為什麼評估？這個評估本身的目的何在？這個評估所提供的功能是什麼？是用來做決策，用來做職責的驗證，還是用以改變或改進方案？或出於其他原因需要而做評估？

（3）評估的目標是什麼？有什麼應該或能夠評估的？要評估學生、學校、機構本身還是其他？

(4)一個目標的哪些方面是評估應該要調查的？應問到哪些問題？應該收集哪類資料？目標的哪方面該被評估，是資源、結果的影響、過程或應用、工作人員、學生、目標、計劃、利益、需求、機構及學校特徵，還是其他事項？

(5)用什麼標準來判斷目標？你將如何解釋發現？如何認定收集的資料的價值？你將如何決定目標是「好」或「壞」？應該使用的目標就是方案目標，還是你所看到的需求或理想的目標、社會的期望？

(6)評估為誰而做？誰要聽取評估？誰要評估收集到的資料？是學校諮詢師為領導而做或為學生、教師、方案工作人員、政府或其他人而做？

(7)用什麼步驟和程序來進行評估？如何開始評估和如何進行？評估計劃有哪些主要階段？有無更好的順序來進行評估？

(8)應該用什麼調查方法來進行評估？如何收集資料？什麼的調查設計該用於這項評估？最好的方法是用測驗、問卷、專家座談、實驗設計、調查法、個案研究，還是其他方法？

(9)該由誰來做這項評估？評估者應該具備哪些評估技術？評估者具有什麼權威和責任？該由外來人士還是自己人評估？

(10)用什麼標準來判斷這項評估？你知道好的評估有何特徵嗎？如何評估一項評估？評估是否實用、可信、可靠、合法、合倫理、客觀？

二、評估方式的選擇

利維（Levy，1983）認為，評估主要有兩種方式，即過程性評估與結果性評估。他認為過程性評估很重要。因為，如果團體領導者做出任何不適當的措施，透過過程性評估都可能得到重新思考或判斷的機會，從而修正或改變計劃、活動、領導方式等補救措施才有可能。而且團體的過程和團體的結果是息息相關的，要對團體成效加以評估，只做前後測的比較，很難找到團體有效或無效的因素，但若能將團體的過程和結果一起來評估分析，就可以獲知更加詳細的因果關聯，對團體的成效有更多的洞察。

團體心理輔導
第八章 團體心理輔導的評估

有關團體過程與結果的評估，可依評估的層次區分為團體層次與成員個別層次兩種；也可依評估的方式區分為對團體過程與結果客觀的評定及主觀自陳兩種。這樣，按照以上分類，就有八種評估方式可供選擇。

（一）對團體整體過程的客觀評定

這是指對團體整體互動過程依其行為表現進行觀察分析的評估方式。例如，將團體過程全程錄影、錄音，然後對於成員彼此互動形態包括溝通的次數、團體溝通的形式等進行歸類、計數及類型的分析，或是對領導者的領導行為進行編碼分析，以了解成員互動及領導者的領導風格是否影響了團體的成效。

（二）對個別成員在團體過程中的行為表現進行客觀評定

例如，分析個別成員在團體中的發言次數、發言內容、扮演的角色類型，並累積各次聚會個別成員的行為表現之變化（如由不說話到開口說話，由參與到退縮等）。

（三）對團體輔導的整體成效進行客觀評定

包括針對成員的困擾特質（如焦慮程度）改善的程度進行客觀評估，以及對團體領導者的領導行為滿意程度進行評估。

（四）對個別成員參加團體後的改變進行客觀評估

包括個別成員實際困擾行為出現頻率與程度是否減小，重要他人的觀察評定結果等。

（五）對團體整體過程的主觀自陳評估

是指針對團體成員對團體過程的主觀感受加以評估。例如，在團體進行中讓成員表達他對團體的信賴度，用十點量表評定團體的凝聚程度，或在每次團體聚會結束前進行滿意度的測量，或對團體觀感的分享回饋等。

（六）對個別成員在團體過程中的主觀自陳評估

收集成員參與團體聚會的心得日誌加以分析，或是每次團體聚會中要求成員對自己的參與程度進行評定等。

（七）對團體輔導的成效進行主觀自陳評估

例如，成員對整體團體滿意度的測量及對參與團體的整體心得觀感加以分析。

（八）對個別成員參加團體後主觀自陳的成效加以評估

例如，成員於參加團體後對其個人心得感想的陳述及對個人在團體中表現的評估等。團體成效的評估是一個重要而複雜的課題，領導者在設計團體時應針對團體對象的特質及團體目標，設計好系統化的團體過程與結果評估的框架，並選用方便有效的評估工具或評估方法，收集相關資料，以做好科學化的團體成效評估計劃。領導者若能認真對團體歷程做完整詳盡的記錄，並收集完整的過程與結果評估資料，除了可以不斷改進自己的團體領導技巧之外，所整理出來的團體報告也將對團體理論與實務的發展有重大貢獻。

三、團體心理輔導的評估方法

開展團體心理輔導的效果評估，要遵循操作性強、實用性突出的原則。其具體內容主要包括：預期目標是否達到，輔導效果是否明顯，輔導方法是否得當，團體成員是否滿意等；評估目的是幫助團體領導者及成員了解輔導的成效，為以後的工作提供參考；評估時間可放在輔導過程的不同階段或在輔導結束時進行。常用評估方法如下：

（一）行為量化法

由領導者設計一份觀察表，要求團體成員自己觀察某些行為出現次數並做出記錄，或請其他團體成員做觀察記錄。該評估法用以評估團體成員的外顯行為、情緒、思維是否有改善。行為量化法對成員的非適應性行為具體量化，既有利於組織者開展心理教育研究，又有利於成員評估個人行為，鞏固教育效果。

（二）問卷調查法

由領導者自編一套《團體成員自我評估問卷》，問卷為開放式或封閉式，主要內容包括成員對團體心理輔導過程、主題、目標、氣氛、領導者工作方式的滿意程度等方面，從成員的主觀感受了解輔導效果。該評估方法有利於領導者總結工作，提升團體心理輔導技能，同時也是考評領導者工作的有效方法之一。

　　（三）心理測驗法

　　由領導者選取信度、效度較高的標準化心理測試量表，對團體成員的前測、後測結果進行比較，判斷輔導是否有成效。相對行為量化法，心理測驗法提供了更權威的量化數據。心理測量是根據一定的法則用數字對人們的行為加以確定，即依據一定的心理學理論，使用一定的操作程序，給人的行為和心理屬性確定出一種數量化的價值。心理屬性和物理屬性一樣，也是可以測量的。根據心理學特質理論，人們對測量結果進行推論，從而可以間接了解人的心理。心理測量具有相對性，即心理測量只能看每個人處在這個序列的什麼位置上。心理測量所得的一個人適應能力、合作程度、興趣大小等的變化，大多數是以成員參加訓練前後指標對比來評估的。心理測量不同於問卷調查，它一般經過大量測驗和論證的標準化的量表，同時還要考慮文化背景。

　　（四）主觀報告法

　　透過團體成員的日記、自我報告、領導者的工作日誌、觀察記錄等方法評估團體的發展和效果。主觀報告法既是成員參加團體的總結，也是領導者的總結；既能鞏固教育效果，也能尋找不足，不斷完善相關工作。自我陳述是團體成員訴說或寫出在團體心理輔導中個人的體會感受。自我陳述包括與成員交流體會和寫書面總結，與成員交流體會或者先由主持人引出談論的話題和重點，或者由成員自由發言、自由提問。交流體會往往是每個具體活動的結束內容。因此，成員在每次團體心理輔導中可以進行交流，這樣可以讓領導者及時發現訓練中的問題，使成員體會到自身的變化。書面總結是在團體心理輔導結束後讓成員以文字的形式寫出對活動的評估和內心的真實感

受。上面兩種陳述方式不同，但它們都能較為真實地了解團體心理輔導各方面的情況，尤其是可以掌握大多數成員在團體心理輔導後的改變。

（五）檢查評估法

檢查評估是一般大型活動的必要環節，主要是指由上級領導和機關組成工作組對團體心理輔導活動開展情況的詳細檢查和分析。檢查的內容涉及計劃的制訂和落實情況、主持人採取的方法措施、成員的體會收穫、從訓練活動中取得的經驗和遇到的困難、下一步的改進措施以及訓練的記錄情況等。檢查評估的方式也是多種多樣的，包括現場觀察、查看記錄和團體成員的日記、聽取匯報、問卷調查、開座談會、個別訪談等方式。檢查評估的好處是讓各團體領導者有壓力，能夠努力把活動開展好。不足之處是檢查評估往往是在活動開展結束後進行，他們收集的大部分是第二手資料，可信度相對較低。

四、選擇評估方法的原則

好的評估方法應該是可以獲得真正的團體方案實施結果資料的方法。因此，選擇方法時必須考慮：第一，評估方法適合團體方案目標；第二，是團體領導者熟悉了解並掌握的方法；第三，方法適用於評估對象等條件；第四，所選方法簡易、實用、客觀。

肯普（Kemp，1970）研究訓練實驗室（National Training Laboratory）中的領導者訓練方案時發現，評估一個團體是否是「好團體」的效標有四個：

（1）能表現出民主式的領導風格；

（2）團體方案的實現得到領導者及成員的了解和支持，能達成共識；

（3）能滿足大多數成員的要求，能提高成員解決問題的社會性能力；

（4）能協助成員個人實現成長的終極目標。

五、團體過程的記錄方法

對團體的過程和成效用謹慎科學的方法加以記錄和評估,是團體專業工作者基本且必要的工作方式。對團體過程留下完整而詳細的記錄,一方面可以幫助領導者組織及整合團體的經驗,對自己帶領團體的優缺點有較客觀詳盡的資料可以分析;另一方面,也可以透過觀察員的設置和尋求專業督導的過程,更有效地協助領導者覺察個人盲點所在,發展個人的領導風格,以提升帶領團體的專業能力。

團體過程的記錄方法很多,最詳盡的方法是採用實況錄影的方式。在團體心理輔導室四個角落安裝四臺可轉動角度的攝影機及高感度的麥克風,在有經驗的攝影人員操作控制下,將領導者和每一個成員的動作和聲音實況攝錄下來,再加以謄寫成文字稿及繪製成員互動歷程圖,在書面上呈現並進行分析。這種方法可以將領導者和成員的口語、非口語互動歷程詳實地記錄下來,利於事後分析。與全程錄音的方式相比較,此種方法可以清楚地呈現成員的非語言表現及成員互動的細節。錄音方式雖然可錄下說話的內容,但有時因團體成員人數較多,導致從錄音帶上很難分辨是誰在和誰說話,對於說話成員的相對位置、表情姿態及非語言互動的過程容易缺漏。但是錄影所需設備、技術要求高,而且整理素材所耗費的時間精力太大。相較之下,設計良好的團體記錄表就更為方便、經濟、實用。

(一)活動進行概況

主要就是概述團體歷程大致過程及時間分配狀況。

(二)成員座位圖

即將成員姓名或代號標示在圓圈上,以圖示出成員在團體中的相對位置。

(三)成員參與情況

記載團體氣氛變化及個別成員在團體中的表現情況。對於特別投入或未投入的成員應加以特別的關注和描述。

(四)重要事件的處理

對於團體中發生的重要偶發事件，例如成員間的衝突，個別成員的哭泣、退縮或攻擊他人的行為，或某些成員重大的行為改變（如第一次開口說話或邀請他人加入遊戲等），均應加以描述，並說明領導者的介入處理方式和效果。

(五) 觀察員見聞及評論意見

可在每次團體結束時由觀察員填寫，或由領導者向觀察員請教後加以整理填寫，再請觀察員簽名。觀察員應就團體過程及領導者的反應方式加以描述及評論，以協助領導者覺察他人觀點，並獲得肯定或需改進的回饋。

(六) 領導者自我評論

領導者依據團體目標、成員反應及自己的催化過程，參酌觀察員的意見，整理自己的經驗，以加深自我覺察及統整團體經驗。

(七) 督導意見

督導員可透過臨場觀察、事後觀看錄影帶，或閱讀前述團體單元記錄的內容，找出需要進一步討論的內容和議題，和領導者進行督導討論。討論的內容和結果，可由督導填寫，亦可於進行完督導討論後，由領導者整理填寫，再交督導審閱簽名。

六、評估應注意的事項

評估是複雜且重要的工作，有很多問題需要引起注意。克朗伯茲（Krumboltz，1974）注意到諮詢效度問題的重要性。他提出六個指標：

(1) 在規劃諮詢師的工作範圍時，評估需得到有關單位的同意；

(2) 所謂的「改變」「效果」或「成就」應該以可觀察的行為作為評估依據；

(3) 評估系統工程建構的主要目的在於增進專業效能與自我成長，不應作為考試的替代；

(4) 為求真正有所裨益，即使是失敗的結果，也同樣具有參考價值；

(5)參與者應有權參與此評估系統的設計；

(6)評估系統需要持續接受評估和修正改進。

七、評估報告的撰寫

評估報告是指團體心理輔導具體組織單位以書面文字的形式將活動情況向上級部門匯報，或者上級業務部門對活動組織單位進行檢查的情況總結。評估報告既是對前段時間活動的正式總結，也是以後改進工作的依據。因此，寫好評估報告是十分必要的。

（一）寫作要求

團體心理輔導評估報告總的要求與個人思想情況反映在寫作上有很多相同之處：整體上把握，在深入分析的基礎上，做到重點突出、觀點清晰、點面結合、文字簡練。具體要求：

一是充分掌握團體成員的心理狀況和行為變化。從評估者來源看，對團體效果的評估來自多方面，這樣可以收集到各方面的情況。有經驗的作者認為對情況掌握的多少、深淺，決定著這些資料的質量。如果作者只根據自己的觀察或體驗來寫，是很難寫出高質量的評估報告的。因此，在動筆撰寫之前，作者一定要把主要功夫下在廣泛收集各方面資料的基礎之上，這樣才能做到具體、準確、全面。

二是要對調查、測量結果進行深入的分析，對訓練前後做對照。但這些未經概括的情況只是一些「毛坯」的堆砌，要加工成「精品」，必須將各方面的資料彙總到一起，進行深入分析，將這些雜亂的東西條理化、概括化，並總結出每次團體活動解決的重點問題，將其在評估中明確體現出來，讓人看後一目瞭然。

三是恰當地選用事例。團體心理輔導是由多種方式組成的，其中具體活動是很重要的部分。活動後的成員們會有各種各樣的體會和感受，有些成員在活動前後的對比非常明顯，有些成員還會提出中肯的意見和建議，主持人對特殊成員的引導和轉變等都是很典型的事例。在運用事例上有不同的方法，

一般有：單引舉例法、多引舉例法、多角度舉例法和對比舉例法。恰當地運用典型事例，可以有效地說明作者的觀點，增強評估的說服力。

（二）寫作方法

團體心理輔導的寫作一般分為三部分：情況概述、體會或感受、改進措施或建議。也可分為兩部分，即將前兩部分合二為一，前半部分是主要部分，包括團體輔導的開展情況、成員的總體表現、成員間的互動、成員的體會及主持人的表現等；後半部分是改進措施或建議。行文可以根據團體具體情況採取不同的結構。一般採用「總分」結構，即先點明主題，然後將具體表現傾向或問題列成條條，逐一陳述。有的開門見山，平鋪直敘，將種種表現平等地列出，不做任何評論。有些內容單一、情況簡單的評估報告，可以不列小標題，稍加概括，順流而下，自然成文。儘管評估報告的結構不盡相同，但都要求真實、準確、簡練。

擴展閱讀

見習團體輔導效果的評價

一、學習目標

初步了解團體心理輔導效果評估的意義、內容和常用方法，並對自己在見習過程中的表現進行評價，提出努力的方向。

二、操作步驟

學習團體心理輔導效果評估的基本知識；初步掌握評估所用的工具及操作過程；協助心理輔導師做好評估的準備；協助心理輔導師統計分析團體心理輔導效果；透過自我分析、團體成員調查、心理輔導師的意見對自己見習表現進行總結，寫出見習報告。

三、相關知識

1. 團體輔導評估的意義（識記、領會、應用）

團體輔導是否達到預期目標，是否有效，團體成員是否滿意，今後組織團體輔導還需要做哪些改進，對這些問題的探討和總結是團體輔導總結階段的一項重要工作。

2. 團體輔導評估內容（識記、領會、應用）

3. 團體心理輔導效果評估一般方法（識記、領會、應用）

（1）行為計量法

（2）標準化的心理測驗

（3）調查問卷

除了上述三種主要方法外，還可以透過團體成員日記、自我報告、領導者工作日誌、觀察記錄、錄影錄音等方法來評估團體的發展和效果。

四、注意事項

1. 團體輔導效果評估採用哪種方法由心理輔導師決定。心理輔導員在見習過程中的主要任務是學習、了解所用方法的操作過程，以便協助輔導員收集評估資料。

2. 心理輔導員在見習團體輔導後，應該根據自己的觀察和參與，寫出自己對團體過程的觀察，以及參與團體輔導的感受。

3. 心理輔導員應對自己在見習團體心理輔導過程中的個人表現做出總結。

複習鞏固

1. 團體心理輔導中常用的評估方法有哪幾種？

2. 選擇評估方法的原則是什麼？

3. 評估報告的寫作要求是什麼？

本章要點小結

團體心理輔導評估的基本內容

第三節 團體心理輔導的評估方法

1. 團體心理輔導評估是指透過不同的方法，蒐集有關團體目標達成的程度、成員在團體內的表現、團體特徵、成員對團體活動的滿意程度等，幫助團體領導者及團體成員了解團體輔導的成效。

2. 評估的目的主要是：第一，成效評估；第二，指引實務工作，團體領導者與團體成員建立互信，從而提高團體治療性元素。

3. 評估類型主要有：預測性評估、過程性評估、總結性評估、追蹤性評估。

4. 團體效果的評估主要包括：反應層面、學習層面、行為層面、結果層面。

5. 團體評估者主要有：團體督導、領導者自評、觀察員評估、團體成員自評以及成員相關的重要他人（教師、家長等）評估。

團體心理輔導評估的理論模式

1. 團體過程性評估主要是對團體過程中的成員互動狀態的考察和評估，以陸弗運用喬韓窗口理論模式來探討團體成員溝通狀況為代表。團體結果性評估主要是以多元化的方式以及角度來評估團體效果，此派學者較多，其中以戴伊為代表。

2. 卡爾卡的評估模式認為，從不同的層面收集資料，可以獲得更多不同反應的資料並運用於不同目的。

3. 斯塔夫萊比姆提出一種倡導的課程評估 CIPP 模式。

4. 綜合評估設計模式包括：固定式評估設計、湧現式評估設計、形成性評估、總結性評估、實驗設計、準實驗設計、嚴謹的詢問法。

團體心理輔導的評估方法

1. 有關團體過程與結果的評估，可依評估的層次區分為團體層次與成員個別層次兩種；也可依評估的方式區分為對團體過程與結果客觀的評定及主觀自陳兩種。

2. 團體心理輔導常用的評估方法包括：行為量化法、問卷調查法、心理測驗法、主觀報告法、檢查評估法。

3. 選擇評估方法的原則有：第一，評估方法適合團體方案目標；第二，是團體領導者熟悉了解並掌握的方法；第三，方法適用於評估對象等條件；第四，所選方法簡易、實用、客觀。

4. 評估應注意的事項：在規劃諮詢師的工作範圍時，評估需得到有關單位的同意；所謂的「改變」「效果」或「成就」應該以可觀察的行為作為評估依據；評估系統工程的建構的主要目的在於增進專業效能與自我成長，不應作為考試的替代；為求真正有所裨益，即使是失敗的結果，也同樣具有參考價值；參與者應有權參與此評估系統的設計；評估系統需要持續接受評估和修正改進。

5. 評估報告的寫作要求有：一是充分掌握團體成員的心理狀況和行為變化；二是要對調查、測量結果進行深入分析，對訓練前後做對照；三是恰當地選用事例。

關鍵術語

評估　評鑑　預測性評估　過程性評估　總結評估　反應層面　學習層面　；行為層面　結果層面　喬韓窗口理論　二二方向理論　公開區　盲目區　祕密區　未知區　CIPP 模式　背景評價　輸入評價　過程評價　結果評價　固定式評估設計　湧現式評估設計　形成性評估　總結性評估　實驗設計　準實驗設計　嚴謹的詢問法　行為量化法　問卷調查法　心理測驗法　主觀報告法　檢查評估法

複習思考題

一、判斷題

1. 團體評估就是對團體輔導的結果進行評估。（　）

2. 和過程性評估相比，總結性評估一般比較正式，多以文字的形式出現，也多半與研究產生關係。（　）

3. 團體領導者的評估可以分為兩類：對自我的評估與對團體的評估。（　）

4. 在陸弗的喬韓窗口理論中，III 區是指盲目區。（ ）

5. 斯塔夫萊比姆評估模式包括：背景階段、輸入評價、輸出評價與結果評價。（ ）

6. 團體評估必須考慮評估的客觀性、驗證性、科學性及實用性。（ ）

二、選擇題

1. 團體評估的類型有（ ）

A. 預測性評估

B. 過程性評估

C. 總結評估

D. 全局評估

2. 團體效果的評估主要包括哪幾個層面（ ）

A. 反應層面

B. 學習層面

C. 行為層面

D. 結果層面

3. 在卡爾卡的評估模式中，人際層面包括哪幾個方面（ ）

A. 團體成員

B. 團體領導者

C. 觀察員

D. 重要他人

4. 團體記錄可分為（ ）

A. 過程記錄

B. 重要事件

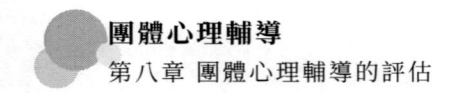

C. 摘要記錄

D. 結果記錄

第九章 團體心理輔導的應用領域

　　物以類聚，人以群分。人類的社會生活是以群體形式進行的，人不可能離群索居。從初級群體到次級群體，從血緣群體、地緣群體到業緣群體，人們總是生活在不同規模與類型的群體之中，多樣化的社會群體造就了豐富多彩的人類生活，並滿足著人們的各種需求。群體可以幫助成員完成個人所無法完成的事情，滿足成員的工具性需求；同時，群體還可以幫助成員實現情感的支持、慾望的滿足和自我表達，滿足成員的表意性需求。因此，群體生活是人類成長與生活經驗的核心，在群體生活的互動中，人們獲得自我概念，形成自我意識。本章將根據個體的成長，分別從兒童、學校、家庭和老年等四個領域來探討團體心理輔導在不同群體中的運用，使讀者了解個體不同成長階段面臨的最主要的心理問題，並習得如何透過團體心理輔導的介入，疏導不同群體的心理困惑。

▌第一節 兒童團體心理輔導

一、兒童團體心理輔導的概念

　　兒童團體心理輔導是兒童心理輔導的重要方法之一，由於這種方法能促進團體成員之間的相互影響，有控制其成員相互影響的明確規範，有一套角色，並且能夠使團體成員感到一段時間內有整體意識和相互支持意願並由此獲得行為和態度的改變，因而，兒童團體心理輔導在實務領域中被廣泛採用。謝克特曼（Shechtman，2004）指出：「研究證明，專業人士都相信對兒童進行團體介入是有效的。」兒童團體心理輔導是根據兒童心理發展的特徵和規律，運用心理學等專業知識與技能，透過設計和組織一定的團體活動，讓成員參與活動並分享自己的主觀體驗，促使個體在交往中透過觀察、學習、體驗來認識自我、探討自我、接納自我，改善與他人的關係，調整態度與行為方式，以達到良好的適應和開發內部潛能的輔導過程。團體心理輔導的最終目標在於幫助兒童消除心理困惑，提高心理健康水平，並促使其實現人格成長。這個定義強調了以下特點：

第一，考慮到了兒童的年齡和身心特點，兒童團體心理輔導的整個過程需要團體領導者的更多協助和更多介入。

第二，兒童團體心理輔導的展開同時也需要充分激發團體成員的動力，以促使團體中的個人發生改變。

第三，兒童團體心理輔導是一種專業服務，需要充分運用心理學的理念、理論和方法。

二、兒童團體心理輔導的工作取向

（一）兒童成長面臨的主要任務和問題

本書中定義的兒童年齡都在12歲以下。兒童期可以劃分為兒童早期（3～6歲）和中晚期（7～12歲），不同時期的兒童在成長中面臨著不同的人生任務。

1. 兒童早期

兒童早期的生理、心理表現和人生任務主要體現在：身高和體重迅速增加，肌肉力量、協調性增加與神經系統發育逐漸完善，語句表達得更長也更複雜，發展出象徵的能力和產生觀察學習能力，能進行性別分類，發展出更多對同伴的興趣等。此時的一項重要任務就是讓兒童學會控制其攻擊性，尤其是遭受挫折的時候，當兒童開始內化某些標準並且效仿環境中的重要成人時，其良知的發展就開始逐漸顯現。

此外，這一時期的兒童會有分離焦慮並出現恐懼。比如，害怕環境中出現的陌生物體、新事物、新面孔等；還有諸如害怕黑暗、睡覺，有時會出現噩夢。

2. 兒童中晚期

兒童中晚期生理、心理表現和人生任務主要體現在：身體快速發育；認知技巧快速增加，能夠將複雜的事物進行系統分類；能投入問題解決的過程並且靈活多變；逐漸產生概念、記憶、推理、反映、演繹等能力。除了習得初步的社會規範和掌握基本的生活技能外，兒童整體的自我概念深受家庭的

影響，與兄弟姐妹以及朋友的關係也對兒童的人格具有重要意義。此外，隨著兒童的成長，對兒童服從規範的行為要求也隨之增加，同時課堂上的成功與失敗對兒童變得更為重要。在兒童中晚期成長面臨的問題可能包括：恐懼症、抽搐、焦慮反應、強迫行為、一系列身心症狀（胃痛、頭痛、睡眠障礙）。

（二）兒童團體心理輔導的主題

考慮到兒童成長、發展及其面臨的人生任務的特殊性，兒童團體心理輔導通常圍繞著以下四個主題或目標展開：

1. 人際關係改善

人際關係對兒童健全發展是關鍵性的因素。美國心理學家哈塔普（Hartup）認為：「接近同伴，得到同伴的接受並進行積極的相互影響對於兒童的發展是非常必要的。」在同伴關係與社會能力成長的研究中，他指出影響同伴關係重要性的因素：「男孩和女孩們缺乏社會能力與他們覺得不舒服、焦慮和不願意融入該環境有關係；在同伴關係中，兒童能夠控制他們的攻擊性衝動；沒有同伴互動就不能學習性別社會化；同伴關係與兒童角色替換的能力有關，也與他的社會能力有關。」

因為有效的社會行為對兒童後來的發展很重要，所以近年來開始強調透過團體心理輔導教導兒童社會技巧。如團體領導者可以製造機會給團體成員，讓他們擔任與同伴所派給他們的角色十分不同的角色。讓其表現出以前他們同齡小朋友所沒有見過的許多技巧。這種經驗可以增強兒童的優勢感和自我效能感。

2. 解決問題技巧的習得

斯貝威克（Spivack）和舒爾（Shure）認為，問題解決技巧可以使兒童的適應能力及人際關係的效力達到最高峰。他們的研究指出，透過團體的方式可以教會兒童掌握解決問題技巧所需要的三種思考方法：第一種，替換性的思考，指有能力想出一種以上的方法，這種能力使兒童在遭遇人際問題時，能夠想出好幾種解決問題的方法；第二種，預期結果的思考，指有能力預期

其所選擇的每條路的狀況以及結果，並據此做下一步決定；第三種，終極方法的思考，指計劃採取一連串的行為來解決某項人際問題的能力。

3. 認知的改善

認知包括感覺、注意、記憶、思維等過程，有物的認知和人的認知兩個方面。兒童認知的改善，對修正其焦慮來源和行為抑制以及增加社會行為都有重要作用。比如，「每個人都覺得我好怪」之類的自我陳述，不僅會產生焦慮，也會在一定程度上阻礙其參與社交活動。透過團體內的成員互動，可以改變這樣的陳述，讓它成為「是啊，我知道自己與別的兒童在許多方面都不一樣，但是，有些我喜歡，有些我會做改變」的話，或許反映出較正確的評價，從而使兒童覺得比較有自尊，可以減輕焦慮，最後可以增加積極的社會行為。

4. 自我管理行為的掌握

自我管理是指兒童利用環境中的暗示，經由自我監視、自我指導、自我評價和自我增強的過程來控制自己的行為，從而控制他們所處的環境。透過團體領導者的協助，可以讓兒童習得自我管理的行為。

三、兒童團體心理輔導的方法及注意事項

在成人團體中，雖可借用一些團體活動和遊戲來進行，但最主要還是以「講話」為主。在兒童團體中，由於年紀小，認知及表達能力不足，所以採用活動與講話並重的方式較合適，而活動的方式又以遊戲為主。在兒童語言的表達及獨立思考能力尚未完全發展成熟以前，遊戲是兒童最自然的自我表現方式。透過遊戲，兒童可以將他們遇到的問題表現出來，將他們的內心世界展現在團體中。領導者也可以利用遊戲引導兒童走向較具建設性的方向，或學習適當的新行為。

（一）遊戲方法

遊戲分為攻擊性的遊戲，如分組打仗、丟沙包等；建設性的遊戲，如打籃球、排球、乒乓球和擺積木等。演木偶戲、扮家家酒以及手工、畫畫等活動，

則是讓兒童表現自己的最佳方式。這些活動都可投射兒童過去的經驗和內在的感情世界。

（二）講故事方法

抓住小朋友喜歡聽故事的心理，講述一些精心挑選過的故事，可以解決兒童的一些心理問題。例如，古代戰爭故事可以昇華成員的攻擊心理；寓言故事有誘導建立是非善惡觀念的功效；偉人故事可以有示範作用，使兒童模仿偉人，培養遠大的理想和目標；現代故事可以增加成員接受現實生活考驗的能力；科學幻想故事可以幫助兒童增強想像力，激發其對未來的嚮往等。

（三）集體討論方法

兒童討論的事項越具體，越有利於討論，而且應該儘量找團體成員共同的問題，討論起來才能深刻。可以故事的內容為主，或以現實遭遇到的問題為主。例如，明明和兵兵打架。他們為什麼會打架？對這件事你的反應如何？該怎樣處理這件事？

（四）借助各種媒介

借助特別設計的團體互動方式及各項媒介的輔助，幫助兒童順利且充分地表現自我。有些兒童口語表達能力較差，在公眾面前說話尤其感到焦慮。領導者可以用較結構的方式協助其分享經驗。透過錄影、電視、投影儀、繪圖、填表、語句完成，或先寫成書面文字再進行意見分享等方式，可以讓兒童有更充裕的時間及從更多角度表達個人意見。

（五）包容的態度和耐心

除了刻意營造的安全氣氛與信任的關係之外，對兒童特殊的思維、情緒和行為方式，加以接納、包容和鼓勵很必要。領導者對於邀請兒童在團體中表達自己意見，應以親切愉悅的態度回應，並有充分的耐心等待其發言。因為領導者過於嚴肅和急切的催促，會增加兒童的心理壓力，並使不善於表達的兒童失去發言的機會和勇氣。要允許兒童做他自己，甚至允許其在團體中表現出部分非傷害性的偏差行為。這種包容性是兒童得以在團體中逐漸敢於表現自我的重要條件。

除此之外，開展兒童團體心理輔導要注意，團體活動的安排要新穎有趣，符合兒童活潑好動的性格，但要注意安全。領導者要儘量多利用示範來講述活動的安排和團體規則；要儘量避免空泛地講道理，講述過於複雜與抽象的問題。同時還要注意，團體領導者和工作人員的態度要親切和藹，應具有很強的親和力且善於和兒童交往。無論是空間距離還是心理距離，團體領導者和工作人員都應該給兒童一種平起平坐的感覺。

另外，兒童團體心理輔導的實施方案總體要求是，方案名稱要清楚明確，簡單易懂，能夠讓兒童了解團體的性質、目標。團體的名稱也要有兒童的氣息，如「充電一族」「快樂一家人」「無尾熊俱樂部」「小松鼠快樂遊戲小團體」「小豬丁丁找朋友」「小天使遊戲成長營」「快樂小蜜蜂生活營」「馬小跳快樂學習俱樂部」等。活動地點應標註清楚，團體輔導應有起止日期。還應註明團體是持續式（每週一次）還是集中式（一整天以上），具體時間從幾點到幾點；參加對象的條件界定；理論依據力求簡要，淺顯易懂，即理論能生活化、活動化、實用化，且緊扣團體主題。團體的總目標、階段目標及活動目標，在方案中要詳加陳述。如果能將團體中要進行的具體工作、家庭作業、時間分配、方案評估方法等清楚註明則更好。

四、兒童團體心理輔導中遊戲的技巧

兒童團體心理輔導中遊戲技巧有兩種取向：一種是問題和治療取向，另一種是輔導和發展取向。

（一）問題和治療取向的遊戲技巧

由於兒童年齡較小，許多疑惑或遭受的傷害難以用語言表述出來和表達清楚。所以，過於理性或複雜的治療模式有時候並不能獲得理想的輔導效果。針對兒童的身心特點和年齡特徵，可以運用遊戲的方式進行兒童團體心理治療。遊戲治療模式也有多種理論取向。想像互動遊戲治療是兒童輔導的常見技巧之一。

1. 想像互動遊戲治療的基本理念

有兩個理由可以說明讓孩子透過想像遊戲而非語言來表達他們的經驗的重要性。第一，孩子尚未如同成人已發展口語及自我反省的能力，更何況即使是成人在用語言表達他們私人及情感上的經驗時，也會有困難。第二，把孩子及其家庭問題公開討論，可能帶給孩子對父母親不好的印象。一方面，孩子的問題常常與他們的父母有關；另一方面，孩子又極度依賴他們的父母。

所以，透過想像遊戲的媒介，孩子有機會以轉化的方式溝通，也能透露較隱祕的訊息。當身處遊戲世界時，孩子們溝通能較容易也較安全地表達焦慮、生氣及其他負面情緒。遊戲世界也使兒童有可能試驗一些新的想法和其他不會傷害到任何人的解決問題的方法。團體領導者協助孩子發展他們自己的主題，並在遊戲中完成這些主題，引導他們朝向更有建設性的方向。

2. 想像互動遊戲治療的技巧

在運用想像互動遊戲治療的技巧進行兒童團體心理輔導時，團體領導者可以用很多不同的方式介入遊戲世界。首先，團體領導者的態度應該表現出有興趣而且願意融入；其次，團體領導者可以成為一個更積極的大玩伴；最後，團體領導者應該以口語參與為主。以下這些技巧的目的都是增強、深化以及影響孩子在想像互動遊戲中的表達經驗。

第一，用言辭表達。就是把孩子正在進行的一個動作用言辭表達，然後把孩子所做的事給予更明確的意義。這些表述有幾個目的：

（1）結構化，團體領導者將分散的遊戲片段整合成前後一致的遊戲，使幾個遊戲以一個整體出現；結構化也能幫助孩子更明確地表達他們的意思；

（2）意義的強化，口頭表達的目的在於幫助澄清孩子的意思及態度；

（3）預測未來的事件，口頭表達在一個故事裡能引起持續的發展，清楚地說出遊戲人物的感覺以及想法，由此，團體領導者使得孩子的感覺以及想法正當化；

（4）說出治療性訊息或者對遊戲的介入做出解釋。

第二，刺激化。刺激化的意義在於鼓勵孩子能更專注地玩。當一個孩子很難開始玩的時候，團體領導者可以建議一些適合其玩的遊戲器材，或者鼓勵兒童玩不同的玩具。更進一步，則建議兒童結合新的遊戲器材、遊戲空間和遊戲內容。刺激化對一個孩子克服心理障礙也是必要的。憑藉著與兒童一起玩，團體領導者讓兒童清楚地知道他的行為沒有被禁止，如此兒童才不會感受到壓力。

第三，設定限制。當被輔導的孩子使用了太多遊戲器材，以至於他或她失去了遊戲的方向時，團體領導者首先必須用口頭提示的方式嘗試把所設定的限制整合到遊戲裡。如果這種勸說無效的話，團體領導者或許需要抽離遊戲世界，然後清楚地告訴孩子，什麼是被允許的，什麼是不被允許的。此外，還有不能將玩具帶回家，不能故意破壞玩具，不能傷害他人或自己，遵守時間表等，這些限制事先都要規定清楚。當然，針對個別被輔導的兒童，還需要設定一些與輔導目標直接有關的特殊限制。

第四，相對遊戲。想像互動遊戲的最後一個技巧是相對遊戲。團體領導者扮演的角色就是要在遊戲中玩出和被輔導兒童不同觀點和想法的遊戲內容，同時傳達輔導治療的訊息。

（二）輔導和發展取向的遊戲技巧

具有這種取向的活動類型包括：遊戲、手工藝、繪畫、心理劇。

1. 遊戲

遊戲是兒童的主導活動，影響他們的認知和社會性發展，為兒童提供學習的機會，促使某些行為有出現的機會並得到強化，如輪替、給予回饋、遵守規則、學習如何失敗和如何取勝。這些遊戲主要有以下幾種類型：競賽遊戲、團體行動的遊戲、紙筆遊戲、牌類遊戲、合作遊戲等。

2. 手工藝和繪畫

這類遊戲是用來增加兒童的身體動作和互動性的。因為有些兒童在互動時會產生焦慮，所以使用手工藝等藝術形式，是逐漸增加兒童互動性的一個開始。這些遊戲包括：手指畫、抽象畫、單獨或合作製作手工藝作品等。團

體活動中還可以把某些手工藝作品和展示宣傳活動結合起來，以提高團體活動的有效性。

3. 心理劇

心理劇可以從初級的自然流露的小喜劇、看手勢猜字遊戲到高級的正式表演。對許多不同種類的行為而言，心理劇表演能夠喚起多變化的刺激情境。對團體領導者而言，用他們所選擇的劇本、劇情、手勢指導等，可以使每個兒童演出那些兒童在真實生活中必須學習的角色。用這種技巧開展兒童團體心理輔導時，需要注意以下幾個問題：

第一，主題必須是兒童在他們的日常生活中很熟悉的；

第二，每一小段臺詞都不能太長，不需要兒童記很長的詞句；

第三，在團體輔導過程中，角色扮演的品質並不是主要目標，關鍵在於團體成員從中有所收穫。角色扮演只是心理劇表演的一種形式，短劇、隨性演出、猜謎遊戲和其他形式的啞劇有時在團體心理輔導中比角色扮演更經常使用。

生活中的心理學

留守兒童的團體心理輔導案例

農村留守兒童是指父母雙方或者一方外出務工而留在農村，而且需要其他親人和委託人照顧的處在義務教育階段的兒童。研究顯示，他們的心理衛生狀況不容樂觀，主要體現為人格發展偏差、孤獨、抑鬱等。

干預方法是進行八次團體心理輔導，每星期一次，每次兩小時。

工具：兒童自我意識量表、憂鬱量表兒童版、兒童行為問題教師問卷（精神官能症行為、違法亂紀行為）。

團體目標：提高留守兒童的自信心和自尊心，掌握人際溝通技巧，從團體吸取溫暖和力量，促進人格構建。

團體方案：開始階段，1～2單元，建立團體，制訂團體協議與規則，學習認識情緒，表達情感；規則階段，3～6單元，接納自己，接納別人，增強自信心，提高自我保護意識，處理與父母的情感聯結；鞏固終結階段，7～8單元，學習的技能與方法，處理分離情緒。

具體辦法：

（1）我是誰？建立團體，確立團體規則。活動內容：卡片、暱稱、手操、照相、喜相逢。

（2）好朋友。體會互相友誼。活動內容：颳大風，大樹和松鼠，啞巴傳話，扮家家酒，集體繪畫。

（3）情緒扮演。認識情緒，學習表達情感。活動內容：鏡中人、情緒詞、認字遊戲。

（4）你好，我也好。提高自信心。活動內容：自畫像、雞蛋變鳳凰、照鏡子。

（5）聆聽與表達。培養人際關係技巧。活動內容：講故事、角色扮演、蘋果與毛毛蟲、戴高帽。

（6）我愛我家，理解父母，從集體中吸取力量。活動內容：建高塔、打電話、信任之旅、溫暖力量、心有千千結、推土機。

（7）未來不是夢。培養學習生活信心。活動內容：講故事、繪畫、討論、填表。

（8）明天會更好。處理分離，暢想未來。活動內容：臨別贈言、分享留言、互送禮物。

團體心理輔導以後，留守兒童比過去好管理，情緒比較開朗。對於憂鬱個體來說，團體是一個具有支持功能的組織，豐富多彩的活動啟迪兒童從同伴交往中吸取溫暖，擺脫消極情緒。

複習鞏固

1. 兒童團體心理輔導的主題是什麼？
2. 兒童團體心理輔導的方法有哪些？
3. 兒童團體心理輔導中的遊戲技巧包括哪兩種取向？

第二節 老年團體心理輔導

一、老年團體心理輔導的概念

老年團體心理輔導是團體心理輔導在老年服務領域中的應用。我們可以將老年團體心理輔導概括為：老年團體心理輔導是針對社區內或機構內的老年人的心理、生理、社會適應等方面的問題，透過提供不同目標模式的團體方案進行輔導與治療，增進老年團體成員的相互支持，改善其態度、人際關係和應對實際生存環境等的社會生活功能，以及滿足老年人工具性和情感性需求的過程。

從這個定義中，我們可以得知老年團體心理輔導所強調的重點包括：

（1）在本質上，老年團體心理輔導是一種直接的助人方法或手段，也是一種工作過程；

（2）在對象上，老年團體心理輔導的主要對像是由各種問題的老年人及其家庭人員所組成的團體成員；

（3）在過程上，在領導者的幫助下，是領導者與團體成員以及團體成員之間面對面的互動過程；

（4）在功能上，滿足老年人工具性和情感性需求，幫助老年人實現康復、能力建設、終身社會化、解決問題和自我價值實現等方面的功能；

（5）在目的上，幫助老年人從團體中獲得適當的生活知識和經驗，改變不良生活現狀，培養其良好的社會適應能力，促進其身心健康，使其能過上一種正常的老年生活。

在為老年人策劃團體服務時,需要考慮老年人在生活歷程方面的問題和不同的個性化需求。邁爾(Mayer)將老年人歸為兩種不同類型:一類是健康且具活動能力的老年人,另一類是比較容易受傷害及處於危機狀態中的老年人。因此,根據不同類型老年人的生理、心理以及社會需求狀況,老年團體心理輔導可以針對相對健康且具活動能力的、社區中的老年人開展以社會交往為主要內容的團體輔導活動。這類團體輔導活動強調的是關注老年人的社會、生理、心理功能,以增強他們融合於社區生活的能力。同樣,以較容易受傷害及處於危機狀態中的、養老機構中的老年人為對象也可以開展老年團體心理輔導。團體輔導活動的主要目的可以為緩解入住老年人的群體生活壓力,或降低由於入住養老機構所帶來的負面影響等,以提高在養老機構中老年人的生活質量。

在老年團體心理輔導中,確定領導者的任務非常重要。一般來講,團體心理輔導中領導者的活動在於直接幫助成員採取各種行動,促使成員去注意並引發出成員的共同需求。為此,領導者的任務就是幫助老年成員超脫他們個人孤立的思想束縛,使他們相信透過團體及其成員的互動能夠滿足其需求,從而產生改變。同時,領導者透過提供各種幫助,鼓勵成員努力影響他們所處的各種環境。

總之,老年團體心理輔導對於領導者而言,是一個富有挑戰性的工作,特別是針對那些生理功能退化較嚴重的老年人,則更是如此。因此,需要領導者必須投入極大的耐心,掌握關於某些問題(衰老、死亡、空巢等)的專門知識,並以積極主動的方式為他們提供引導。

二、老年團體心理輔導的特殊性

與老年人一起進行團體輔導工作時,領導者要有一些特殊的考慮:

第一,領導者應該掌握團體的基本資料,包括團體目標、團體心理輔導者及其他成員基本資料等。在團體心理輔導開展之前,領導者最好發給每位老人一個字體大且工整的名牌,以便其他老人能夠辨認;團體心理輔導開始時,團體領導者可以進行自我介紹。每次團體活動都應有特定的主題,以便

互相溝通和討論。討論應簡明、易於記憶，內容不宜過多。團體目標一般也以排除焦慮、解決即時性問題為主，強調心理健康而非人格的改變。

第二，老年人有其特有的問題，特別是在面對失落和死亡的時候。因此，團體領導者必須積極主動，透過運用同理心提供給成員訊息，回答問題並分享經驗，來支持、鼓勵並處理成員的問題。老年人如果能夠記憶或回饋，領導者應該採用正向的行為修正加強策略。對於居住在養老機構的老人，如發生心智或身體衰退的情況時，領導者可以在團體心理輔導中訓練其感覺、記憶的能力，或促進其社會化及人際關係。總之，領導者一定要以尊重、友善、耐心、細膩、周到的工作態度，盡可能考慮到每個老年人的特殊需要，多鼓勵老年人參與活動。

第三，老年團體成員多有生理上的疾病，領導者需要不斷評估成員的能力範圍，不要預先假設有些老人愛參加團體活動或有些老人不愛參加團體活動。領導者在面對老年團體成員時，說話速度要慢，吐詞要清晰，團體成員數量不宜過多，最多不超過20人，具體人數可根據團體活動的性質決定。成員的選擇應該基於參與團體活動而受益的原則。對個別不願意參加活動的老年人或心智受到傷害的老年人，則應尊重他們的選擇，不必勉強他們參加團體活動。

第四，在團體的初期階段，領導者需要以建立團體的界限為主要任務，可以允許團體成員的依賴，在依賴關係的基礎上信任團體，分享經驗。在團體的中期階段，領導者需要協調成員的人格差異，解決衝突，進行有效的溝通。領導者應協助成員真實表述對團體活動的感受，從中發現問題，總結經驗，使得下一階段的活動更符合成員的興趣愛好。團體的中期階段也是團體穩定發展的階段。在團體的終期階段，領導者一方面需要評估團體的成效以及每個成員的發展情況，另一方面需要妥善運用社區資源，使團體成員不至於在結束時產生失落感。

第五，團體心理輔導者最好是年輕有活力的領導者或者心理輔導師，以填補老年成員的孤獨與寂寞。盡可能地使團體與外界接觸，以維持老年成員參加團體的意願和興趣。

三、老年團體心理輔導的工作內容

對老年團體進行輔導，必須了解老年人常關心的問題：

第一，過去。緬懷往事對於老年人來說，也是一個社會化的過程。透過重新審視過去，闡釋過去所發生的事件，使得老年人達到自我認知和整合，重新感受到人生的意義。過去的經驗可以成為老年人適應和應對老化的有效資源。

第二，現代社會知識。透過融合那些與他們對現實社會生活看法相一致的現代社會觀點，他們可以探索出新的應對環境挑戰的策略。透過這一類主題活動，可以使得老年人學習到現代社會中的社會生活技能，如乘坐地鐵，使用電腦及其他電器設備。也可以透過蒐集日常生活中針對老年人犯罪事件的訊息，讓老年人學習如何防範這類事件的發生，以及其他安全方面的知識。

第三，自我獨立性。在老年人的生活中，獨立和依賴的對立是一直存在的矛盾。一方面，在意識上老年人努力想要保持自己生活上的獨立性；另一方面，隨著生理、心理的老化，需要越來越多地依賴他人的幫助。在老年人群中，殘障老人與長期病患者或臥床老人依賴他人的程度較大，雖然他們也極力掙扎保留自我獨立的意識。因此，在自我獨立性這個主題上，團體活動可以透過加強教育的方法來傳遞老年人如何加強自我照顧的技巧，如何解決與子女間關係的衝突，以及為了保持獨立的生活如何獲取社區資源的途徑等方法。

第四，生理和心理變化。生理的變化和由此所帶來的疾病、殘障是老年人非常關心的主題。除此之外，老年期由於社會參與的減少、生理的退化所帶來的心理變化，也同樣是老年人關心的話題。因此，團體活動可以透過社會心理、健康知識和照顧等教育活動，來幫助老年人互相學習，克服身體和精神上的壓力所帶來的憂慮，加強自我照顧的技巧；也可以透過成員間的經驗分享來緩解彼此間的內心抑鬱，透過互相支持和鼓勵加強彼此康復的動機與持久性。

第五，家庭的成員關係。老年人對家庭的需求表現為安全感的需求、愛和歸屬感的需求。圍繞著家庭成員關係的主題，可以透過團體的活動，鼓勵家庭內的老、中、青成員互相了解和合作，共同解決生活中所遇到的不和諧問題。

第六，社區資源的利用。在老年人的服務中，社區資源的有效利用是領導者應該重視的一個方面。領導者可以透過團體活動，引導老年人認識社區中可利用的資源、服務及運用的方法，幫助老年人克服服務使用時的顧慮和恐懼。

第七，適應環境。隨著年齡的逐漸增高，身體和精神上的變化，老年人對自己的生活不安感會逐漸增強，害怕生活環境發生變故。同時，陌生的環境也會令老人們感到自己控制環境的能力下降而無助。因此，老年人的生活需要隨時進行調整和適應，包括日常生活、婚姻生活、家庭生活和社會生活。領導者需要為這些老年人建立起社區支援網絡，以減輕其不安感，並增加他們對生活環境的控制感。

第八，閒暇與文化活動。老年人如果能夠與同伴人在一起參加社會性和康樂性的團體交流和活動，可以幫助其重新定位自己的社會角色，並帶來極大的滿足感和成就感，而且也能夠重新找到適應社會生活的新方法。如，參加根據不同的興趣、愛好、生活習慣等特徵自發組建的老年團體，以豐富老年人晚年生活為目的的老年娛樂團體，以及以增加老年人晚年生活知識和生活情趣為目的的老年大學等。

第九，死亡。隨著生命終點的到來，老年人不自覺地對死亡本身有一種恐懼的心理。而且，由於身體的衰弱、疾病的疼痛、對自己人生的遺憾和對親屬的留戀等，焦慮和不安也隨之增加。關於這個主題的討論一般多集中於如何看待死亡的問題方面。在團體活動中，可以透過開展死亡教育，讓老年成員們認識和討論死亡，思考如何面對死亡前後的問題；也可以讓老年成員互相交流自己對死亡的看法，鼓勵他們說出自己的憂慮和不安，以擺脫對死亡的恐懼心理。在這個過程中，領導者需要幫助老年成員們建立對死亡的正確觀念與態度，即明白死亡是人類必然的經歷。還可以幫助老年人總結自己

一生的貢獻，肯定自己存在的價值，積極地對待自己的餘生，建立積極度過晚年的態度。還可以幫助老年成員們計劃、處理還未完成的事情，並合理地做出自己的葬禮計劃。

對於老年人這個特殊的群體，需要我們更加努力地奉獻愛心，幫助他們克服各種各樣的苦惱，讓他們的晚年生活愉快、安詳，這是心理輔導者應盡的職責。

四、老年團體心理輔導的發展階段及工作技巧

在進行老年團體心理輔導時，領導者如果了解老年團體發展的階段，就會更有意識，更有技巧，更加切題地採取行動。充分發展的團體，一般比較有能力去注意成員的共同需求。

（一）老年團體心理輔導的發展階段

1. 第一階段：初期的關係

在初始階段，團體存在不確定性，缺乏團體認同感，由此加劇了老年成員的不安全感。老年成員早期生活的經驗也影響著團體成員之間關係的建立，害怕失敗、害怕受傷害等心理因素會增加他們與團體成員的距離。在這樣的狀況下，團體領導者必須先了解所有成員的利益，並跟成員解釋團體不會因為他們的需求是獨特的而受到排斥。領導者要了解成員們害怕失敗、對肯定自己的遲疑以及他們想在一起發展什麼目標等情況。

在這個階段中，領導者的工作技巧包括團體可對每一位成員能夠提供什麼樣服務的了解，並且，領導者還需要幫助每一位成員表達他們自己對形成團體的想法，以及澄清對隱含訊息反映的技巧等。具體而言，領導者的工作技巧主要是運用同理、真誠和接納的原則來了解老年團體成員的相似性，引導每位成員進行彼此間的相互交談，消除個別成員所存在的顧慮，要求每一位成員聆聽其他成員的觀點，並向所有成員介紹自己所承擔的角色以及成員自己的角色擔當等。

2. 第二階段：權利與控制

在這一階段團體主要是以權利與控制的議題為主。不論團體在功能上的能力如何，團體成員們的自我意識和權利控制意識得到了增強，團體成員們開始關心與領導者有關聯的權利問題，並進一步表現為團體的衝突。

雖然在這一階段團體成員們開始尋求相互的支持，但權利與控制的議題可能會使得那些受到傳統文化影響的老年成員們感到特別的不安，特別是那些想要從團體活動中受到幫助的老年成員更有可能會不習慣挑戰權威。另外，老年人年齡的差別也會使得團體心理輔導產生困難，特別是那些缺乏社會資源的老年成員就會感到在這樣的團體中可能會受到傷害。以上因素會使得一些老年團體成員產生矛盾情緒和猶豫不決，有時他們以較為委婉、間接的語言來表達自己的感受和想法。

3. 第三階段：親密

經過權利與控制階段，團體的權力結構會穩定地發展，團體成員之間會成為親密的同伴關係。此時的團體成員有較大的自主性，彼此之間交流密切，依賴性強，還產生了利益的互惠。團體成員的人際關係表現為寬容和理解，團體成員所討論的話題與內容也變得寬泛和深入，每一位成員都能夠分享到他人對問題的感受和想法，並從中受到啟發。此時的團體互動、治療和援助的效果也較為明顯。同時，每一位團體成員都會感到自我能力的增強，而這種能力又會同時轉化為團體整體的力量。成員們也都會認為自己的力量來源於團體，團體有能力滿足自己的需求，幫助自己達到目標。

這一階段的領導者常常被要求支持這種團體成員的親密關係，並要努力解決那種阻礙團體發展的障礙。為達到這一目標，領導者應當採取忠告、諮詢、支持等方法來幫助團體取得更好的發展。

4. 第四階段：分化

團體的發展在此時處於一個最成熟的階段，而且也最為全神貫注地滿足成員的需求。團體成員之間的關係也最為親密，他們會感覺到彼此之間有一種強烈的依附感，彼此的性格差異也都能被接納；成員們的自我概念也都得

到了特別的增強，能夠區分和理解自己與他人的不同。領導者在此時常常會被要求運用團體活動來幫助團體成員，以滿足成員其他方面的需求。

　　5. 第五階段：分離

　　在這個最後階段中，如何處理團體發展是非常重要的一個方面。當團體活動到了結束階段，以前的失落感會再次被喚起，現實的經驗再一次被重新界定，並且也同時會向領導者及團體成員提出挑戰。

　　此時，可以運用迴避衝突模式來處理在團體成員中所產生的失落感。團體成員會被要求必須切合實際地評估他們所進行的團體運作、成員之間的彼此話別，幫助團體成員們不會因為產生失落感而認為團體活動沒有收穫。領導者一般需要幫助成員實際地評估自己所得到的收穫，鼓勵成員開誠布公地進行交流，溝通彼此的感受，積極參與對團體活動真實的評價。而且，領導者要讓每一位成員明白即將要離開這個團體，進而使成員們整合在團體活動中所獲得的經驗和一個完整的自我概念與意識。

　　總之，為老年人提供良好的發展以及充滿技術的團體服務計劃，可以確保老年人能夠與他人充分地融合與溝通。團體活動也成為一個減緩老年人的孤立與被疏遠的基本方法。領導者可以透過團體的服務使老年人產生歸屬感，對老年人與其所處的各種環境之間產生融洽的親密關係有非常有益的幫助，可以改善被強化的個人和被強化的集體與社會之間權利的不均衡。透過參與團體以及所產生的歸屬感，可以提供老年人一個維持正向自我概念、自我表達、自我接納的機會，促進老年人的自我尊重。在老年人連續性的失落過程中，發展其關懷性的關係，可以維持老年人仍然存在的情感、關係以及促進其對所處環境的投入。

　　（二）促進老年團體發展的工作技巧及注意事項

　　在老年團體心理輔導中，積極發展老年團體，鼓勵老年人積極參與團體活動，是領導者幫助老年人解決問題，提高其晚年生活質量的一個重要方法。鼓勵老年人參與團體活動是提高其晚年生活質量一個不可忽略的重要工作方

第二節 老年團體心理輔導

法。雖然有多種方法和技巧可以促成老年團體心理輔導的開展，但較為常用也較為適合老年人群體的方法為直接式團體方法。

直接式團體方法強調領導者透過充實的團體活動安排，預先調節團體氣氛，當團體成員彼此較為熟悉後，再進一步探索他們對團體程序及日後活動的興趣。因此，在老年團體成立初期，較好的技巧就是運用直接的團體心理輔導方法帶起老年團體成員的興趣和積極性。

在開展老年團體心理輔導時，需要領導者注意以下幾個方面：

第一，領導者要能夠有效地處理老年人參加團體活動的心理障礙。這要求領導者在開展團體心理輔導之前能夠與老年人進行單獨接觸。在了解老年人的身體及健康狀況的前提下，向老年人介紹團體開展的活動及意義，並積極吸引老年人參加。

第二，團體成員的選擇。在選擇老年團體成員時，需要領導者注意老年人有無特殊的身體疾患；老年人的生活經歷及家庭狀況；老年人的運動機能；老年人的精神狀況；老年人所禁忌的事項，以及老年人與他人的交往能力等方面。除此之外，在選擇成員時還須注意老年人的受教育水平最好不要相差太大；成員的身體活動能力最好差不多；老年人對團體的期望和興趣也最好較為均衡。

第三，團體活動要有充分的準備。領導者要注意在團體活動之前做好充分的準備工作，尤其是第一次團體活動。工作人員事先要有周密的考慮，包括語言的運用、遊戲類型的選擇、讓大家互相熟悉的方式等，都應有充分的考慮。第一次活動要使成員感到輕鬆自然、愉快開心、活潑有趣。

第四，團體活動中的遊戲要簡單易學。老年團體所組織的活動或遊戲一定要簡單易學，使老人一聽一看就懂，還要使遊戲具有趣味性。要注意儘量不要選用抽象或較難的遊戲或活動，否則，老年人會因做不到而感到自己無能。但同時也要注意不能進行太簡單的活動或遊戲，這又會令老年人感到羞恥和侮辱。在介紹活動或遊戲規則時，領導者應用緩慢、清晰、大聲的語言講解規則，要確保每個老年成員都明白。

第五，在活動中領導者要及時鼓勵、讚賞有能力的老年成員。領導者要不失時機地把握機會讚賞成員的能力，透過讚賞去增加老年人的自信心，從而使他們積極參與。那些讚賞應是真誠的鼓勵，而不是誇大的奉承。同時，對於個別以自我為中心的成員，領導者要加以引導和規範，使他們不至於影響團體心理輔導的目標完成。

第六，在活動中領導者應多注意老年成員的感受。當發現一些成員對活動反應冷淡時，要適當調整活動程序，以避免冷場。領導者可以採用變化參加活動的成員人數，變化參加活動成員的職責，添加附加因素，變換素材與內容，變化活動程序。

第七，領導者要注意糾正個別成員的表現。當成員討論的話題符合團體活動程序的目標時，領導者應鼓勵成員繼續討論下去，並且幫助成員領略當中的意義。當話題偏離主題時，領導者應技巧地指出其所說的有哪些可以配合團體宗旨，然後透過快速地總結，將說話的機會交給尚未發表意見的成員。

第八，領導者要注意對團體活動的評價。實施的活動是否與老年團體成員的特性相符合？是否滿足了參加活動的成員的需求？團體活動的效果如何？團體的目標是否達成？

第九，要注意有圓滿的結案。領導者不要到最後一節才宣布活動的結束，否則老人們有被遺棄的感覺。最好能在活動結束前一段時間告訴大家，巧妙地講出它結束的原因，使成員有足夠的心理準備。

複習鞏固

1. 邁爾將老年人分為哪兩種類型？
2. 老年團體心理輔導的工作取向是什麼？
3. 老年團體心理輔導的發展階段有哪些？

第三節 學校團體心理輔導

一、學校團體心理輔導的概念

所謂學校團體心理輔導就是指學校心理健康教育教師在專業的心理學理論和方法的指導下，充分運用團體動力，協助學生成員在團體中汲取他人的經驗，以解決自己的問題，改變自己的行為和提升自己的能力，並促進自我成長的專業活動。

由此可見，學校團體心理輔導是一種專業心理輔導活動，它需要心理學的價值和理論的指導，並需要運用心理學專業的方法開展活動。學校團體心理輔導的工作對象是青少年學生，本章節主要是指中學生和大學生。學校團體心理輔導的目的就是要協助青少年學生解決困難和促進其成長。

在學校開展團體心理輔導是非常合適的，這是因為：

第一，青少年有團體生活的經歷，他們從團體或小組中獲得支持與安全感。他們較容易向朋輩傾訴心事，也較容易受朋輩影響。透過互相傾訴，他們了解到朋輩都有類似的問題，從而減少孤單和不幸的感覺。

第二，在學校的環境裡，團體或小組自然出現，在班級裡已經有一些正式的團體，課餘時間的活動則是另一種團體的組合，這些已經存在的團體可以成為開展專業團體心理輔導的基礎。

第三，在目前學校心理健康教育教師人手短缺的情況下，團體心理輔導工作較個體心理輔導在時間和人力分配上更加經濟。

二、學校團體心理輔導的工作取向

可以根據不同的標準來劃分學校團體心理輔導的工作取向，一種劃分是以問題和發展為核心開展活動；另一種是根據是否與課程內容有關來確定活動。

（一）以學生問題和學生發展為核心的團體

團體心理輔導
第九章 團體心理輔導的應用領域

青少年時期是人生的「多事之秋」，他們將會碰到許多前所未有的問題，包括自我認同和混淆，性困擾，與朋友、家長、老師的關係，學校適應的問題，少女未婚懷孕，學業壓力和危機（輟學），等等。這些都可以成為團體心理輔導的工作內容。

青少年學生同樣還面臨著成長的任務、知識的增長、人際關係的改善、社會規範的習得、自我能力的提升等任務，這些青少年的成長任務無疑也是學校團體心理輔導的重要工作內容。

（二）以與課程內容是否有關的團體

與課程有關的團體心理輔導主題有很多，比如：學習方法、職業概況、升學指導、學校適應等。通常而言，團體心理輔導的內容涉及主要由團體領導者和團體成員共同承擔。團體輔導的形式主要有討論會、座談會、參觀以及影片觀摩等。團體輔導的重點是強調態度和意見。

與課程無直接關係的學校團體心理輔導的主題可以涉及更多的內容，如人際關係的改善、挫折的處理、越軌行為的矯正、行為規範的習得等。通常，團體心理輔導的內容設計和題材主要是來源於團體成員，團體活動的形式主要有自由討論、角色扮演等，團體輔導的重點是強調感覺和需要。

三、學校團體心理輔導的方法

（一）班級心理輔導課

班級心理輔導課是學校「心育」的重要載體。它是以教學班為輔導單位，針對青少年學生年齡特點和成長發展的實際需要而設計的團體心理輔導活動。

班級心理輔導課不同於學科課程。其一，內容不同。班級心理輔導課屬於包括了「顯在課程」（overt or manifest curriculum）與「潛在課程」（hidden or latent curriculum）在內的賦予學習者「學習經驗的總體」的廣義課程論範疇，體現了教育社會功能的多樣性，而並非屬於傳統的那種「把力點置於學科的知識內容這一客觀側面」的狹義的「課程」範疇（鐘啟泉）。

其二，教學方式不同。班級心理輔導課程是以學生的情意活動為主要內容的，透過「活動」為學生提供了各種社會生活的模擬場景，成為學生自我體驗、自我發展、自我超越、自我實現的重要學習方式。因此，班級心理輔導活動課既無作業，也不需要考試，否則不但沒有促進學生的心理健康，反而會使學生承受更多的身心負擔。

它重在師生及同學間的互動、體驗，是一種多向的交流。學生在相互交流及評判中碰撞出智慧的火花，觸發更深的發現，備受學生的喜愛。在教學過程中，輔導者採取多種方法對學生進行心理輔導。如：講授法、自述法、角色法、討論法、情景法、綜合法等。輔導教師根據班級、學生、心理問題、心理發展規律的不一致，有目標地針對學生心理品質的提高，合理選擇和組合各種方法以提高輔導課的實效。

（二）開展心理訓練活動

心理訓練活動是學校團體心理輔導另一種重要的教學模式。雖然班級心理輔導課中也經常採用心理訓練活動，但心理訓練活動作為一種專門的心理輔導模式，還可以結合學校、兒少類活動開展。心理訓練活動的內容、形式很多，包括針對性的心理訓練、拓展性的心理遊園活動、心理夏令營、智力開發活動等。

（三）小組討論

小組討論是指團體心理輔導中對一個共同問題進行合作和深入的探討。在討論過程中大家各抒己見，同時聆聽他人的觀點，並根據討論的情況進一步修訂自己的想法和觀點。

「嗡嗡法」是小組討論常用的方法之一，經常被用作彌補團體心理輔導大組討論的缺陷。在實施過程中，把學生分成 4～6 人的小組進行討論，使每個人都有機會表達意見。各小組討論的題目可以完全相同，也可以由每小組就每一個問題的各種不同的層面分別討論。每個小組必須在限定的 5～10 分鐘內討論該問題，然後由發言人將結果向整個團體報告。這時，團體領導

者應該鼓勵每個人都要參與總結性的討論，並在結束前對討論做歸納性的小結。

集思廣益法是另一種鼓勵團體成員有創意地從各個角度去探討問題的方法。它使團體成員就某個問題進行發散性的思考，提出任何與問題有關係的項目並及時記錄下來，然後才決定是否具有值得詳細討論的價值。

小組討論旨在增進小組的開放性，以此培養團體成員的自主性與創造性。因此，在進行小組討論時必須要注意：

（1）使團體成員體驗到自由溝通意見的機會；

（2）使團體成員學習解決問題的思維方式和思考能力；

（3）使團體成員學習組織尊重他人意見的團隊合作方法。

總之，小組討論的目的並不在於討論的結果，而著重於討論過程的質量。

（四）角色扮演

這是指團體心理輔導中由團體成員扮演日常生活問題情景中的角色，使團體成員可以把壓抑的情緒和要求得以釋放，並從中學習人際關係技巧，獲得處理問題的靈感以及加以模擬練習的一種團體活動方法。角色扮演的題目應該是學生共同關心的事情，如家庭、學習、休閒、交友等。角色扮演在團體心理輔導中有如下功能：

（1）在寬容、安全的氣氛下，學生透過投入演出來了解自己內心的感受，以及對他人的行為做出反應；

（2）深入地了解真實的情況和他人的感受，在假設及不用負責的情況下嘗試應對問題；

（3）讓學生在具體的生活情境中學習以及練習應付問題的技巧。

一般來說，角色扮演有如下幾個步驟：

（1）事先溝通。如果決定運用角色扮演，團體領導者就需要向團體成員解釋其價值和意義。

（2）說明情景。把要扮演的情景以及特徵加以說明，讓團體成員有質疑和提出建議的機會。

（3）自願分配角色。鼓勵團體成員自願扮演各個角色，當某些角色無人問津時，團體領導者可以暗示某些人扮演那些角色。

（4）即興演出。扮演者所要表現的是按他自己的體會判斷，臺詞的選擇也由他決定。扮演角色時，團體領導者只有在扮演者遇到困難需要援助的時候才給予協助，否則不得介入扮演活動。

（5）終止扮演。所有的扮演者如果覺得自己無法繼續演出，或者團體領導者認為目的已經達到，則可隨時停止扮演。此時，可以讓首先提出終止扮演的團體成員表明自己的感情，然後團體領導者和其他扮演者發表意見，最後讓「觀眾」提出自己的判斷。

（6）重演。為了使團體成員對於某種扮演的討論具有更好的效果，可以由同一個人或者由其他人再次扮演這一角色。扮演者可以運用討論之後所得的心得體會，嘗試用不同的方法處理問題。

（7）交換角色。在討論時，如果某一位團體成員對他人或者他人的觀點表示強烈的否定時，可以說服他扮演這一角色。因為這樣做可以從不同的角度去看當時的情況，又可以促進了解對方的心情和立場，而增進自我反省的機會。這種經驗將使他能夠了解一切從而增加自身的安全感。

（8）討論整個活動的心得。每次角色扮演活動結束之後，團體領導者需帶領團體成員展開深入的討論，從而帶出相應的主題並引導團體成員共同思考。

複習鞏固

1. 學校團體心理輔導的工作取向是什麼？

2. 學校團體輔導的方法有哪些？

3. 角色扮演的步驟有哪些？

第四節 家庭團體心理輔導

一、家庭團體心理輔導的概念

相比較現在非常流行的家庭系統排列而言，中外關於家庭團體心理輔導的論述明顯要少很多，但為了便於敘述和分析，我們嘗試為家庭團體心理輔導下一個定義。所謂家庭團體心理輔導，是指心理學工作者在專業的價值、理論和方法的指導下，以多個不同的家庭及其成員為工作對象，充分利用不同的家庭所組成的團體成員的互動以及動力，幫助團體成員汲取經驗，克服困難，解決問題和恢復功能，最終實現團體成員及其家庭成長的專業輔導方式。

這個定義嘗試著把家庭團體心理輔導和屬於個案心理輔導的家庭治療做了一個區分：

（1）家庭團體心理輔導的工作對象是來自於不同家庭的成員，他們可能面臨著相同或者相近的家庭問題；而家庭治療的對象則基本上都是同一個家庭的成員。

（2）家庭團體心理輔導需要充分利用團體的動力和團體成員的互動來達到改變；而家庭治療則更多地強調治療者透過專家或權威的身分來達到個體的改變。

二、家庭團體心理輔導的工作取向

關於家庭團體心理輔導的工作內容可以有不同的劃分，但是歸納起來無非有以下兩大類：

（1）家庭問題取向的團體輔導，主要包括：夫妻關係、親子關係、單親家庭、未婚媽媽或未婚懷孕、婚姻暴力、老人照顧、其他有關內容；

（2）家庭成長取向的團體輔導，內容主要有：家庭生命週期中不同階段上的家庭成員的角色轉換，家庭成員升學或擇業輔導，和家庭福利有關的服務，其他相關內容。

第四節 家庭團體心理輔導

具體來說，家庭團體心理輔導主要有如下常見主題：

（一）親子教育團體

親子教育團體心理輔導就是指心理學專業人員運用心理學技巧、孩子行為改變技巧、家長訓練、家庭改變技巧等向家長提供諸如溝通、孩子教育、家庭環境改善等方面的專業輔導活動。親子教育團體輔導大多以訓練的方式為主，其訓練的內容有溝通技巧、環境設計等，並始終把重點放在孩子方面。不少家長訓練內容均以處理或改變孩子的行為問題為主，如孩子的學習問題、不服從或叛逆行為、情緒控制問題、難以與家長有效溝通等。

（二）家庭暴力團體

有關於夫婦間婚姻暴力的研究，打破了人們慣常的想像，以為家庭暴力只會發生在收入水平、文化水平、社會地位等各種條件都偏低人士的家庭裡。事實上，一些接受過良好教育，經濟收入、職業聲譽以及社會地位都很理想的社會人士同樣會有家庭暴力行為。因此，社會各界需要對家庭暴力予以高度關注，更需要對家庭暴力的受害者和施暴者予以專業的服務和幫助。

婚姻暴力又稱家庭暴力、配偶虐待等，是指發生在已婚或同居者之間的虐待或暴力行為，使對方在身體上或精神上受到較大的傷害。具體的暴力形式包含毆打、辱罵、強迫性行為等，或者使用武力的威脅去控制另外一個人，甚至可能造成對方嚴重受傷或死亡。

由於婚姻暴力幾乎等同夫妻之間的家庭暴力，尤其是丈夫面向妻子的虐待，因此，國外把這種家庭虐待劃分為五種形態：身體毆打、性暴力或性虐待、破壞東西或寵物虐待、精神虐待和情緒虐待。

擴展閱讀

團體心理訓練

心理訓練課可追溯到古代中國的氣功和印度的瑜伽。傳統心理科學，特別是實驗心理學原理和方法、精神病學、心理諮詢和治療則為心理訓練的發展提供了永不枯竭的源泉。

心理訓練是指透過教育、知道、辯論、演講、情景模擬、社會調查等形式，運用放鬆、暗示、表象、心理劇、角色扮演等心理學技術和方法，組合其他的輔助手段和設施，設計特定的情境以使參加者在其中積極活動，改善心理品質，形成預期的行為、習慣和技能，提高心理素質和培養健康完善人格的活動。

心理訓練的特徵包括：針對性、短期和高效性、科學性、系統性。

心理訓練可分為四個層次：生理水平的訓練、心理技能的訓練、人格訓練、社會群體心理訓練。

心理訓練按照不同的劃分方法可以分為不同的種類。按對象可分為兒童、青少年、中年人以及老年人心理訓練。按參加訓練的人數可分為個體心理訓練和團體心理訓練。按訓練的內容可分為自信訓練、自我認識訓練、表達訓練、生涯訓練、職業訓練、社交技能訓練、耐挫能力訓練等。按系統性可分為單項心理訓練和綜合心理訓練。

複習鞏固

1. 家庭團體心理輔導的工作取向是什麼？
2. 家庭團體心理輔導的主要主題有哪些？

本章要點小結

兒童團體心理輔導

1. 兒童團體心理輔導是根據兒童心理發展的特徵和規律，運用心理學等專業知識與技能，透過設計和組織一定的團體活動，讓成員參與活動並分享自己的主觀體驗，促使個體在交往中透過觀察、學習、體驗來認識自我、探討自我、接納自我，改善與他人的關係，調整態度與行為方式，以達到良好的適應和開發內部潛能的輔導過程。

2. 我們可以把兒童期劃分為早、中、晚三個時期，不同時期的兒童在成長中面臨著不同的人生任務。

第四節 家庭團體心理輔導

3. 兒童團體心理輔導通常圍繞著以下四個主題或目標展開：人際關係改善，解決問題技巧的習得，認知的改善，自我管理行為的掌握。

老年團體心理輔導

1. 老年團體心理輔導是針對社區內或機構內的老年人的心理、生理、社會適應等方面的問題，透過提供不同目標模式的團體方案進行輔導與治療，滿足老年人工具性和情感性需求的過程。

2. 在開展老年團體心理輔導時，需要領導者注意以下幾個方面：

第一，領導者要能夠有效地處理老年人參加團體活動的心理障礙；

第二，團體成員的選擇；

第三，團體活動要有充分的準備；

第四，團體活動中的遊戲要簡單易學；

第五，在活動中領導者要及時鼓勵、讚賞有能力的老年成員；

第六，在活動中領導者應多注意老年成員的感受；

第七，領導者要注意糾正個別成員的表現；

第八，領導者要注意對團體活動的評價；

第九，要注意有圓滿的結案。

學校團體心理輔導

1. 所謂學校團體心理輔導就是指學校心理健康教育教師在專業心理學的價值、理論和方法的指導下，充分運用團體動力，協助學生成員在團體中汲取他人的經驗，以解決自己的問題；改變自己的行為和提升自己的能力，並促進自我成長的專業活動。

2. 學校團體輔導的方法有：班級心理輔導課、心理訓練活動、小組討論和角色扮演。

家庭團體心理輔導

團體心理輔導
第九章 團體心理輔導的應用領域

關於家庭團體心理輔導工作內容可以有不同的劃分,有以下兩大類:家庭問題取向的團體輔導、家庭成長取向的團體輔導。

關鍵術語

兒童團體心理輔導 老年團體心理輔導 學校團體心理輔導 家庭團體心理輔導 恐懼症 焦慮反應 強迫行為 身心症狀 抽搐 刺激化 相對遊戲 顯在課程 潛在課程 分化 分離 直接式團體方法

複習思考題

一、判斷題

1. 不同時期的兒童在成長中面臨著相同的人生任務。( )

2. 人際關係對兒童健全發展是關鍵性的因素。( )

3. 在本質上,老年團體心理輔導的主要對像是由各種問題的老年人及其家庭人員所組成的團體成員。( )

4. 心理訓練活動是學校團體心理輔導另一種重要的教學模式。( )

5.「嗡嗡法」是以 4～6 人為一個小組進行討論的方法。( )

二、選擇題

1. 兒童期可劃分為( )

A. 早期

B. 中期

C. 中晚期

D. 晚期

2. 教會兒童掌握解決問題技巧所需要的三種思考方法為( )

A. 替換性思考

B. 預期結果思考

C. 意向模式思考

D. 中級方法的思考

3. 下列是角色扮演法功能的有（　）

A. 氣氛寬容、安全

B. 了解情況深入

C. 不用負責

D. 生活情境具體

4. 最適合兒童團體心理輔導的方法是（　）

A. 對話法

B. 討論法

C. 遊戲法

D. 故事法

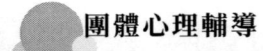

團體心理輔導
附錄 1 團體諮詢師職業道德指南

附錄 1 團體諮詢師職業道德指南

（ASGW）1989 年修訂本

團體工作專業者協會

序言

任何職業群體都具備這樣一個特徵，即具有系統的知識、技能體系和成員自願遵守的職業道德準則。這些道德準則已經獲得該職業群體成員的正式公認，並作為職業行為以及解決道德衝突的指南。透過此文獻，團體工作專業者協會（ASGW）制訂了適合指導其群體成員職業行為的道德準則。

ASGW 認可其上級組織———美國諮詢與發展協會（AACD）要求其成員履行的基本義務。這個文獻無意取代 AACD 中的規定，而是透過闡明團體諮詢師道德責任的性質，增加人們對諮詢師領導團體能力的關注，以補充 AACD 在團體領域中的不足。

人們希望團體諮詢師具備良好的專業知識並認真遵守職業道德。ASGW 把遵守職業道德視為團體工作的一部分，並把團體諮詢師視為這種職業道德的代言人。由於團體諮詢師具有要對團體成員負責並要對團體活動做出反應的職業特點，因而有必要相信他們在職業道德中有存在不足的可能。團體諮詢師必須對自己行為的意圖和背景給以足夠的關注，因為團體諮詢師在透過團體工作來影響人類行為時總是帶有道德的意味。

下面這些道德指南已經用於規範團體諮詢師的職業道德行為。該指南為團體諮詢專業的學生和從業者制訂，用於激勵他們自我反思、自我檢查，鼓勵他們討論遇到的問題和自己的實踐活動。該指南強調在團體工作中諮詢師有為團體成員提供有關小組工作的訊息及相應諮詢服務的責任。文獻最後部分論述的是，諮詢師進行專業道德實踐的安全性原則及上報非道德行為的程序，並要求團體諮詢師應將這些原則告知團體成員。

職業道德指南

1. 方向與提供訊息

團體心理輔導

附錄 1 團體諮詢師職業道德指南

　　諮詢師要盡可能多地把目前團體和擬建團體的情況介紹給成員，以使成員做充分的準備。

　　至少應提供有關以下幾個方面的訊息：

　　（1）入組程序、團體活動的時間安排、付費方法（如何會更合適）及終止程序等。這些問題應由團體諮詢師根據成員的成熟程度及團體的性質與目的解釋清楚。

　　（2）諮詢師從職業角度向成員們講明以下問題是有益的：他的執業資格，尤其是針對某些具有特殊性質和目的的團體。

　　（3）諮詢師應告知成員醫患雙方各自的權利、義務和角色分配。

　　（4）諮詢師要盡可能簡明地講明團體的目標，包括這個目標是哪方面的（諮詢師、單位、父母、法律、社會等）以及團體成員在影響和確定團體目標中的作用。

　　（5）諮詢師應和成員們探討團體活動的經歷可能會給成員的生活帶來某種潛在的變化及風險，並幫助他們面對這些可能性而做好準備。

　　（6）諮詢師應告知成員可能在團體活動中要做一些不尋常的或試驗性的事情。

　　（7）諮詢師應盡可能實際地向成員講明在某個特定小組中，哪些服務能提供，哪些則不能。

　　（8）在團體中，諮詢師要強調必須促進成員們全身心參與。諮詢師要弄清將成為團體成員者是否在使用會影響小組活動的藥物。活動期間，不允許成員使用含酒精或法律禁用的藥物，還要勸阻其在活動之前也不要飲酒和使用藥物（合法的或非法的），因為使用這些物質可能會影響自己或其他成員。

　　（9）諮詢師要弄清即將成為小組成員者是否接受過心理諮詢或治療。如果他正與其他專業人員保持著諮詢關係，諮詢師應建議此人將他參與團體活動之事告知其原治療者。

（10）諮詢師應清楚地告知成員，關於兩次小組活動之間諮詢師願意與成員們進行探討的原則。

（11）在確定團體諮詢服務的費用時，諮詢師應考慮成員的經濟狀況和居住地。諮詢師未出席團體活動，不能向成員收費。還應講明團體成員應對其錯過的活動付費的原則。諮詢師應與成員們就在指定時間內小組活動的費用問題簽合約，在現有的合約期滿之前，諮詢師不能擅自提高收費。如果已定的收費結構不合理，諮詢師應幫助成員找到一個可以接受的，費用與服務相當的價格。

2. 成員的挑選

諮詢師要對欲參加團體者進行挑選（當該成員適合於他們的理論傾向時）。諮詢師應盡可能地選擇這樣的成員：他們的目標與團體的一致；他們的加入不會影響團體的進程；他們個人的健康也不會因團體經歷受到危害。在挑選過程中也應包括團體治療方向的確定。

挑選可以透過下一種或多種方式完成：

（1）個別會談；

（2）欲參加成員的小組會談；

（3）作為團體成員會談的一部分內容；

（4）讓欲參加者完成一份書面問卷。

3. 保密性

諮詢師透過明確解釋保密的含義、保密為何很重要以及保密在操作中的有關困難，對團體成員進行保護。

（1）諮詢師透過解釋保密的含義和保密性的限度來保護成員。保密性的限度，是指當團體成員的狀況明顯地表示出要對自己、他人或財產形成威脅時，諮詢師可採取適當的個人行動或通知有關負責部門。

團體心理輔導
附錄 1 團體諮詢師職業道德指南

（2）諮詢師要強調保密的重要性，並制訂一套針對所有成員隱私的保密規則。保密的重要性應在團體建立之前和活動期間反覆強調，當然對保密的局限性也應講明。

（3）應該讓成員們知道在團體中，確保和執行保密規則的困難。諮詢師應舉些例子，讓成員們知道某些隱私是如何被並無惡意地洩露出去的，以減少類似情況再次發生。諮詢師還應告知成員惡意破壞保密規則的潛在後果。

（4）諮詢師只保證自己不洩露所知的祕密，而對其他成員不做承諾。

（5）諮詢師要給團體活動錄音、錄影之前應徵得成員們的同意，並讓他們知道這些資料做何用途。

（6）採用單向玻璃觀察時，諮詢師應講明此時保密的局限性。

（7）應該讓託管團體的成員們知道諮詢師應按要求上報治療情況的程序。

（8）諮詢師在保存和處置成員的記錄（書面、音像）時仍須保密。

（9）無論何時，承擔團體諮詢課程的講員在談論具體案例時，都要隱去成員的真實姓名。

4. 自願或非自願的參與

諮詢師應告知成員，團體活動是自願參加的還是非自願參加的。

（1）無論是自願還是非自願團體，諮詢師都應讓成員們知道須遵守同樣的規則。

（2）使用單向玻璃時，諮詢師應遵循他所在單位制訂的有關規則。

（3）對於非自願的團體，諮詢師應努力徵得一部分成員的合作並在自願的基礎上堅持參加團體活動。

（4）對僅僅參加團體會談，而沒有達到小組既定目標的成員，諮詢師不能認為他們已接受了團體工作。諮詢師應告知成員未能參加團體活動的後果。

5. 離開團體

諮詢師應提供建議幫助成員以有效的方式終止治療。

（1）如某成員過早地選擇退出小組，那麼諮詢師和全體成員（包括剛加入的，加入前挑選階段的，或初次參加小組活動的）討論該成員應遵從的程序。

（2）對於受法律委託的團體諮詢，諮詢師應告知成員過早自動中止治療可能會引起的後果。

（3）理想的情況是諮詢師與某成員合作共同確定在何種程度上團體治療能對該成員提供幫助。

（4）在指定時間內如成員對預期的治療效果不滿意，他最終有權決定中止治療關係。

（5）成員有權退出團體，但要讓他們知道在其決定離開之前，預先通知諮詢師和其他團體成員是很重要的。諮詢師要和欲離開的成員討論過早退出可能存在的不良後果。

（6）離開團體之前（如已適於離開時），諮詢師應鼓勵成員在團體中談談他打算終止的理由。如其他成員以不當的壓力迫使該成員繼續留在團體中，諮詢師應出面干預。

6. 強迫與壓力

諮詢師在其職責範圍內盡可能地保護成員們的權利，使成員們不受人身威脅、恐嚇、強迫及不當的壓力。

（1）有必要區分「治療性壓力」和「不當壓力」，前者是團體工作的一部分，而後者是非治療性的。

（2）團體的目的是幫助成員們找到他們自己的答案，而不是迫使他們去做團體認為適合的事情。

（3）諮詢師提供的幫助並非迫使成員向他們自己已明確表示不願選擇的方向改變。

(4) 當團體其他成員使用不當壓力或試圖勸說另一些成員反對某人的意願時,諮詢師有義務給予干涉。

(5) 當任何成員企圖對他人或自己實施人身攻擊或傷害行為時,諮詢師應予以干涉。

(6) 當某成員辱罵他人或與他人發生不當的對抗時,諮詢師應予以干涉。

7. 表明諮詢師的價值觀

諮詢師應該了解自己的價值觀和需要以及這些對治療的潛在影響。

(1) 儘管諮詢師要避免將他們的價值觀強加給團體成員,但當隱瞞這些會使成員出問題時,諮詢師表明自己的信仰、決定、需要和價值觀是恰當的。

(2) 任何團體中都有一定的價值取向,這些價值取向要在成員加入之前就講清楚。如,表露自己的情感,坦率、誠實地與他人分享個人資料,學會去信任,改善人際交往和自己做決定等。

(3) 不能為滿足團體諮詢師個人或職業的需要而損害成員的利益。

(4) 諮詢師要避免利用團體作為自己的治療。

(5) 諮詢師應了解自己的價值觀和取向,並知道在多重文化的環境中如何運用它們。

(6) 諮詢師應提高自己的認識,即他對成員們的個人反應會影響團體的進展,並監控自己可能發生的反移情。諮詢師透過提高對自己的固執和歧視態度之影響的認識(即對年齡、殘疾、種族、性別、宗教和性偏好的偏見)來保護個人的權利和所有成員的尊嚴。

8. 公平的治療

諮詢師應努力為每個成員提供個體化和平等的治療。

(1) 諮詢師應承認並尊重成員之間的差異,如文化、種族、宗教、生活方式、年齡、殘疾、性別等。

（2）諮詢師要清楚自己對團體成員的所作所為，並警惕因自己對某些成員的喜歡和偏袒而排斥或傷害其他成員可能導致的有害結果。諮詢師可能喜歡某些成員，但所有成員都應得到公平的對待。

（3）諮詢師可能透過如下手段，如要求沉默少語者參加到團體討論中來，對其非語言交流的嘗試予以鼓勵等方式來確保每個成員公平使用團體的時間。同時要勸阻那些散漫的獨占時間的成員。

（4）如計劃建立一個較大的團體，諮詢師應考慮尋找一個專業同伴共同負責領導這個團體。

9. 雙重關係

團體諮詢師應避免與其成員發生雙重關係，因為這會損害他們客觀的和職業的判斷，也會危害成員全身心參與團體活動的能力。

（1）治療期間，諮詢師作為團體領導者不應濫用賦予其職業角色的權力去擴展與成員之間的個人或社會關係。

（2）在治療期間和治療終止之後，諮詢師均不能利用與成員之間的職業關係謀求個人利益。

（3）諮詢師與成員之間發生性關係是不道德的。

（4）諮詢師不能以其提供的專業服務換取成員們的其他服務。

（5）諮詢師不能讓自己的家庭成員、親屬、雇員或私人朋友成為團體成員。

（6）諮詢師要與成員們討論在小組之外成員們之間建立親密關係的潛在危害。

（7）學生們以參加團體活動作為學習團體諮詢課程所要求的一部分，但是不能以學生參與團體活動的程度為依據去評價其學分等級。導師應把評定學分等級與學生參加團體活動分開，同時允許學生自己決定探討什麼問題和何時停止，這樣的方式可以減少參加團體活動對學生們的負面影響。

（8）從某個班級（或組織機構）中選擇成員進行私人諮詢或做團體治療是不恰當的。

10. 技術的應用

除非接受過針對某種技術的訓練或有熟知該技術的諮詢師督導，否則諮詢師不能試圖使用這種技術。

（1）諮詢師應能清楚地說出指導其實踐的理論傾向，並能提供他對團體施以專業干涉的理由。

（2）依據其對團體干預的類型，諮詢師應做與其技術相應的訓練。

（3）諮詢師要清楚修正其技術的必要性，以能適用於不同文化、種族、群體的特殊需要。

（4）諮詢師要幫助成員把他們在團體內學到的東西運用到日常生活中去。

11. 發展目標

諮詢師要努力幫助成員發展自己個人的目標。

（1）諮詢師應用他們的技術幫助成員弄清自己的特定目標，以使組內其他成員理解目標的性質。

（2）在整個團體活動中，諮詢師要幫助成員評估他們已在多大程度上實現了個人目標，並適時地幫助他們修正目標。

（3）諮詢師要幫助成員弄清在特定團體的環境下其目標能在多大程度上得以實現。

12. 諮詢

團體諮詢時應向成員們說明關於治療間隙諮詢的原則。

（1）如果某些問題最好在正式團體活動中處理的話，諮詢師應使成員們清楚不把這些問題留待治療間隙的諮詢中解決。

（2）對於一些在團體活動間隙諮詢中討論的屬於小組的重大問題，諮詢師應促使成員們把它帶到團體正式活動中去討論。

（3）如遇到事關道德的重大問題，或足以影響其作為團體領導職能的有效發揮時，諮詢師應尋求諮詢或督導。

（4）對於個人問題或衝突，諮詢師應尋找適當的專業幫助，因為這些問題和衝突不解決，可能會損害他們職業的判斷和工作表現。

（5）諮詢只有在專業諮詢和出於教學目的的討論中才可談及具體案例。

（6）諮詢師應告知成員有關諮詢的內容是否要保密的原則。

13. 結束團體活動

根據團體參與者的目的，諮詢師應以最短的時間促進成員的成熟並結束治療。

（1）諮詢師要始終了解每一個成員的進步情況，並定期請團體成員探討和重新評價他們在小組中的經驗。及時地促進成員的獨立是團體諮詢師的職責。

14. 評估與隨訪

諮詢師對其所轄團體要努力做進一步的評價和隨訪。

（1）諮詢師要認識到對終止治療的團體繼續給以評估的重要性，並幫助成員對自己的進步進行評估。

（2）在團體最後一次會談（或倒數第二次）中，諮詢師對團體總體經驗要進行評估和再評估。

（3）諮詢師應對自己的行為進行監控並認識到自己在小組中有哪些模範作用。

（4）隨訪可採用個人見面方式、電話方式或書面方式。

（5）隨訪會談可採用個體、集體或兼用二者的方式，並測定以下幾個方面的內容：成員實現自己目標的程度；團體對成員的影響是積極的還是消極的；

團體心理輔導
附錄 1 團體諮詢師職業道德指南

成員是否從某些轉診中獲益；作為回饋訊息，是否有增進未來團體工作改善的可能。假如沒有隨訪會談，可針對需要或要求有隨訪的成員做一些個體隨訪的準備。

15. 轉診

如某成員的需要未能在所提供的團體得到滿足，諮詢師應建議他們轉診。

（1）諮詢師應熟悉協助團體成員進行專業轉診的地方社區服務資源。

（2）有需要時，諮詢師應幫助成員尋求進一步的專業指導。

16. 專業的提高

諮詢師應認識到，不斷提高和發展自己的專業知識是一個貫穿其整個職業生涯的過程。

（1）諮詢師透過教學活動、臨床工作和參加專業提高班等形式保持和更新自己的知識與技能。

（2）諮詢師要能跟上科學研究的新發展、新成果，並把這些應用到團體工作中去。

附錄2 「我的心情我做主」———中學生情緒管理團體心理輔導方案

一、團體名稱

我的心情我做主———中學生情緒管理

二、團體性質

發展性、結構式團體

三、團體目標

1. 幫助成員正確理解良好的情緒狀態對個體社會生活和身心健康所具有的意義。

2. 幫助成員檢省自己的情緒，了解自己的主導情緒特點。

3. 幫助成員掌握調節情緒的方法和技巧，學會管理情緒，構建愉悅心情，把團體輔導所學知識運用到日常生活中去。

四、參加對象

在校國中一年級學生

五、團體規模

普通一個班級的中學生（30～40人）

六、團體活動次數和時間

共五次，每次45分鐘。每次間隔一個禮拜。

七、活動地點

學校心理輔導室

八、理論依據

（一）情緒管理理論

附錄 2 「我的心情我做主」──中學生情緒管理團體心理輔導方案

情緒的管理不是要去除或壓制情緒，而是在覺察情緒後調整情緒的表達方式，通過一定的策略和機制，使情緒在生理活動、主觀體驗、表情行為等方面發生一定的變化，從而使人學會以適當的方式在適當的情境表達適當的情緒。

（二）情緒 ABC 理論

這一理論認為，正是由於一些不合理的信念才使得人們產生情緒困擾。如果這些不合理的信念一直存在於人的腦海中，還會引起情緒障礙。情緒 ABC 理論中：A 表示誘發性事件；B 表示個體針對此誘發性事件產生的一些信念，即對這件事的一些看法、解釋；C 表示自己產生的情緒和行為的結果。因此，幫助個體形成良好的情緒體驗，應該從改變認知，形成對事件的合理認識入手。

九、評估方式

領導者自我總結、團體成員回饋

十、各單元具體流程

第一單元：曬曬自己的心情

活動目標：

1. 活躍團體氣氛，構建輕鬆愉悅的團體環境，建立良好的團體心理輔導關係。

2. 幫助成員檢省自己的情緒，了解自己的主導情緒特點，並正確理解積極情緒對個體社會生活和身心健康所具有的意義。

活動準備：《幸福拍手歌》伴奏、卡片紙、輕鬆的音樂、紙本文章《三則與情緒有關的小故事》。

活動時間：45 分鐘

活動步驟：

（一）熱身遊戲【5 分鐘】

1. 全班同學打亂（不按照座位次序）圍站成一圈，伴隨伴奏音樂，在領導者的帶領下共同演唱《幸福拍手歌》。要求大聲歌唱，並且要配合歌詞，做出相應的肢體動作，比如拍手和跺腳。如此反覆兩遍。

2. 要求成員帶著快樂、幸福的心情與相鄰的成員微笑並揮手致意。

（二）曬曬我的心情【10分鐘】

1. 伴隨舒緩的音樂，選擇舒適的姿勢，成員放鬆肌肉，回想近一時期生活中發生的事件，並注意自己情緒上的變化。

2. 紙筆練習。

發給成員每人一張卡片，要求成員完成下列句子。

（1）最近讓我感覺高興的事情是 ＿＿＿＿＿＿＿。

當時我的心情是 ＿＿＿＿＿＿＿。

現在想起這些事，我的心情是 ＿＿＿＿＿＿＿。

（2）最近讓我感覺不高興的事情是 ＿＿＿＿＿＿＿。

當時我的心情是 ＿＿＿＿＿＿＿。

現在想起這些事，我的心情是 ＿＿＿＿＿＿＿。

（3）每當心情好的時候，我會覺得 ＿＿＿＿＿＿＿。

（4）每當心情糟的時候，我會覺得 ＿＿＿＿＿＿＿。

（5）我的心情總是 ＿＿＿＿＿＿＿。

（三）交流、分享【10分鐘】

引導成員間進行交流、討論，幫助成員了解自己的主導情緒，感受到不同情緒體驗對生活、行為、健康的影響，使其認識到積極情緒的重要。

（四）領導者呈現出與情緒有關的小故事，啟發成員思考。【15分鐘】

看完故事，成員自由發言，說說得到的感悟。領導者引導成員認識到自己才是情緒的主人，應該主動構建快樂心情。

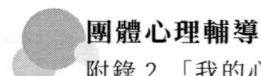

（五）結束【5分鐘】

引導成員分享本次團體活動的收穫和體會。領導者小結，結束團體活動。

第二單元：向消極情緒挑戰

活動目標：

1. 認識消極情緒和消極情緒的不利影響，提倡積極情緒的培養。

2. 了解哪些為不合理情緒，了解自己存在的錯誤理念，幫助今後有針對性地進行改正。

活動準備：準備微型劇表演，準備兩個情景表演。

活動時間：45分鐘

活動步驟：

（一）微型劇表演，認識消極情緒【10分鐘】

（二）什麼是不合理情緒【15分鐘】

1. 領導者向學生介紹關於消極情緒和理性情緒療法的知識點，考慮到團體成員為國中生，領導者應該用通俗易懂的語言講述，便於理解。

2. 生活中常會有憂愁、悲傷、憤怒、緊張、焦慮、痛苦、恐懼、憎恨等消極情緒產生，這些情緒多數來源於自身存在的不合理信念。看看你的非合理信念有多少？以下便是題目及計分方式，請團員自測。

（1）一個人應該被周圍的每一個人所愛與稱讚。

（2）一個人必須非常能幹、完美與成功，如此他才有價值。

（3）有一些人是不好的、邪惡的、卑鄙的，他們應該被責備，被處罰。

（4）期待的不能得到，或計劃不能實現，是一件可怕的災禍。

（5）任何問題都有正確、完善的解答，我們必須找到它。不然，結果是相當可怕的。

（6）歷史是現實的主宰，過去的經驗與事件影響現在，過去的影響是無法消除的。

（7）人應該信賴他人，尤其是信賴強者。

（8）人應該為別人的問題與困擾而感到難過。

（9）逃避困難及責任，比面對它們容易。

（10）不幸或不快樂是由外界引起的，我們無法控制。

（11）人應該時刻警惕是否有危險、可怕的事情將發生。

以上十一項，答「是」得一分，「不是」不得分。你的得分越高，說明你的非理性觀念越多。在現實生活中，持有這種想法的人就越容易發生消極，總是覺得心情不舒暢。得分越低，就越不容易受這種非理性想法的困擾，情緒問題也相對較少。所以，成員們可以對照這個測試，有目的地在日常生活中修正自己的不合理理念。

3. 請同學自由發言，結合自身談談自己先前存在的不合理的信念，由此發生過哪些原本可以避免的事件，與同學分享。也可以暢談透過老師講解，自己對不合理信念的認識。

（三）角色扮演【17分鐘】

教師結合該班學生目前存在的一些消極情緒，準備好兩個情景表演，請同學認真扮演。請團員在觀看完表演後，需解決下面問題：

（1）角色扮演體現的是什麼消極情緒？

（2）團員討論如何調節和控制這兩種消極情緒。

（3）教師參加學生的討論，體會學生的心理感受。

（4）學生傾訴這兩種情緒給自身帶來的苦惱以及自我調節的做法。

（5）教師提供這兩種情緒自控的參考意見。

附錄 2 「我的心情我做主」——中學生情緒管理團體心理輔導方案

情景一：隨著高中入學考時間的臨近，A 同學常常出現著急、煩躁和不安的感覺。她為她的功課達不到她的目標而著急，她有時因為忘記了該記住的知識而心煩意亂，她有時對自己的高中入學考試結果憂心忡忡。

附：考試焦慮自消術

消除一些消極的自我意識。「自貶」：總認為自己笨、弱、不行；「求全」：認為自己應該十全十美；「他貶」：總擔心自己被別人瞧不起；「以偏概全」：一次考不好，就認為自己再也考不好了；「主觀臆想」：自己預言自己要失敗。

自我設定的考試目標要有一定的彈性。

正確認識因考試帶來的緊張。輕度的緊張有助於學習效率的提高，過度的緊張則需有意識地自我調節。

用自我質辯法來分析考試失敗可能帶來的後果，消除自驚自嚇的錯誤心態。

學會鬆弛精神：深呼吸（胸腹式呼吸法）、冥想法、體育運動、聽輕音樂等。

情景二：我總是學不好數學，上數學課我怕老師提問我，我覺得我的腦子裡好像就沒有數學細胞一樣，我準備放棄數學。

附：自卑情緒的自我解脫法

正視自卑：自卑感人皆有之，只是程度不同而已，有了自卑感千萬不可自暴自棄。

善於補償：自卑感不一定都是壞事，只要善於自我補償，可能成為激發鬥志的動力。

揚長補短：任何人都不是十全十美的，他們有長處也有短處，要善於揚長補短。

樹立信心：要正確地認識自我，客觀地評價自我，尤其要堅信自己有巨大的潛能可以發掘。

（四）結束【3分鐘】

引導成員分享本次團體活動的收穫和體會。領導者小結，結束團體活動。

第三單元：怒也可遏

活動目標：

1. 幫助成員了解憤怒對人行為、身心的影響。

2. 幫助成員學會宣洩、表達憤怒的方法，掌握控制憤怒的有效策略。

活動準備：準備好情景劇表演，選好演員，排練到位。

活動時間：45分鐘

活動步驟：

（一）情景表演【15分鐘】

1. 請兩位同學表演情景劇，內容如下：兩位同學進教學大樓時不小心相撞，但互不相讓，話不投機，發生爭吵，導致雙方情緒越來越激動，越來越憤怒，發生了肢體衝突。

2. 將團員五人一組分組。分組討論，如果你遇到這樣的事情，你會做出什麼反應？為什麼會出現不可控制的局面？劇中哪些話語是應該避免的？

3. 要求每組派兩名同學情景重現，呈現小組討論結果，怎麼才是最合適的處理問題的方式。

4. 領導者總結：生活中懂得如何壓制自己不良情緒可以避免很多不必要的矛盾出現，可以贏得大家的尊重。懂得尊重他人，別人才會禮讓你！

（二）回憶我的憤怒【15分鐘】

1. 請團員寫出自己曾經歷過的憤怒事件，以及當時自己的心情、生理反應、行為、後果、事後自己的感受。

2. 分享討論。成員間交流自己所寫內容，並且思考兩個問題。

（1）是否應該表達憤怒？

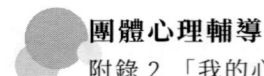

（2）應該怎樣表達憤怒？

（三）制怒法寶【10分鐘】

1. 小組成員代表發言，提出控制憤怒等不良情緒的策略，其他成員認真傾聽。

2. 領導者帶領成員對各種方法的可行性進行鑑別，歸納、整理控制情緒的有效策略。提出以下可供參考的簡單小策略：（1）數數。數數字，慢慢數，一直數到不發火。有人說數數字數到60的時候，一般有火也就發不起來了。試一試，數到60。

（2）上廁所。預感到要發怒了，不管有沒有大小便的便意，去廁所，蹲20分鐘，過後，心態平和。雖然不雅，不妨一試。

（3）喝水。一旦感覺自己情緒不佳，就喝口水緩解下，也是轉移注意力。

（4）再就是理性控制，鍛鍊自己的自控能力。

（四）結束【5分鐘】

領導者總結本次活動，鞏固本次團體輔導的效果，並且引導成員分享本次團體活動的收穫和體會。領導者引導成員在課外多探討控制和管理憤怒的策略、方法。

第四單元：構造自己的快樂

活動目標：

1. 幫助成員掌握調節情緒的方法和技巧，學會管理情緒，構建愉悅心情。

2. 幫助成員懂得自己才是情緒的主人。只要轉換視角，善於發現，一定會發現生活中的快樂元素。

活動準備：小鏡子、歌曲伴奏。

活動時間：45分鐘

活動步驟：

（一）鏡中人【15分鐘】

1. 成員兩人一組，一人扮演照鏡子的人，要做出各種快樂的表情。一人扮演鏡中成像，要模仿對方的樣子。一輪表演完成後，雙方互換角色。

2. 分享討論

（1）扮演鏡中人，模仿別人的表情時，自己是否也有情緒變化？

（2）透過這個練習，你感悟到了什麼？

（二）我有多快樂【15分鐘】

1. 每個成員都要說出幾件使自己感覺快樂的事情，越多越好。

2. 成員合作，共同探討生活中還有哪些時候或事情可以使我們快樂。

（三）快樂密碼【10分鐘】

1. 成員分別向大家介紹自己保持快樂心情的方法。

2. 成員討論、鑑別各種方法的可行性。

3. 領導者總結成員的討論結果，向大家推薦保持快樂的策略和技巧。

下面是可供參考的保持快樂情緒的小訣竅：

（1）每天對著鏡子努力地笑一下。如果發現自己的表情很難看，那一定會情不自禁地笑出來，心情馬上就會好一點。

（2）每星期選擇一天，穿一身色彩亮麗、明快的衣服。

（3）和志同道合的朋友聊天，聊八卦。

（4）認認真真交一個筆友。

（5）和朋友、家人偶爾散步。

（6）喜歡塗鴉，不管畫得如何。

（7）熱愛一項運動，經常去鍛鍊。

（8）偶爾發呆，一個人安靜地待著。

（9）在洗澡時試著唱歌。

（10）培養喜歡看書的習慣。

（11）經常參加團體活動。

（12）保持好胃口，有充足睡眠。

（四）結束【5分鐘】

引導成員分享本次團體活動的收穫和體會；對成員表達祝願，希望其每天都有好心情。本次團體輔導課在歌曲中結束。

第五單元：笑迎未來

活動目標：

1. 總結這段時期的收穫，分享其他成員的經驗，從中受益。

2. 了解成員在團體輔導後的進步與改善，討論成果，彼此回饋，結束團體。

活動準備：卡片、音樂。

活動時間：45分鐘

活動步驟：

（一）我們大家都來說【15分鐘】

團員圍坐成一個圈，依次輪流發言。領導者要求成員用幾句話來表達對參加團體輔導的感受，對團體輔導的滿意程度和意見。

（二）笑迎未來【15分鐘】

大家仍舊圍坐一圈，成員自覺當主角，大家討論他現在與剛參加團體輔導前的區別，參加團體後有哪些方面的改變。然後請他自己說說感受。儘量多些成員參與到擔當主角中來。

（三）暢想未來【15分鐘】

在輕柔的音樂聲中，領導者給每個成員發一張卡片，在卡片頂端寫上「對××（自己姓名）的祝福」，然後每個人都將自己的卡片傳給坐在自己右手邊的成員，請他們寫下對自己的祝福和意見，每個人依次往下傳。每個成員都寫下對其他成員的祝福，每個成員都能收到來自其他成員的祝福。滿懷著感恩與期待結束本次團體輔導。

附錄 3 認識你自己――大學生自我探索團體

附錄 3 認識你自己——大學生自我探索團體

一、團體名稱

認識你自己——大學生自我探索團體

二、團體目標

1. 協助成員認識自己，了解自己各方面的特質、能力等。

2. 協助成員接納與欣賞自己，實現自我成長。

3. 協助成員學習如何與集體成員增進相互了解，接受自己和他人的獨特性。

三、團體性質

成長性、同質性、高結構式團體

四、領導者要求

初步掌握社會心理學、發展心理學、心理輔導主要理論，熟練掌握團體輔導技能，有一定團體輔導工作經驗的年級心理輔導員、心理專職教師。

五、團體對象

大一至大三學生 24 人

六、招募方式

公開招募。

七、時間頻率與次數

每週一次，共計六次團體，每次 60 分鐘。

八、地點

團體輔導功能室

九、主要理論及應用

自我概念是關於自己的特長、能力、外表和社會接受性方面的態度、情感和知識的自我知覺。它是一個多維度、多層次的複雜的結構系統，其形成是一個長期複雜的過程，受到扮演的社會角色，在長期生活經驗中形成的社會同一性，與別人的比較，獲得的成功與失敗經驗，其他人的評價以及周圍的文化等因素的影響。人們的自我概念組織他們如何感知、回憶和評價他人和自己，並回憶過去，評估現在，計劃未來，以此為依據做出適應性的行為。

而事實上，人們對自我的認識一般存在一定的缺陷或盲點。大學生處於身心發展關鍵期，對自我認識存在一定的偏差和固著，並以此為基礎來選擇學習模式和生活方向。在積極的團體情境中，讓學生體驗接納與欣賞自己，了解個體的差異性與獨特性，並認識到個人的特質與發展潛能，這有助於大學生調整自我認識，以積極的態度重新評估自己，勇敢面對發展中的困難，從而為成長注入新的發展動力，實現個人成長成才。

十、單元設計大綱

第四節 家庭團體心理輔導

次數	單元名稱	單元目標	活動流程及內容
一	認識你真好	1.領導者與成員，成員之間相互熟悉 2.成員了解團體目標與進行方式 3.領導者與成員共同制訂團體規範	1.暖身：大樹與松鼠 2.分組 3.滾雪球 4.我的團體我做主 5.小結
二	挖掘我的特質	1.增進成員間的凝聚力 2.讓成員認識自己所擁有的特質 3.協助成員了解特質對自己的影響 4.協助成員了解自己在他人眼中的特質	1.諾亞方舟 2.我就是我 3.他人眼中的我 4.小結
三	認識我的能力	1.協助成員了解自己的能力 2.協助成員肯定自己的能力	1.我最得意的事 2.我很棒 3.小結
四	尋找失落的一角	1.成員能了解自己本身所擁有的資源 2.成員能明白自己想追求什麼東西來成就自己 3.成員能接納自己的缺陷	1.暖身：Seven Up 2.尋找自己 3.小結
五	我的生命旅程	1.協助成員回顧過去 2.協助成員呈現自己的生命故事 3.協助成員分享自己對未來的期待	1.暖身：記憶大考驗 2.我的生命旅程 3.小結
六	心花朵朵開	1.協助成員回憶團體活動的經驗 2.協助成員彼此回饋 3.協助成員對團體活動做具體的評價	1.暖身：讚美花絮 2.我的心花 3.總結

十一、分次單元設計及單元中使用的書面材料

團體心理輔導

附錄 3 認識你自己──大學生自我探索團體

認識你自己──大學生自我探索　團體輔導活動方案　　　第 一 次

單元名稱：認識你真好	活動地點：團體輔導功能室	所需時間：60分鐘

單元目標：1. 領導者與成員，成員之間相互熟悉
　　　　　2. 成員了解團體目標與進行方式
　　　　　3. 領導者與成員共同制訂團體規範

活動名稱	活動流程	注意事項	所需時間
一、暖身：大樹與松鼠	1. 事先分組，三人一組。二人扮大樹，面對對方，伸出雙手搭成一個圓圈；一人扮松鼠，並站在圓圈中間；領導者和餘下學員擔任臨時人員 2. 領導者喊「松鼠」，大樹不動，扮演「松鼠」的人就必須離開原來的大樹，重新選擇其他的大樹。領導者或其他人員就臨時扮演松鼠並插到大樹當中。落單的人說明原因 3. 領導者喊「大樹」，松鼠不動，扮演「大樹」的人就必須離開原先的同伴重新組合成一對大樹，並圈住松鼠。領導者或臨時人員扮演大樹。落單的人說明原因 4. 領導者喊「地震」，扮演大樹和松鼠的人全部打散並重新組合，扮演大樹的人也可扮演松鼠，扮演松鼠的也可扮演大樹。領導者或其他沒成對的人亦插入隊伍當中。落單的人說明原因		10~15分鐘
二、分組	1. 領導者問以下問題：早上穿鞋時，先穿邊的鞋還是先穿右邊的鞋 2. 先穿左腳的站左邊，先穿右腳的站右邊，記不清站中間 3. 以此種辦法將團員分成三組 4. 分組後，領導者簡要介紹團體的性質和目標		15分鐘
三、滾雪球	每個人介紹自己的姓名、學院和愛好。如，張三介紹自己：「我是來自文學院，愛好看書的張三」下位成員介紹時必須說：「我是來自文學院，愛好看書的張三旁邊的來自汽機學院，愛好打籃球的李四。」以此類推，最後，領導者請各組推薦一名代表介紹本組成員，包括姓名、學院、愛好		20分鐘

372

第四節 家庭團體心理輔導

續表

活動名稱	活動名稱	注意事項	所需時間
四、我的團體我做主	1.領導者說明制訂團體規範的目的和意義 2.每位成員輪流說出想到的團體規範，領導者詢問其他成員是否同意，同意則用手在頭上比「○」，不同意比「X」。成員都同意的規範就寫在海報之上 3.小組成員內部討論：如果我違反規範，該如何處理 4.對以上規範都同意的成員簽上自己的名字		5~10分鐘
五、小結	1.領導者回顧今天的團體活動，並再次強調團體規範的 重要性 2.領導者邀請成員伸出小拇指，然後讓所有人的小指勾在一起，表示願意遵守今天所訂的團體規範 3.布置作業：當場完成參加本次團體活動的感受		5分鐘

認識你自己——大學生自我探索　團體輔導活動方案　　第　二　次

單元名稱:挖掘我的特質	活動地點:團體輔導功能室	所需時間:65 分鐘

單元目標:1.增進成員間的凝聚力
　　　　2.讓成員認識自己所擁有的特質
　　　　3.協助成員了解特質對自己的影響
　　　　4.協助成員了解自己在他人眼中的特質

活動名稱	活動流程	注意事項	所需時間
一、諾亞方舟	1.領導者關心成員上一週的生活情況 2.領導者詢問成員是否聽過諾亞方舟的故事，然後簡述諾亞方舟的故事 3.領導者說明諾亞方舟的遊戲規則：先請團體所有人選出一隻代表自己的動物，然後由領導者先當諾亞，抽出領導者的椅子。當諾亞的人要一邊繞著圈子，一邊說：「我是諾亞，我要帶XX（動物的名稱）」被叫的代表動物的人要跟在諾亞的背後一起繞圈子，等到當諾亞的人不想再帶動物的時候，就喊「船沉了！」然後所有的人就要開始搶位子，沒有搶到位子的人就當下一回合的諾亞		15分鐘

續表

活動名稱	活動流程	注意事項	所需時間
二、我就是我	1. 領導者以每人所選擇的代表自己的動物引入主題：「你為什麼選它呢？想想看，你跟它有什麼相似的地方？」 2. 發下心形紙片(每人8張)，讓成員以附件21為參考，在心形紙片上寫出自己所擁有的特質 3. 讓成員把寫好的心形紙片用雙面膠貼在身上 4. 請成員分享貼在身上的3個最能代表自己的特質，說明這三個特質對自己生活的影響 附件2-1：心形特質圖		25分鐘
三、他人眼中的我	1. 領導者請成員談談：他人眼中的我具有什麼樣的特質 2. 領導者請團員思考：他們眼中的我與我是否有差異？為什麼會存在這些差異？		20分鐘
四、小結	1. 領導者總結今天的團體活動，說明特質並無好壞之分，但需了解這些特質對自己的影響。多探索自己所擁有的特質，對自己也就能有更多的了解 2. 所有人伸出大拇指，並相互將大拇指靠在一起，結束這次團體活動 3. 布置作業：當場完成參加本次團體活動的感受		5分鐘

認識你自己——大學生自我探索 團體輔導活動方案　　第 三 次

單元名稱:認識我的能力	活動地點:團體輔導功能室	所需時間:60 分鐘

單元目標:1. 協助成員了解自己的能力
　　　　2. 協助成員肯定自己的能力

活動名稱	活動流程	注意事項	所需時間
一、我最得意的事	1.領導者回顧上次團體活動，關注成員第三次進入團體活動的心情 2.邀請成員說出一件從小到大最得意的事		15分鐘
二、我很棒	1.領導者引入主題：從大家分享的最得意的事情中，可以發現每個人都有很棒的能力。這些能力或許不是最頂尖、最突出的，卻讓我們更喜歡自己，也讓我們的生活更愉快。今天就讓我們多發現、挖掘自己現有或隱藏的能力 2.領導者發放附件資料，並說明如何填寫 3.讓成員思考自己所擁有的能力後，填寫活動單 4.請成員分享：活動單有哪些項目是得了4分以上的分數？為什麼會給這幾項能力很高的分數，哪些能力是你目前沒有擁有，但是想要擁有的，你會做哪些努力去擁有這些能力	附件： 自我能力評量表	40分鐘
三、小結	1.領導者總結，指出會讀書、考試並不代表能力就一定很好，能力是包含很多不同的方面的。多多了解自己所具備或潛藏的能力，你會更喜歡自己。未來甚至可以發揮自己的能力，開創屬於自己的天空 2.布置作業：當場完成參加本次團體活動的感受		5分鐘

附錄 3 認識你自己——大學生自我探索團體

認識你自己—大學生自我探索	團體輔導活動方案	第 四 次

單元名稱:尋找失落的一角	活動地點:團體輔導功能室	所需時間:60 分鐘

單元目標:1.成員能了解自己本身所擁有的資源
　　　　　2.成員能明白自己想追求什麼東西來成就自己
　　　　　3.成員能接納自己的缺陷

活動名稱	活動流程	注意事項	所需時間
一、暖身：Seven Up	1.領導者回顧前一次團體活動，並說明今天的活動 2.將學員按上個單元的分組進行競賽 3.使用橫排輪流的方式，每一位同學輪到時坐著說出自己輪到的數字，但在輪到數字有7或是數字為7的倍數時，該位同學必須站起拍手，且不可說出此數字 4.進行比賽，直至時間停止，並獎勵優勝組別		10 分鐘
二、尋找自己	1.領導者發下缺一角的圓形圖片，每個成員一個，顏色各不相同 2.領導者示範與說明此圓形圖片的用途。請成員在圓形紙片上寫下自己目前所擁有的資源 3.領導者發下缺一角的圓形圖片，並且說明在這種紙片上寫下他最想擁有的東西 4.請成員分享自己的成品：本身所擁有的資源是什麼？想追求什麼讓自己的生活更趨於完滿？你做了什麼努力追求自己想要的東西？得不到的時候，你該如何面對 5.領導者整理成員所分享的內容		35分鐘
三、小結	1.領導者與成員分享「失落的一角」的故事，放「失落的一角」動畫視頻 2.領導者鼓勵成員勇敢追求自己想要的東西，並成為自己想要成為的人，但也不要忘記看看自己所擁有的資源，並且嘗試接納自己的缺陷 3.預告下次的團體活動 4.布置作業：當場完成參加本次團體活動的感受		15 分鐘

第四節 家庭團體心理輔導

認識你自己─大學生自我探索　　團體輔導活動方案　　第　五　次

單元名稱：我的生命旅程	活動地點：團體輔導功能室	所需時間：60分鐘

單元目標：1. 協助成員回顧過去
　　　　　2. 協助成員呈現自己的生命故事
　　　　　3. 協助成員分享自己對未來的期待

活動名稱	活動流程	注意事項	所需時間
一、暖身：記憶大考驗	1. 領導者回顧前次團體活動，說明今天活動的進行 2. 領導者說明本活動的進行方式，一是要透過機智問答的方式，考考成員對前幾次活動內容是否還記得，二是答對最多的成員將獲得獎品 3. 先幫助成員回想前幾次的團體活動，才開始活動		10分鐘
二、我的生命旅程	1. 領導者給每位成員發下一張白紙 2. 領導者說明繪畫生命線的要求，以一根線代表自己的整個人生，從出生到死亡，標出自己目前所在的階段；在此之前經歷了哪些對自己來說重要或印象深刻的事情，對自己有什麼影響，希望在以後的未來30歲時、40歲時、60歲時，自己成為什麼樣子，這些均可以用任何符號、圖畫來表達 3. 請團員分享自己的作品 4. 領導者整理成員所分享的內容		35分鐘
三、小結	1. 請成員手牽手靠近，圍成一個緊密的圓 2. 每位成員用一句話分享今天團體活動的心情 3. 領導者鼓勵成員接納自己的已走過的生命旅程，無論好壞，了解生命是多變的，鼓勵成員用彈性的空間面對自己的未來 4. 布置作業：當場完成參加本次團體活動的感受。製作 個人名片，簡潔明瞭即可		15分鐘

附錄 3 認識你自己——大學生自我探索團體

認識你自己—大學生自我探索	團體輔導活動方案	第 六 次
單元名稱:心花朵朵開	活動地點:團體輔導功能室	所需時間:60 分鐘

單元目標:1.協助成員回憶團體活動的經驗
　　　　　2.協助成員給彼此回饋
　　　　　3.協助成員對團體活動做具體的評價

活動名稱	活動流程	注意事項	所需時間
一、暖身:讚美花絮	1.領導者告之此為最後一次團體活動 2.領導者說明成員回顧上一次的團體活動內容		10 分鐘
二、我的心花	1.領導者說明本活動的進行方式:每個人手中都會拿到6~8片花瓣和兩個圓形紙張 2.請成員在花瓣上寫下對每個團員的回饋 3.請成員交換彼此的花瓣 4.將所有的花瓣與圓形紙組合成一朵花的形狀 5.請成員分享彼此所擁有的花朵		25分鐘
三、總結	1.領導者請成員用一句話來描述今天團體活動進行的心情 2.布置作業:當場完成參加本次團體活動的感受 3.發放團體活動回饋單請成員填寫 4.互贈名片 5.結束團體活動		25分鐘

附錄 4 「明明很愛你明明想靠近」——夫妻關係問題協調團體心理輔導方案

一、團體性質與團體名稱

團體性質：結構性、治療性團體

團體名稱：明明很愛你明明想靠近

二、團體目標

（一）總目標

無論婚前的情侶是怎樣地相愛，無論婚後的夫妻出現過怎樣的爭論與不快，既然他們能夠走在一起，組成一個家庭，都是抱著能相互扶持走一輩子的願望的。本方案針對那些在婚姻關係中出現問題的夫妻，讓他們透過對自己、對配偶、對夫妻關係的正確認識，來解決在其婚姻中出現的狀況，學會如何緩解矛盾，如何走向幸福的婚姻。

（二）具體目標

1. 促進成員能夠進入到團體討論中，從討論中增加彼此的了解。

2. 透過活動使團體成員能夠實現對自己在婚姻關係中角色的認知，同時能夠正確地認識婚姻。

3. 透過心理劇等活動使團體成員掌握一些處理婚姻關係的技巧。

4. 在能夠正確認識自己、認識配偶、認識婚姻的基礎之上，使團體成員能夠領悟婚姻問題的緩解方式。

三、團體對象與招募方式

團體對象：十對在婚姻中出現問題的夫妻。

招募方式：在海報和網站公布訊息。

團體心理輔導

附錄 4 「明明很愛你明明想靠近」——夫妻關係問題協調團體心理輔導方案

四、團體規模

十對夫妻，共 20 人。

五、團體活動時間

本次團體活動共分為五次進行，除第四次活動 60 分鐘外，其他活動均為 45 分鐘。

六、團體活動的地點

室內教室一間，教室外要有一個寬敞、安全的空地。

七、理論基礎

（一）社會學習理論

班度拉認為，人的行為，特別是人的複雜行為主要是後天習得的。行為的習得既受遺傳因素和生理因素的制約，又受後天經驗環境的影響。生理因素的影響和後天經驗的影響在決定行為上微妙地交織在一起，很難將兩者分開。班度拉認為行為習得有兩種不同的過程：一種是透過直接經驗獲得行為反應模式的過程，班度拉把這種行為習得過程稱為「透過反應的結果所進行的學習」，即我們所說的直接經驗的學習；另一種是透過觀察示範者的行為而習得行為的過程，班度拉將它稱之為「透過示範所進行的學習」，即我們所說的間接經驗的學習。

班度拉的社會學習理論所強調的是這種觀察學習或模仿學習。在觀察學習的過程中，人們獲得了示範活動的象徵性表象，並引導適當的操作。觀察學習的全過程由四個階段（或四個子過程）構成。注意過程是觀察學習的起始環節，在注意過程中，示範者行動本身的特徵、觀察者本人的認知特徵以及觀察者和示範者之間的關係等諸多因素影響著學習的效果。在觀察學習的保持階段，示範者雖然不再出現，但他的行為仍給觀察者以影響。要使示範行為在記憶中保持，需要把示範行為以符號的形式表象化。透過符號這一媒介，短暫的榜樣示範就能夠被保持在長時記憶中。觀察學習的第三個階段是把記憶中的符號和表象轉換成適當的行為，即再現以前所觀察到的示範行為。

這一過程涉及運動再生的認知組織和根據訊息回饋對行為的調整等一系列認知的和行為的操作。能夠再現示範行為之後，觀察學習者（或模仿者）是否能夠經常表現出示範行為要受到行為結果因素的影響。行為結果包括外部強化、自我強化和替代性強化。班度拉把這三種強化作用看成是學習者再現示範行為的動機力量。

（二）交互分析理論

交互作用分析（transactional analysis），交互作用（語言、動作或非語言信號的交換）可以是互補式的或非互補式的。在公開交互作用中，如果發出者和接受者的心態在回答中僅是方向相反，則交互作用是互補式的。

每個人往往會展現四種生活定位。在童年時代的早期，每個人都會形成一種與人交往的主要方式。這種人生觀往往與人共伴一生，除非經歷了重大的變故才會改變。因此，它叫生活定位（life position）。雖然一種生活定位往往會支配著一個人的交互作用方式，但是在特定的交互作用中，其他立場也會不時地展現出來。也就是說，一種生活定位居統治地位，但並非是所採取的唯一的生活定位。生活定位產生於兩種觀點的結合。首先，人是如何看待自己的？其次，總的來說，他們是如何看待其他人的？對每一問題的肯定回答（好）或否定回答（不好）間的組合，導致了四種可能的生活定位。

理想的定位，同時也是在成人對成人的交互作用中最可能有的定位是「我好—你好」。它表現了有益的自我接受和對他人的尊重，最可能導致建設性的溝通、有益的衝突和彼此滿意的正視結果。其他三種生活定位在心理上不夠成熟，也不太有效。很重要的一點是，無論現在的生活定位是什麼，「我好—你好」的定位是可以學會的，希望社會能由此改進人際交互作用。

八、活動步驟

本次團體活動共分為三個階段：開始階段、中間階段和結束階段，遵循的步驟是：放鬆──信任──認識自我與配偶──解決實際問題──告別。

團體活動開始階段，本階段共一次活動單元，用時 45 分鐘。

團體心理輔導

附錄 4 「明明很愛你明明想靠近」——夫妻關係問題協調團體心理輔導方案

進入到一個新的團體,每組夫妻面對的都是陌生人,團體之間的成員在初次見面後能否形成凝聚力,直接關係到團體凝聚力的形成。因此,在團體的第一次活動中,主要是為了緩解成員間的緊張感,使得成員能夠形成初步的認識,有助於在以後的活動中成員間能夠相互配合、支持與協作。

指導語:大家好,我是本次團體活動的領導者,旁邊的是我們這次活動的成員,他們分別是……我們這次活動的主要目的是希望在這裡的每一對夫妻,都能夠對自己、對另一半以及對自己的婚姻關係形成一個正確的認識,同時能夠將在我們這次團體輔導過程中領悟到的一些東西運用到自己的婚姻中,也使得我們大家都能夠獲得婚姻中的幸福。在我們的活動開始之前,我想向大家說一下我們的要求,那就是保密原則。作為組織者呢,我們一定不會將大家在這次輔導中的訊息向他人透露。同時,作為參與者的你們,我想你們也應該保守他人的祕密,不要向他人透露。那麼,現在我們就開始這次的團體輔導吧。

序列	活動名稱	活動目標	活動內容	活動時間
活動一	愛的抱抱	讓成員通過簡單的遊戲,能夠放鬆自己,活絡活動的氣氛	團體成員跟著音樂按順時針方向開始行走,在行走過程中,由組織者說出數字,說出的數字是多少,就要有多少對夫妻迅速地抱在一起,多餘的那對夫妻就為失敗,由其表演節目。活動先由領導者做示範	10分鐘

續表

序列	活動名稱	活動目標	活動內容	活動時間
活動二	最佳拍檔	讓成員形成團體內的初步認識，並能夠對某些夫妻形成印象深刻的認識	準備：十張顏色不同的彩色紙，每張彩色紙都被剪成兩半，裁剪方式隨意，可是長方形，也可是不規則圖形 規則：對裁好的彩色紙由團體成員〈以夫妻為單位〉自由抽取。然後，成員必須找到自己同色與形狀相配的另一半，找到後，將色紙貼在硬紙板上，並在彩色紙上寫上兩對夫妻的名字，兩隊夫妻自由交談五分鐘，互相認識。然後，全體成員圍圈坐下，每一對輪流向大家介紹對方，使團體中每個人都能認識	15分鐘
活動三	滾雪球	讓成員通過此項活動能夠增加對團體成員的認識，同時培養夫妻間的凝聚力	十對夫妻圍坐成一個圓，從第一對夫妻開始介紹自己〈包括夫妻雙方的姓名夫妻雙方第一次見面的地方〉，順時針方向開始展開活動。第二對夫妻要重複前一對夫妻的資訊，第三對要重複前兩對夫妻的資訊	15分鐘
活動四	相約再見	為本次活動結束做總結，為下次活動給帶來期待感	團體成員手牽手圍成一圈，互說再見，約定下次見面	5分鐘

團體活動的中間階段，本階段共三個單元，前兩個單元用時45分鐘，最後一個單元用時60分鐘。

單元一：信任之旅

人與人之間需要理解，需要溝通，建立相互信任的關係，這樣才能彼此接納。「分享的喜悅是加倍的，分擔的痛苦是減半的」，普通的人際關係是如此，良好的夫妻關係更是建立在一種相互信任的基礎之上的。需要進入團

附錄 4 「明明很愛你明明想靠近」──夫妻關係問題協調團體心理輔導方案

體內的成員在初步相識後，進一步地相互接觸，相互了解，以逐漸建立信任的關係；相互接納，減少防衛心理。透過活動可以增加夫妻間的相互了解，重新建立起夫妻間的信任感。

序列	活動名稱	活動目標	活動內容	活動時間
活動一	手牽手	通過夫妻間的相互協助，能夠建立夫妻間的信任感	每對夫妻一組，一位做盲人，一位做引路人。「盲人」蒙上眼睛，原地轉3圈，暫時失去方向感，然後在引路人的攙扶下，沿著領導者選定的路線，繞室內外活動。其間不能講話，只能用手勢、動作幫助「盲人」體驗各種感覺，然後互換角色再次進行一遍	30分鐘
活動二	信的溝通	在相互交流活動經驗的基礎上，領悟夫妻間信任的力量。夫妻對彼此間的信任度有初步的認識，能夠在活動後提升對彼此的信任	1.在活動結束後，每對夫妻都相互交流自己做「盲人」和引路人的感想 2.團體成員圍坐一圈，相互交流活動後的感想	15分鐘

單元二：認識之旅

要建立良好的夫妻關係，前提是必須先了解自己，接納另一半，進而形成正確的婚姻觀。

序列	活動名稱	活動目標	活動內容	活動時間
活動一	我是誰	認識並接納自我，認識並接納獨特的另一半	1.每個人選擇一些能反映個人風格的語句。然後開始邊思考邊在紙上寫出「我是誰」這個問題，至少寫出 10 個 2.寫完後每對夫妻間相互讀出自己的內容	15分鐘
活動二	戴高帽	在認識另一半的過程中，也從另一方面看到自己的閃光點	1.每對夫妻均要面對面，手牽手互相看著對方真誠地說出，在自己眼中對方的10個優點 2.每對夫妻活動結束後，相互表達自己的感想	15分鐘

續表

序列	活動名稱	活動目標	活動內容	活動時間
活動三	這是我們的未來	使夫妻間能夠從彼此的關於未來的圖畫中，認識自己現有的婚姻狀態	1.每個人都在白紙上畫出自己所想象中的完美婚姻生活 2.畫完後，按照順時針方向，每個人都對自己的畫進行描述，並說出這樣畫的原因	15 分鐘

單元三：面對問題、解決問題

團體心理輔導

附錄 4 「明明很愛你明明想靠近」——夫妻關係問題協調團體心理輔導方案

序列	活動名稱	活動目標	活動內容	活動時間
活動一	我們的煩惱	使每個成員對自己婚姻中存在的問題進行思考。同時，在幫助別人解決問題的過程中換位思考，領悟解決婚姻矛盾的方法	1.每個人都在紙上寫出自己婚姻中存在的問題，然後將這些問題裝進信封裡，並在信封上做出自己認得的記號 2.組織者將所有信封收起來，再發放到其他每個組員的手中。拿到他人問題的人，要切身實處地寫出解決這種問題的方法 3.組織者將這些信封收齊，再隨意發放到其他人手中，並由其將問題與解決方案讀出來（每個人讀的不應是自己寫的） 4.活動最後結束後，可以將這些信封歸還給寫問題者	20分鐘
活動二	我們都是主演	通過心理劇的方法針對組織者提供的四個現實存在於夫妻間的問題，讓每對夫妻對自己解決矛盾的方式有一定的認識，同時掌握正確處理婚姻矛盾的方法	1.在自然的原則下，由四對夫妻出演心理劇 2.四對夫妻抽籤選擇四種夫妻問題，並針對此主題進行自我創新表演 3.每組表演結束後，十對夫妻都針對這種問題以及心理劇中的處理方法發表自己的意見	30分鐘

續表

序列	活動名稱	活動目標	活動內容	活動時間
活動三	回顧煩惱	在總結解決問題方式的基礎上，使成員能夠意識到自己婚姻中存在矛盾的原因，體會到夫妻雙方的努力，以及解決矛盾的方式	1.讓每個成員再次回顧在本單元活動中所寫的煩惱，思考這些煩惱存在的真正原因 2.組織者對本單元活動的技巧進行總結	10分鐘

團體活動的結束階段，本階段共一個活動單元，用時45分鐘。

序列	活動名稱	活動目標	活動內容	活動時間
活動一	我們的回憶	讓團體成員能夠回顧在整個團體活動中所得到的東西，並能夠得以運用	每個成員都在心形卡片上寫出對自己的認識，對另一半的認識及讚美，對未來婚姻的期望。在互相讚美的過程中手牽手，彼此看著對方的眼睛	20分鐘
活動二	走向幸福	使團體成員能夠在一個輕鬆的氛圍中意識到本次團體輔導的結束，並能領悟到一系列輔導單元中的收穫，互相告別	1.團體成員手牽手圍成一個圈，跟著音樂按照順時針的方向說出自己在這次活動中的感想，並將心形卡片送給另一半 2.由組織者對整個活動進行總結，送出對大家的祝福	25分鐘

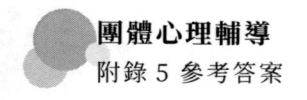

團體心理輔導
附錄 5 參考答案

附錄 5 參考答案

第一章

第一節

1. 相對於個體心理輔導，團體心理輔導的基本特徵是影響廣、效率高、效果持久。

2. 教育功能、發展功能、預防功能、矯正和治療功能。

3. 教育團體、討論團體、任務團體、成長和體驗團體、諮詢與治療團體、支持團體、自助團體。

第三節

1. 不同於一般的團體活動；團體心理輔導可以更快導致積極改變的發生。

2. 團體輔導的目標可分為一般目標、特定目標以及過程目標。

3. 保密原則、民主原則、專業原則、共同原則、啟發引導原則、發展原則、綜合原則。

判斷題：1.× 2.√ 3.√ 4.×

選擇題：1.B 2.D 3.C 4.ABCD 5.ABD 6.ABCD

第二章

第一節

1. 要把團體作為一種心理學的有機整體，並在這種整體水平上探求團體行為或人的社會行為的潛在動力。

2. 強調理論意義上的經驗研究，注重研究對象的動力關係和相互依存關係、多學科的交叉研究，把研究成果應用於社會實踐的潛能。

3. 團體內聚力、團體壓力與團體標準、個人動機和團體目標、領導與團體性能、團體的結構性。

附錄 5 參考答案

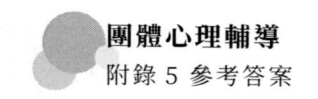

第二節

1. 就是透過分析人們相互之間刺激與反應的表現去觀察並了解人們，以發現不同的人格狀態。

2. 人格的三我說、生活態度說、交往分析說、生活原稿說等。

3. 互補的交互作用、交叉的交互作用和隱含的交互作用。

第三節

1. 四個子過程，分別是：注意過程、保持過程、動作再現過程、動機過程。

2. 指人依靠訊息回饋進行自我評價和調節並以自己確定的獎勵來加強和維持自己行為的過程。

3. 沒有注意有關活動，記憶中無動作觀念，沒有能力去操作或沒有足夠的動力。

第四節

1. 符號系統是人際溝通的工具。可以把符號系統劃分為語言符號系統和非語言符號系統。

2. 要有發出訊息的人，即訊息源；要有訊息；要有訊息渠道；要有接收者、回饋、障礙、環境。

3. 地位障礙、組織結構障礙、文化障礙、個性障礙、社會心理障礙。

判斷題：1. √ 2. √ 3. × 4. ×

判斷題：1.ABC 2.ABCD 3.C 4.ABCD 5.B

第三章

第一節

1. 團體領導者則是指在團體發展過程中負責帶領和引導團體走向一定目標的人，是對於團體成員和團體具有影響力的人。

2. 領導行為分為關係導向和任務導向兩類。任務導向的領導行為是指引發任務完成，制定規範，督導溝通及減除目標模糊的行為。關係導向行為是指能夠在團體中維持正向的人際關係的行為。比如，建立友誼，相互信任，開放性和解釋動機的意願等。

3. 常用的領導行為有介入指導型、契約管理型、支持同理型、澄清引導型、認知教育型。

第二節

1. 相符合的人格特質；扎實的理論知識；充分了解團體輔導的技巧和方法；豐富的經驗；遵守專業倫理道德。

2.

(1) 有良好的意願，真誠對待他人，尊重他人，信任他人；

(2) 有能力並且能夠與人分憂，與人共樂，以開放的態度對待團體成員；

(3) 認識自己，接納自己，幫助成員發現個人的能力，學會自立；

(4) 透過學習不同學派的理論知識，建立屬於自己的領導風格；

(5) 具有冒險精神，樂於將自己的感受與體會分享給他人；

(6) 自尊自愛，悅納自我，運用自己的長處和他人建立良好的關係；

(7) 為成員做典範作用；

(8) 勇於承認並承擔自己犯下的錯誤以及後果；

(9) 有不斷成長的意願；

(10) 幽默風趣；

(11) 能夠忍受人生模糊性；

(12) 能不占有地去同理他人的經驗；

(13) 真誠關懷他人的利益；

(14) 能夠在工作當中獲得人生的意義；

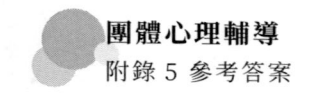

（15）以現在為導向；

（16）持續深入地覺察自己和別人；

（17）具有一顆真誠的心。

3. 與人交往的經驗；個別心理諮詢經驗；和團體一起工作的經驗。

第三節

1. 引導者角色：優點是可以使領導者在團體過程中肯定自己，也使成員免於在不明確、模糊的情境中掙扎。其缺點是太依賴領導者，使團體缺乏彈性，減少了成員在團體中肯定自己的機會。

2. 共情、真誠、無條件積極關注。

3. 注意調動團體成員的參與積極性；適度參與並引導；提供恰當的解釋；創造融洽的氣氛。

第四節

1. 專業倫理是領導者的行事準則，是在專業價值基礎之上的一套行為標準。

2.

（1）團體心理輔導是一種助人的專業工作，團體成員能否得到幫助，是否會受到傷害，與團體領導者的能力水平有直接的關係，所以為了保證專業服務的質量，對團體領導者要有一定的規範；

（2）團體輔導過程中涉及多人之間的互動，不單單是輔導者和單個成員的關係，還有成員之間互動的複雜關係，要想成員透過互動關係而從中受益，必須共同遵守一些行為準則。

3.

（1）有足夠的專業能力與資格的團體領導者能夠有效地帶領團體，使成員獲得協助。在團體活動的過程當中，有了團體倫理規範的保證實施，團體活動能夠順利進行的可能大大提高。

（2）團體倫理規範有助於理清團體活動中，領導與各成員之間和各個成員之間的權利與義務，能負起各自應盡的責任，並且享有各自的權利。

（3）團體倫理規範有助於協助領導者與成員在團體活動過程中面對問題做出決定，特別是用來解決可能面臨的道德兩難情境。

（4）團體倫理規範可以督促領導者隨時隨地審視自己的倫理水準和自身能力，從而保證團體領導者的專業性，讓他們能夠更謹慎地運用輔導技術。

判斷題：1.× 2.× 3.√ 4.√

選擇題：1.B 2.ABCDE 3.ABD 4.B 5.ABCD 6.ABD 7.C 8.ABC

第四章

第一節

1. 第一，可以協助初入團體的成員了解團體發展中的各種現象，以便及早調適，以發揮個人潛力；第二，可以協助團體領導者在熟悉團體發展的各個階段盡快掌握團體，擴大團體內的助力，並減少阻力，以達成團體的最佳績效。

2. 自由活動，抗拒著個人的表達和探索；敘述以往的經驗，表現消極的情感；表達和探索與個人有關的資料，表達與其他成員相處的即時感受；團體發展出治療的能力，達到個人的自我接納，打破偽裝，提供與接受回饋，面質；將幫助延伸到團體之外，發展出基本的真實關係，在團體內外做出行為改變。

3. 團體的創始階段、過渡階段、規範階段、工作階段和結束階段。

4. 三種。分別是：羅傑斯的團體發展階段說；加倫、瓊斯及哥朗尼的團體發展模式；雅各布斯的發展階段說。

5. 當成員間的態度和領導者的能力導致團體內出現緊張狀態的時候，「風暴階段」就出現了。易發生團體：團體成員和領導者就那些在結構、方向、

控制、宣洩以及人際關係等方面的相關問題進行抗爭；領導者不作為，不實施積極的領導或領導工作能力不足時，團體會經歷「風暴階段」。

當開始階段已經結束，但成員們尚未準備好就高度私人化的問題與他人交流時，就為「過渡階段」。易發生團體：許多醫療、支持和成長團體可能會經歷過渡階段。

6.團體動力學和團體過程兩個術語是指團體成員和領導者的態度和相互作用。

儘管有學者認為這兩個術語不同，但大部分人都認為它們是同一個含義。有學者提出：「因為兩者之間是協調一致、很難區分、不斷發展變化的關係，這兩個術語可以互用，指代相同的東西。」

第二節

1.成員和領導者之間產生相互作用和能量交換，包括團體成員自身如何反應、成員間如何交談、成員怎樣與領導者交談，以及團體領導者怎樣對成員們做出反應，這一過程被稱為「團體過程」。

2.某些成員聯合起來對付其他成員；某些人提出問題，而其他成員試圖救助他；成員們不理會其他人的建議；成員彼此相互爭吵。

3.教育團體、討論團體、任務團體、成長與經驗團體、支持團體、諮詢和治療團體、自助團體。

第三節

1.前置因素，包括四項：團體前的準備、團體成員、團體領導者及團體處理；中介因素，包括兩項：團體過程及團體發展階段因素；後效因素，指團體效果，包括成員行為改變效果評估等。

2.語言和意義、非語言的線索、媒介的有效性、訊息的過度負荷。

3.內在因素、人際因素、團體結構因素。

4. 幾乎存在於任何團體情境中的力量主要有：感到被團體所接受；了解什麼是被期望的；感到他們屬於這個團體；感到安全。

5. 領導者和團體成員對於團體目的的澄清程度；團體目的和團體成員之間的相關性；團體的大小；每次會面的時間長度；會面的頻率；會面場地的適宜程度；會面的時間段；領導者的態度；團體是封閉的還是開放的；參加成員是自願還是被迫；成員的合作意願水平；成員的承諾水平；成員間的信任程度；成員對於領導者的信任程度；領導者對於成員的態度；領導者對團體心理輔導的準備，以及應對團體的經驗。

6. 常被採用的最佳座椅安排方式是把所有的椅子圍成一個圈。這樣可以讓所有的成員都能看到其他的成員。如果有某個成員的臉被其他成員遮擋的話，領導者可以進行干預，請擋住他人臉部的成員向後退一下，避免被擋的成員覺得自己被排除在外了。而且，圍在一起的安排方式會製造一種親密的感覺，更有利於成員之間的交流。

第四節

1. 團體凝聚力是指團體對其成員的吸引水平以及成員之間的吸引水平。團體凝聚力包括：團體對參與者的吸引程度、團體成員的歸屬感、包容和團結。

2. 團體領導者的影響與權威、團體的外部壓力、團體活動的定向、團體成員的集體意識、其他因素。比如，團體的規模、團體規範、團體的氣氛、團體的形象和團體的社會地位，以及團體成員的個性特徵、知識水平、對團體活動價值的認識和認同等。

3. 發展、維持和增強團體凝聚力需要做到：

（1）在團體初期階段必須培養信任；

（2）鼓勵團體成員將自己的生活與團體分享；

（3）明確團體的目標，強化團體規範；

（4）領導功能交由所有成員分享會增加凝聚力；

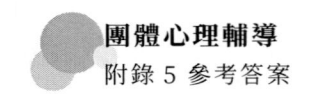

（5）公開處理團體內衝突可增強凝聚力；

（6）增加團體的吸引力可強化凝聚力；

（7）多組織團體活動；

（8）利用外部影響。

第五節

1. 一般而言，成員在團體中共有的角色包括受助者、協助者、榜樣和客觀評價者。

2. 成員的性格、成員的認知、成員對團體的期望、團體發展狀況。

3.「急救」是指團體中的某位成員因試圖安慰另一位成員而引起被安慰成員消極情感體驗的行為，對別人施予安慰者稱之為「急救人員」。

處理方法：領導者應讓整個團體認識到同情是無濟於事的，只有這樣，才能使得團體成員觀察到團體中有治療作用的模式。

4. 在教育、討論、任務團體中，支配者也會出現。對於這種團體的支配者，領導者應經常進行私下會談，就他們在團體中的所作所為做出討論。有時候可以給他一個角色讓他擔當一定的責任，體會自身在團體中的價值感，也可以採取讓他做某項事情助理的形式。

判斷題：1.√ 2.× 3.√ 4.×

選擇題：1.B 2.ABD 3.ABC 4.ABD 5.C

第五章

第一節

1. 分組式討論、圓桌式討論、陪席式討論、論壇式討論、辯論式討論、配對式討論。

2.測評功能、培訓功能。角色扮演法適用領導行為培訓、會議成效培訓、溝通、衝突、合作等。此外,還應用於培訓某些可操作的能力素質,如推銷員業務培訓、談判技巧培訓等。

3.第一階段:自我觀察;第二階段:開始一個新的內部自我對話;第三階段:學習新技巧。

判斷題:1.× 2.× 3.√ 4.√ 5.√

選擇題:1.A 2.ABC 3.AB 4.BC 5.D

第六章

第一節

1.結構式團體是指為了幫助成員在團體中學習與成長,輔導者事先做了充分的計劃和準備,根據團體所要實現的目標來設計相應活動程序和引導成員積極參與,從而使其在團體中學習、成長。

2.提供人際接觸機會;收集所需資料;進行行為預測;發揮導入作用。

3.充分考慮團體特點;了解團體練習的預期效果;運用自己熟悉的團體練習;避免以練習代替諮詢。

第二節

1.紙筆練習、身體運動、接觸練習、美術與工藝、閱讀練習、媒體應用、心理劇、布偶劇與生活演練、人際溝通、娛樂性練習、團體外作業。

2.確立團體目標和團體規模,安排好練習時間,在不同發展階段採用不同的練習目標;準備好所需材料、物理環境、參考資料,評價練習的有效度。

3.(1)列出團體的整個計劃;(2)制訂欲達成的各項目標;(3)詳細列出可以利用的各種設備和資源,以及最合適的時間;(4)根據成員因素列出相關的備用練習;(5)分列各種計劃;(6)選定最適合的且能達到團體既定目標的練習計劃。

判斷題:1.√ 2.× 3.√ 4.√ 5.×

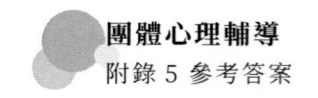

選擇題：1.A 2.B 3.ACD 4.

第七章

第一節

1. 評估作用、定位作用、保障作用。

2. 系統化、差異性、可行性。

3. 環節設計與選擇；場地選擇與道具儲備；確定領導者；制訂團體計劃書。

第二節

1. 了解服務對象潛在需要；確定團體的性質、主題與目標；蒐集相關文獻資料與方案；完成團體方案設計表；規劃團體整體框架及流程；設計招募廣告；對團體方案進行討論或修訂。

2. 關係建立階段、主題實施階段、鞏固結束期。

3. 熱身活動、主要活動、結束活動。

第三節

1. 了解服務對象潛在需要；確定團體的性質、主題與目標；蒐集相關文獻資料與方案；完成團體方案設計表；規劃團體整體框架及流程；設計招募廣告；對團體方案進行討論或修訂。

2. 關係建立階段、主題實施階段、鞏固結束期。

3. 熱身活動、主要活動、結束活動。

第三節

1. 團體的性質和目標。

2. 導向性：團體目標引領著活動過程的方向，是領導者與成員經過共同努力要實現的狀態。聚焦性：團體目標可以協助成員將自己的注意力集中在團體主題上。激勵性：團體目標有助於調動成員積極性，努力克服暫時困難，

而最終達成目標。評估性：團體目標為領導者評價團體的效果，以及適時調整團體活動主題提供了一個參照標準。

3. 自願報名參加；願意與他人交流；能夠堅持參加團體活動。

4. 避免為活動而活動；避免依樣畫葫蘆；避免不適當的活動；避免活動銜接不當；接受督導與同行探討。

判斷題：1. √ 2. √ 3. √ 4. ×

選擇題：1.ABCD 2.ABCD 3.C

第八章

第一節

1. 團體心理輔導評估是指透過不同的方法，蒐集有關團體目標達成的程度、成員在團體內的表現、團體特徵、成員對團體活動的滿意程度等，幫助團體領導者及團體成員了解團體輔導的成效。

2. 評估的目的主要是：第一，成效評估；第二，指引實務工作，團體領導者與團體成員建立互信，從而提高團體治療性元素。

3. 團體評估者主要為：團體督導、領導者自評、觀察員評估、團體成員自評以及成員相關的重要他人（教師、家長等）評估。

第二節

1. 喬韓窗口理論是指人對自己的認識是一個不斷探索的過程。因為每個人的自我都有四部分：公開的自我，盲目的自我，祕密的自我，未知的自我。透過與他人分享祕密的自我，透過他人的回饋減少盲目的自我，人對自己的了解就會更多更客觀。

2. 這種模式包括四個階段：背景評價、輸入評價、過程評價、結果評價。構成了 CIPP 評價模式，CIPP 模式的基本觀點是：評價最重要的目的不在證明，而在改進。它主張評價是一項系統工具，為評價聽取人提供有用訊息，使得方案更具成效。

團體心理輔導
附錄 5 參考答案

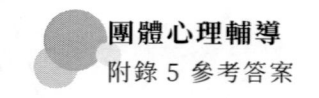

3. 綜合評估設計模式包括：固定式評估設計、湧現式評估設計、形成性評估、總結性評估、實驗設計、準實驗設計以及嚴謹的詢問法。

第三節

1. 團體心理輔導常用的評估方法包括：行為量化法、問卷調查法、心理測驗法、主觀報告法、檢查評估法。

2. 選擇評估方法的原則有：第一，評估方法適合團體方案目標；第二，是團體領導者熟悉了解並掌握的方法；第三，方法適用於評估對象等條件；第四，所選方法簡易、實用、客觀。

3. 評估報告的寫作要求有：一是充分掌握團體成員的心理狀況和行為變化；二是要對調查、測量結果進行深入分析，對訓練前後做對照；三是恰當地選用事例。

判斷題：1.× 2.√ 3.√ 4.× 5.× 6.√

選擇題：1.ABC 2.ABCD 3.ABD 4.ABC

第九章

第一節

1. 人際關係改善；解決問題技巧的習得；認知的改善；自我管理行為的掌握。

2. 遊戲法、講故事法、集體討論法、借助各種媒介、包容的態度和耐心

3. 問題和治療取向、輔導和發展取向。

第二節

1. 健康且具活動能力的老年人；比較容易受傷害及處於危機狀態中的老年人。

2. 緬懷過去；現代社會知識；自我獨立性；生理和心理變化；家庭人員的關係；社區資源的利用；適應環境；閒暇與文化活動；死亡。

3. 初期的關係、權利與控制、親密、分化、分離。

第三節

1. 以學生問題和學生發展為核心的團體；以課程內容是否有關的團體。

2. 班級心理輔導課；開展心理訓練活動；小組討論；角色扮演。

3. 事先溝通、說明情景、自願分配角色、即興演出、終止扮演、重演、交換角色、討論活動的新意。

第四節

1. 家庭問題取向的團體輔導、家庭成長取向的團體輔導。

2. 親子教育團體、家庭暴力團體、單親家庭團體、夫妻關係團體。

判斷題：1.× 2.√ 3.× 4.√ 5.√

選擇題：1.ABD 2.ABD 3.ABD 4.C

國家圖書館出版品預行編目（CIP）資料

團體心理輔導 / 張永紅 主編 . -- 第一版 .
-- 臺北市：崧燁文化, 2019.07
　　面；　公分
POD 版

ISBN 978-957-681-878-3(平裝)

1. 心理輔導 2. 團體諮商

178.3　　　　　　　　　　　　　　108010071

書　　名：團體心理輔導
作　　者：張永紅 主編
發 行 人：黃振庭
出 版 者：崧燁文化事業有限公司
發 行 者：崧燁文化事業有限公司
E - m a i l：sonbookservice@gmail.com
粉 絲 頁：　　　　　　網　址：
地　　址：台北市中正區重慶南路一段六十一號八樓 815 室
8F.-815, No.61, Sec. 1, Chongqing S. Rd., Zhongzheng
Dist., Taipei City 100, Taiwan (R.O.C.)
電　　話：(02)2370-3310 傳　真：(02) 2370-3210
總 經 銷：紅螞蟻圖書有限公司
地　　址：台北市內湖區舊宗路二段 121 巷 19 號
電　　話：02-2795-3656 傳真：02-2795-4100　　網址：
印　　刷：京峯彩色印刷有限公司（京峰數位）
　　本書版權為西南師範大學出版社所有授權崧博出版事業股份有限公司獨家發行
電子書及繁體書繁體字版。若有其他相關權利及授權需求請與本公司聯繫。
定　　價：580 元
發行日期：2019 年 07 月第一版
◎ 本書以 POD 印製發行